Heerweg/Ochsenweg

Auf den Spuren des ältesten Landfernweges zwischen Viborg und Hamburg

Ein original *bikeline*-Radtourenbuch

Esterbauer

bikeline®-Radtourenbuch Heerweg/Ochsenweg

A-3751 Rodingersdorf, Hauptstr. 31
Tel.: ++43/2983/28982-0, Fax: -500
E-Mail: bikeline@esterbauer.com
www.esterbauer.com

1. Auflage 2005

ISBN 3-85000-182-2

Bitte geben Sie bei jeder Korrespondenz die Auflage und die ISBN an!

Dieses *bikeline*-Radtourenbuch wurde erstellt in Zusammenarbeit mit: RST - Region Sydøst- og Sønderjyllands Turismeudviklingsselskab, Viborg Turistbureau, Them Kommune, Vejle-egnens Touristbureau, Give Turistbureau, Midtsønderjyllands Turistbureau, Vojens Turistbureau, Vejen Turistbureau, Aabenraa Turistbureau, Lundtoft Kommune, Kruså Turistbureau, Viborg Amt, Århus Amt, Vejle Amt, Ribe Amt, Sønderjyllands Amt und Østjyllands Turistudviklingsfond, Gebietsgemeinschaft „Grünes Binnenland" e.V.

Dank an alle, die uns bei der Erstellung dieses Buches tatkräftig unterstützt haben.
Das *bikeline*-Team: Birgit Albrecht, Heidi Authried, Beatrix Bauer, Grischa Begaß, Karin Brunner, Anita Daffert, Michaela M. Derferd, Nadine Dittmann, Sandra Eisner, Roland Esterbauer, Maria Galbruner, Jutta Gröschel, Dagmar Güldenpfennig, Carmen Hager, Karl Heinzel, Valeska Henze, Veronika Loidolt, Niki Nowak, Maria Pfaunz, Andreas Prinz, Jenny Reisinger, Petra Riss, Stefan Schmelz, Gaby Sipöcz, Martha Siegl, Matthias Thal.
Bildnachweis: Umschlag Aabenraa Turistbureau, Jürgen & Monika Köthnig: 58, 60; Archäologisches Landesamt Schleswig-Holstein, Linda Hermannsen: Umschlag L.o, 8, 99; Archiv: 82; Birgit Albrecht: 77; Bryrup Turistbureau: 29; Give Turistbureau: 32; 33; Kruså Turistbureau: 68, 69, 72; Lundtoft Kommune: 7, 66; Michaea M Derferd: Umschlag L.u, 6, 78, 83, 84, 95, 96, 98, 101,156,158, 159, 160; Midtsønderjyllands Turistbureau: 53; Region Sydøst- og Sønderjyllands Turismeudviklingsselskab: Umschlag R, 38, 55; Stadt Itzehoe: 116, 117; Stadt Neumünster, Peter Schuster: 140; Tourismus-Agentur Schleswig-HolsteinGmbH, Katja Bruns: 108; Tourismus- & Gewerbeverein Wedel: 154, 130; Tourismusbüro Bad Bramstedt: 145, 146, 148; Tourismusinformation Schleswig: 90, 94; Touristikgemeinschaft Mittelholstein: 111; Touristikgemeinschaft Mittelholstein, Brigitte Oeltzen:136, 138; Touristikzentrale Dithmarschen, Oliver Franke: 134; Touristische Argbeitsgemeinschaft Nord-Ostsee-Kanal: 104; Toursimus- & Gewerbeverein Wedel, Thorsten Berndt:152; Touristische Arbeitsgemeinschaft Nord-Ostsee-Kanal: 102; Turistbureau Aabenraa, Jürgen & Monika Köthnig: 61, 62, 64; Vejen Turistinformation: 49, 52; Vejle-Egnens Touristbureau: 40, 47, 48, Valeska Henze: Umschlag L.m,9, 30, 34, 36, 37, 38, 42, 44, 50, 59, 64, 66, 74, 76, 80, 81, 85, 88, 92, 102, 104, 112, 118, 120, 124, 126, 127, 143, 150, 76; Viborg Turistbureau: 9, 18, 20, 21, 22, 23; Viborg Turistbureau, Roland Jung: 86

Dieses Buch wird empfohlen von:

RST
Region Sydøst- og Sønderjyllands Turismeudviklingsselskab

binnenland
* schleswig-holstein

VCS • VCÖ • VCD
Verkehrsclubs

FDNF Fahrrad-touristik GbR

Naturfreunde

tour
DAS RADMAGAZIN

bikeline

Was ist bikeline?

Wir sind ein junges Team von aktiven Radfahrerinnen und Radfahrern, die 1987 begonnen haben, Radkarten und Radbücher zu produzieren. Heute tun wir dies als Verlag mit großem Erfolg. Mittlerweile gibt's bikeline© und cycline© Bücher in fünf Sprachen und in vielen Ländern Europas.

Um unsere Bücher immer auf dem letzten Stand zu halten, brauchen wir auch Ihre Hilfe. Schreiben Sie uns, wenn Sie Fehler oder Änderungen entdeckt haben. Oder teilen Sie uns einfach die Erfahrungen und Eindrücke von Ihrer Radtour mit.

Wir freuen uns auf Ihren Brief,

Ihre bikeline-Redaktion

Vorwort

Im dänischen Viborg starten Sie auf dem Heerweg Ihre Radreise auf einem der ältesten Fernwege Nord- und Mitteleuropas. Ab der deutsch-dänischen Grenze geht es bis Wedel weiter auf dem Ochsenweg, wie der Weg dann in Deutschland genannt wird – und wenn Sie wollen auf dem Elbe-Radweg noch bis in die Hansestadt Hamburg. Die beiden Radwege folgen dem zentralen Fernweg, auf dem im Mittelalter fromme Pilger, Viehtreiber mit ihren Ochsenherden, Kaufleute und Handwerker sowie in Kriegszeiten Könige und Fürsten mit ihren Heeren von Nord- nach Mitteleuropa gelangten. Auf ca. 540 Kilometern können Sie eine abwechslungsreiche Mischung einzigartiger Naturlandschaften, vorzeitlicher Kulturdenkmäler, geschichtsträchtiger Orte, interessanter Städte und auch Vergnügungsparks erleben.

Präzise Karten, genaue Streckenbeschreibungen, zahlreiche Stadt- und Ortspläne, Hinweise auf das kulturelle und touristische Angebot der Region und ein umfangreiches Übernachtungsverzeichnis – in diesem Buch finden Sie alles, was Sie zu einer Radtour auf dem Heerweg/Ochsenweg brauchen – außer gutem Radlwetter, das können wir Ihnen nur wünschen.

Kartenlegende (map legend)

Die Farbe bezeichnet die Art des Weges:
(The following colour coding is used:)

Hauptroute (main cycle route)
Radweg / autofreie Hauptroute (cycle path / main cycle route without motor traffic)
Ausflug oder Variante (excursion or alternative route)
Radweg in Planung (planned cycle path)

Strichlierte Linien zeigen den Belag an:
(The surface is indicated by broken lines:)

asphaltierte Strecke (paved road)
nicht asphaltierte Strecke (unpaved road)
schlecht befahrbare Strecke (bad surface)

Punktierte Linien weisen auf KFZ-Verkehr hin:
(Routes with vehicular traffic are indicated by dotted lines:)

Radroute auf mäßig befahrener Straße (cycle route with moderate motor traffic)
Radroute auf stark befahrener Straße (cycle route with heavy motor traffic)
Radfahrstreifen (cycle lane)
stark befahrene Straße (road with heavy motor traffic)

starke Steigung (steep gradient, uphill)
leichte bis mittlere Steigung (light gradient)
3 Entfernung in Kilometern (distance in km)
Routenverlauf (cycle route direction)

Maßstab 1 : 75. 000

1 cm ≙ 750 m   1 km ≙ 13,3 mm

0 1 2 3 4 5 6 7 8 9 10 11 12 13 14 15 km

Schönern sehenswertes Ortsbild (picturesque town)
( ) Einrichtung im Ort vorhanden (facilities available)
Hotel, Pension; Jugendherberge (hotel, guesthouse; youth hostel)
Campingplatz; Naturlagerplatz (camping site; simple tent site)
Tourist-Information; Einkaufsmöglichkeit (tourist information; shopping facilities)
Gasthaus; Rastplatz*; Kiosk (restaurant; resting place, kiosk)
Freibad; Hallenbad (outdoor swimming pool; indoor swimming pool)
sehenswerte Gebäude (buildings of interest)
Mühle andere Sehenswürdigkeit (other place of interest)
Museum; Theater; Ausgrabungen (museum; theatre; excavation)
Tierpark; Naturpark (zoo; nature reserve)
Aussichtspunkt (panoramic view)
Fähre (ferry)
Werkstatt; Fahrradvermietung (bike workshop; bike rental)
überdachter ~; abschließbarer Abstellplatz (covered ~; lockable bike stands)

* Auswahl (selection)

Kirche; Kapelle; Kloster (church; chapel; monastery)
Schloss; Burg; Ruine (castle; ruins)
Turm; Funkanlage (tower; TV/radio tower)
Kraftwerk; Umspannwerk (power station; transformer)
Windmühle; Windkraftanlage (windmill; windturbine)
Wegkreuz; Gipfel (wayside cross; peak)
Bergwerk; Leuchtturm (mine; lighthouse)
Sportplatz; Denkmal (sports field; monument)
Flughafen (airport, airfield)
Schiffsanleger (boat landing)
Quelle; Kläranlage (natural spring; purification plant)
Gefahrenstelle; Text beachten (dangerous section; read text carefully)
Treppen; Engstelle (stairs; narrow pass, bottleneck)
X X X Rad fahren verboten (road closed to cyclists)

In Ortsplänen: (in city maps:)

Parkplatz; Parkhaus (parking lot; garage)
Post; Apotheke; Krankenhaus (post office; pharmacy; hospital)
Feuerwehr; Polizei (fire-brigade; police)

- Staatsgrenze (international border)
- Grenzübergang (border checkpoint)
- Landesgrenze (country border)
- Wald (forest)
- Felsen (rock, cliff)
- Vernässung (marshy ground)
- Weingarten (vineyard)
- Friedhof (cemetary)
- Watt (shallows)
- Dünen (dunes)
- Wiesen, Weiden (meadows)
- Damm, Deich (embankment, dyke)
- Staumauer, Buhne (dam, groyne, breakwater)
- Schnellverkehrsstraße (motorway)
- Hauptstraße (main road)
- Nebenstraße (minor road)
- Fahrweg (carriageway)
- Fußweg (footpath)
- Straße in Bau (road under construction)
- Eisenbahn m. Bahnhof (railway with station)
- Schmalspurbahn (narrow gage railway)
- Tunnel; Brücke (tunnel; bridge)

Inhalt

Heerweg/ Ochsenweg

Die beiden Radfernwege Heer- und Ochsenweg folgen den Spuren des zentralen Fernwegs, der vermutlich bereits seit der Steinzeit, spätestens aber seit der Bronzezeit, Nordeuropa mit Mitteleuropa verband. Er verlief vom Norden der sog. Cimbrischen Halbinsel – benannt nach einem Germanischen Volksstamm, der im Norden des heutigen Jütlands in Dänemark siedelte – auf einem schmalen Korridor über den Jütischen Höhenrücken und durch die Geest und Marschlandschaft bis an die Elbe bei Wedel. Viele Reisende benutzten diesen Weg, darunter Pilger, Fürsten und Bettler, Handwerker, Kaufleute und Viehtreiber mit ihren Ochsenherden sowie Könige mit ihren Heeren. So unterschiedlich die Reisenden, so vielfältig seine Namen: Pilgerweg, Königsweg, Sachsenweg oder einfach Landweg. Heute ist dieser alte Fernweg unter zwei Namen bekannt, von denen in Dänemark die Bezeichnung Heerweg (dän. *Hærvejen*), in Deutschland der Begriff Ochsenweg am gebräuchlichsten sind.

Unter dem **Landfernweg Heer- oder Ochsenweg** darf man sich keinen Weg vorstellen, der auf einer einzigen befestigten Trasse durchgehend von einem Ort zu einem anderen verlief. Vielmehr bestand dieser Landfernweg stellenweise aus einem Geflecht parallel verlaufender Wege. Schon in vorchristlicher Zeit passte sich der Verlauf von Wegen den vorherrschenden Geländebedingungen an und so entstanden Wege auf den am leichtesten passierbaren Strecken. Der Heer- oder Ochsenweg, in Viborg beginnend, folgte der jütischen Wasserscheide zwischen Nord- und Ostsee nach Süden und ab der Königsau (dän. *Kongeåen*) entlang der eiszeitlichen Endmoränen über Aabenraa (DK), Flensburg und Schleswig bis nach Rendsburg an der Eider. Südlich der Eider verzweigte sich der Fernweg in mehrere Trassen, die sich aber alle wieder an der Elbe in Wedel trafen.

Die Bezeichnung *Ochsenweg* hebt die kaufmännische Geschichte des Fernweges hervor. Seine besondere Bedeutung als Handelsweg erlangte der Ochsenweg ab Mitte des 14. Jahrhunderts mit den großen Ochsentriften. Mit der Entstehung der mitteleuropäischen Handelsstädte wuchs der Fleischbedarf stetig, der konnte jedoch längst nicht mehr über die regionale Versorgung gedeckt werden. Auf diese Weise entstand ein reger Tierhandel vor allen Dingen aus Dänemark, darunter hauptsächlich Ochsen, aber auch Gänse, Schweine, Pferde, Ziegen und Schafe. Die Ochsentriften von Viborg bis zu den saftigen holsteinischen und friesischen Elbmarschen begannen in der Regel im Frühjahr. Eine Herde bestand im Durchschnitt aus etwa 40 bis 50 Rindern, die von mehreren Treibern und Futterbeschaffern begleitet wurden. Die Futterbeschaffer reisten der Trift voraus, um Unterkünfte und Futter für die Tiere und die sie begleitenden Treiber zu sorgen.

Zur Hochzeit des Ochsenhandels im 16. Jahrhunderts wurden innerhalb von 6 Wochen bis zu 50.000 Ochsen gezählt. Die großen Herden mieden aufgrund des hohen Lärm- und Schmutzpegels, den sie verursachten, größere Orte und suchten sich ihre Pfade durch weniger besiedelte Gegenden. So entstanden im „Nirgendwo" die sog. Heerwegskrüge und Wirtshäuser sowie Tränken, in denen sich Mensch und Tier versorgen konnten. Ziel der Trift war Wedel an der Elbe mit dem bedeutendsten Ochsenmarkt der damaligen Zeit und einer der beiden wichtigsten Fähren an der unteren Elbe, die auch Vieh transportierten.

Nach ihrer Ankunft in Wedel – nach etwa 10 bis 14 Tagen – waren die Tiere von der anstrengenden Trift zumeist sehr abgemagert und mussten zunächst auf den saftigen Marschwiesen gemästet werden, bevor sie im Herbst gewinnbringend

historischer Heerwegskrug Mørks Kro in Kliplev

auf den wichtigsten Ochsenmärkten in Wedel, Itzehoe, Bad Bramstedt und Hamburg wieder verkauft werden und von dort ihre letzte Reise zu deutschen Schlachtern, in die Niederlande oder weiter bis nach Frankreich antreten konnten. Händler und Treiber reisten danach mit gut gefüllten Geldbeuteln, bzw. einem reichen Warenkorb (meist mit Kupfer, Glas, Zinn, Waffen u.ä gefüllt.) zurück in ihre dänische Heimat.

Mit den großen Kriegen im 17. Jahrhundert nahm der Ochsenhandel stetig ab und erreichte danach nie mehr den Umfang des 16. Jahrhunderts. Ochsentriften gab es dennoch bis ins 19. Jahrhundert. Mit dem Bau der Eisenbahn übernahm diese den Viehtransport und beendete damit die lange Geschichte der Ochsentrift auf dem Ochsenweg.

Die Bezeichnung *Heerweg* wiederum hebt die militärische Geschichte der Strecke hervor. Die dänische Bezeichnung *Hærvej* kann zurückverfolgt werden bis in das Jahr 1241. Im *Jyske Lov* (Jütischer Gesetzestext) wird der Landweg als *Kongens Hærstræde* (königliche Heerstraße) bezeichnet und auch auf alten deutschen Landkarten findet man die Eintragung Heerweg, die noch heute gebräuchliche dänische Bezeichnung.

Der Heerweg diente immer wieder als Rück- bzw. Aufzugsstrecke für dänische, schwedische und deutsche Armeen. Die ersten kriegerischen Auseinandersetzungen sind für das 10. Jahrhundert überliefert, aber besonders hart trafen die Bewohner Jütlands die drei großen Kriege im 17. Jahrhundert (Kaiserlicher Krieg, Schwedisch.-Dänischer Krieg und Dänisch-Schwedischer Krieg) und natürlich die deutsch-dänischen Auseinandersetzungen um Schleswig und Holstein im 19. Jahrhundert.

Ältestes imposantes bauliches Beispiel für die

Kriegsgeschichte auf der Cimbrischen Halbinsel ist das vom 7. bis ins 13. Jahrhundert genutzte Danewerk an der Schleswiger Landenge, ein 7 Kilometer langer Wehrriegel, der das Dänische Reich gegen Einfälle aus dem Süden über den Heerweg schützte. Aber auch die Museen und Denkmäler – hauptsächlich im holsteinischen Teil der Strecke (Idstedt, Oeversee) zeugen von den Leiden, die der Weg auch brachte.

Neben dem Grauen kriegerischer Kämpfe bietet der Heerweg dann aber auch skurrile Geschichten, wie die vom Beitrag Hohenlockstedts zur Befreiung Finnlands zu Beginn des 20. Jahrhunderts, der sich das Hohenlockstedter „Museum zur Darstellung der Ortsgeschichte Hohenlockstedts und der Geschichte der Königlich Preußischen Jägerbataillons 27 – der Finnischen Jäger" mit viel Liebe zum Detail widmet.

Die beiden **Radfernwege Heerweg** und **Ochsenweg** bietet also die seltene Gelegenheit, sich auf den Weg in die dänische und deutsche Geschichte zu begeben und die daran anknüpfenden kulturgeschichtlichen und politischen Entwicklungen Dänemarks und Norddeutschlands radelnd zu erkunden. Zahlreiche wiederentdeckte Stätten verschiedenster Jahrhunderte und geschichtsträchtige Orte werden durch den Radfernweg verbunden und in Deutschland von sogenannten Ochsenweg-Hörnern markiert.

Ochsenweg-Hörner bei Schuby

Die beiden Radfernwege orientieren sich an dem einstigen Verlauf des Landfernweges, führen aber nur an sehr wenigen Stellen über dessen historische Trasse, von der in Schleswig-Holstein gerade einmal 10% erhalten sind. Gerade in Deutschland hat man bei der Ausschilderung den aufgefächerten Verlauf des Heer- oder Ochsenweges berücksichtigt. So ist bei Flensburg, bei Schleswig und ab Rendsburg je eine Ost- und Westvariante ausgeschildert – die ersten beiden finden Sie in Abschnitt 3, letztere in Abschnitt 4 & 5 beschrieben. Das Radtourenbuch Heerweg/Ochsenweg beginnt mit dem Heerweg (dän. *Hærvejen*) im dänischen Viborg und endet mit dem Ochsenweg in Wedel an der Elbe. Jedem Unermüdlichen und jeder Reisenden, die das Radfieber nach mehr als 500 Kilometern noch nicht verlassen hat und die noch die Muße verspürt mit dem Fahrrad weiter nach Hamburg zu radeln, um von dort die Heimreise nach einem spannenden Radurlaub anzutreten, ist der letzte Abschnitt gewidmet. Viel Spaß auf einem spannenden Radurlaub!.

Streckencharakteristik

Länge

Die Länge des Heerweges und Ochsenweges von Viborg bis Hamburg beträgt zusammen **543 Kilometer** – unabhängig davon, welche der beiden Variante des Ochsenweges Sie von Rendsburg nach Wedel wählen. Ausflüge und Alternativstrecken sowie die in Deutschland ausgeschilderten Exkurse sind nicht mitberechnet.

Wegequalität & Verkehr

Die Wegequalität in Dänemark als auch in Deutschland ist überwiegend gut bis sehr gut. Zumeist fahren Sie auf asphaltierten straßenbegleitenden, teils entlegenen Radwegen und Nebenstraßen, sehr selten auf unbefestigten, gut befahrbaren Wald- und Feldwegen, ab Rendsburg verstärkt auf unterschiedlich gut befahrbaren Wirtschaftswegen, die mit Betonspurplatten befestigt sind.

Heerweg als auch Ochsenweg verlaufen auf ruhigen Straßen und Wegen sowie auf straßenbegleitenden Radwegen. Lediglich auf dem Ochsenweg ist eine Verdichtung des Verkehrs auch auf den Nebenstraßen in den Einzugsgebieten der größeren Städte wie Flensburg, Schleswig, Rendsburg, Itzehoe, Neumünster und Hamburg spürbar.

Gefährliche Straßenkreuzungen werden in Dänemark durch Straßenuntertunnelungen und Überwegen entschärft. In Deutschland wartet man schon einmal länger an einer vielbefahrenen Straßenkreuzung, wenn keine Ampeln vorhanden sind – das aber zum Glück nur selten und doch für Reisende mit Kindern kein Vergnügen

Viel befahrene Straßenstücke ohne Ausweichmöglichkeit gibt es auf dänischer Seite hinter Løager und Vojens sowie bei Gejlå. Näheres zum möglichen Verkehrsaufkommen und gefährlichen Stellen entnehmen Sie den Karten.

Beschilderung Ochsenweg

Beschilderung Heerweg

Beschilderung

Die beiden Radwege Heerweg und Ochsenweg sind durchgängig in beide Richtungen beschildert. Die Beschilderung ist in den beiden Ländern wie schon die Bezeichnung des Radfernweges recht unterschiedlich. In Dänemark ist der Heerweg (dän. *Hærvej*) als Nationalroute 3 mit einem blauen viereckigen Schild ausgeschildert, das mit der Nummerierung auf rotem Untergrund versehen ist. In Deutschland wird ein rechteckiges weißes Schild mit grüner Umrandung und der Umrissdarstellung der Cimbrischen Halbinsel verwendet.

Hinzu kommen beiden Beschilderungstypen Richtungswegweiser und/oder Orts- und Entfernungsangaben

Tourenplanung

Wichtige Telefonnummern:

Internationale Vorwahl für Dänemark: 0045,
Internationale Vorwahl für Deutschland: 0049.

Bitte beachten Sie, dass es in Dänemark keine Ortsvorwahlen gibt, sondern lediglich achtstellige Telefonnummern, d.h. Sie wählen in Dänemark keine Null vor, sondern lediglich die Nummer nach der Internationalen Vorwahl.

Zentrale Infostellen

Deutschland:

Gebietsgemeinschaft „Grünes Binnenland" e.V., Stapelholmer Weg 13, D-24963 Tarp, ✆ 04638/898404, Fax 898405, info@tourismus-nord.de, www.tourismus-nord.de

Dänemark:

Region Sydøst- og Sønderjyllands Turismeudviklingsselskab (RST), Vestre Engvej 21, DK-7100 Vejle, ✆ 0045/75835999, Fax: 75726499, info@sydjylland.com, www.hærvej.dk

Weitere Infostellen

Tourismus-Agentur Schleswig-Holstein GmbH, Walkerdamm 17, D-24103 Kiel, ✆ 01805/600604 (0,12 €/Min.), Info-Fax: 01805/600644 (0,12 €/Min.), info@sh-tourismus.de, www.sh-tourismus.de

Touristinformation VisitDenmark – Dänemarks offizielle Tourismuszentrale, Glockengießerwall 2, D-20095 Hamburg, ✆ 01805/326463 (0,12 €/Min.), daninfo@visitdenmark.com, www.visitdenmark.com

ADFC Landesverband Schleswig-Holstein, Jeßstr. 25, 24114 Kiel, ✆ 0431/63190, Fax: 63133, schleswig-Holstein@adfc.de, www.adfc-sh.de

Dansk Cyklist Forbund (Dänischer Radfahrerverband), Rømers Gade 7, DK-1362 København K., ✆ 0045/33323121, Fax: 33327683, dcf@dcf.dk, www.dcf.dk

Umrechnungskurs

1 € = 7,44010 DKK
(Dänische Krone)
1 DKK = 0,14 €

In vielen Hotels, Geschäften und Tankstellen können Sie auf vorherige Anfrage meist auch in Euro bezahlen – ganz unkompliziert wird schnell umgerechnet, oft gibt es aber Dänische Kronen zurück.

Anreise & Abreise mit der Bahn

Sowohl der Startpunkt Viborg als auch der Endpunkt Wedel bzw. Hamburg sind mit der Bahn gut zu erreichen.

Bahnauskünfte Deutschland:

Deutsche Bahn AG, www.bahn.de, **Radfahrer Hotline,** ✆ 01805/151415 (€ 0,12/Min.), ÖZ: Mo-Fr 8-20 Uhr, Sa, So 9-14 Uhr, Auskünfte zu Reiseverbindungen mit Fahrradmitnahme, Fahrradversand und Fahrradvermietung, **Reise-Service,** ✆ 11861 (€1,33/Min.), tägl. 0-24 Uhr, Auskünfte zu Zugverbindungen, Fahrpreise, Fahrkartenbuchungen und -reservierungen. **Automatische DB-Fahrplanauskunft** ✆ 0800/1507090 (kostenfrei). Alles auch online unter www.bahn.de, **DB NachtZug,** ✆ 01805/141514, Auskünfte rund um die Nachtzugverbindungen national und international.

Bahnauskünfte Dänemark:

DSB – Dänische Staatsbahnen, **Service-Inland** ✆ 0045/70131415, **Service-International,** ✆ 0045/70131416, Reservierungen, Fahrplanauskünfte, Fahrpreise, Fahrradmitnahme, Stellplatzreservierungen, www.dsb.dk.

Fahrradtransport

Innerhalb der jeweiligen Länder funktioniert der **Fahrradversand** ohne Komplikationen. Grenzüberschreitend ist der Versand des Fahrrades jedoch nicht möglich.

Fahrradversand in Deutschland:

Es gibt zwei Möglichkeiten, Ihr Fahrrad innerhalb Deutschlands zu versenden. Entweder Sie geben den Fahrradversand über die **Bahn** (in Kooperation mit dem Hermes Versand) oder direkt beim **Hermes Versand** unter ✆ 01805/4884 (0,12 €/Minute Festnetz Telekom) in Auftrag. In

Verbindung mit dem Kauf einer Bahnfahrkarte ist der Fahrradversand erheblich kostengünstiger. Beim Kauf Ihrer Bahnfahrkarte bestellen Sie am Schalter ein KurierGepäckTicket für Ihr Fahrrad. Dieses Ticket lösen Sie bei der Abholung Ihres Fahrrades beim Kurierfahrer ein und bezahlen lediglich den KurierGepäck-Preis. Der KurierGepäck-Preis Inland beträgt für das erste und zweite Fahrrad € 24,10, für jedes weitere Fahrrad werden € 18,10 berechnet (bei gleicher Abhol- und Zustelladresse). Für den Versand von den Nordseeinseln und der Insel Hiddensee wird ein Zuschlag von € 6,90 berechnet.

Fahrradmitnahme in Deutschland:
Die direkte Fahrradmitnahme ist in allen Zügen der Deutschen Bahn möglich, die im Fahrplan mit dem Radsymbol 🚲 gekennzeichnet sind, und in denen genügend Stellfläche vorhanden ist. Sie benötigen hierfür eine Fahrradkarte und für Fahrten in **Fernzügen** (IC, EC, NZ, EN, D, CNL) eine Stellplatzreservierung. Die Reservierung ist bei gleichzeitigem Kauf der Fahrradkarte kostenlos, ansonsten € 3,–. Aus Kapazitätsgründen ist die Mitnahme besonderer Fahrradtypen wie Tandems, in den meisten Zügen, in denen die Mitnahme angeboten wird, nicht möglich. Kinderanhänger können kostenlos mitgenommen werden, sofern sie zusammenklappbar sind, und somit als Handgepäck gelten. Ansonsten benötigen Sie eine weitere Fahrradkarte für den Anhänger. Nähere Auskünfte und Reservierungen erhalten Sie über die Radfahrer Hotline. Reisen Sie in einer größeren Gruppe oder während der Stoßzeiten, dann sollten Sie sich im Voraus nach den vorhandenen Plätzen erkundigen.
Die **Fahrradkarte** ist deutschlandweit gültig und kostet in den Fernzügen € 8,–, Bahncardbesitzer zahlen € 6,–. In den Zügen des Nahverkehrs kostet die Mitnahme € 3,–, allerdings können hier in einzelnen Tarifverbünden abweichende Tarifbestimmungen gelten. Bitte beachten Sie, dass besondere Fahrradtypen aus Kapazitätsgründen in den meisten Fernzügen, die die Bahn für die Fahrradmitnahme anbietet, nicht zugelassen sind. Zusammengeklappte und demontierte Fahrräder oder Anhänger können kostenlos als Handgepäck mit genommen werden. Die **internationale Fahrradkarte** kostet € 10,–.

Fahrradmitnahme in Dänemark:
Die direkte Fahrradmitnahme ist ähnlich wie in Deutschland in allen Fern- und Nahverkehrszügen möglich. Die Züge, in den die Mitnahme angeboten wird, sind auf dem Abfahrtsplan entsprechend gekennzeichnet. In den **Fernzügen** (InterCity und InterCityLyn) ist in der Zeit von Mai bis Ende August eine Stellplatzreservierung erforderlich, außerhalb dieser Zeit wird eine Stellplatzreservierung empfohlen. Die Stellplatzreservierung kostet 20,– DKK. In den **Nahverkehrszügen** (Regionaltog, Gedser – Kopenhagen) und der **S-Bahn** (S-tog, z.B. von Ishøj nach Kopenhagen) beachten Sie bitte die Sperrzeiten Mo-Fr 7-8.30 und 15.30-17 Uhr, in denen kein Fahrrad mitgenommen wird. Eine Stellplatzreservierung ist dort nicht möglich. Hier hängt die Mitnahmemöglichkeit von den vorhandenen Stellplätzen ab. Tandems können mitgenommen werden, sofern eine zweite Fahrradkarte erworben wurde. Kinderanhänger hingegen können nur mitgenommen werden, sofern sie zusammenklappbar und die Räder demontierbar sind. Sie gelten dann als Handgepäck.

Die **Fahrradkarte** kostet in der S-Bahn DKK 10,– und ist zwei Stunden gültig, in der Regionalbahn sowie den InterCity- und InterCityLyn-Zügen richtet sich der Fahrpreis nach den durchzufahrenden Tarifzonen, z. B. 1-7 Zonen = DKK 10,– , 8-14 = DKK 20,– usw. Etwas billiger wird es für Gruppen und bei weiten Entfernungen mit der 10er-Streifenkarte zu DKK 90,– , je 1 Streifen ist DKK 10,– wert. Die **internationale Fahrradkarte** kostet € 10,–.

Rad & Bahn entlang der Strecke

Entlang beider Radwege gibt es zahlreiche Bahnhöfe, die ein Umsteigen von der Strecke auf die Bahn ermöglichen.

Infostellen Deutschland:

AKN Eisenbahn AG, Rudolf-Diesel-Str. 2, D-24568 Kaltenkirchen, Service-Telefon: ✆ 04191/933933, www.akn.de, E-Mail über die Website

HVV – Hamburger Verkehrsverbund GmbH, Steinstraße 7, D-20095 Hamburg, Service-Telefon: ✆ 040/19449, ✆ 040/325775-0, Fax: 325775-20, info@hvv.de, www.hvv.de

Nord-Ostsee-Bahn GmbH, Raiffeisenstr. 1, D24103 Kiel, ✆ 0431/7303-0, Fax: 73036-50, post@nord-ostsee-bahn.de, www.nord-ostsee-bahn.de

Infostellen Dänemark:

DSB – Dänische Staatsbahnen, Service-Inland ✆ 0045/70131415, **Service-International,** ✆ 0045/70131416, Reservierungen, Fahrplanauskünfte, Fahrpreise, Fahrradmitnahme, Stellplatzreservierungen, www.dsb.dk.

Übernachtung

Generell gilt in der Hochsaison von Mitte Juni bis Mitte August ein Zimmer im Voraus zu buchen. Während des Restes des Jahres ist dies nicht erforderlich, es gibt ausreichende Übernachtungsmöglichkeiten in allen Preiskategorien und Komfort.

Eine gute und meist kostengünstigere Alternative zu Hotels und Gasthöfen sind Jugendherbergen, die zunehmend einen gehobenen Standard anbieten. Hierfür sollten Sie auf jeden Fall einen Jugendherbergsausweis haben, den Sie

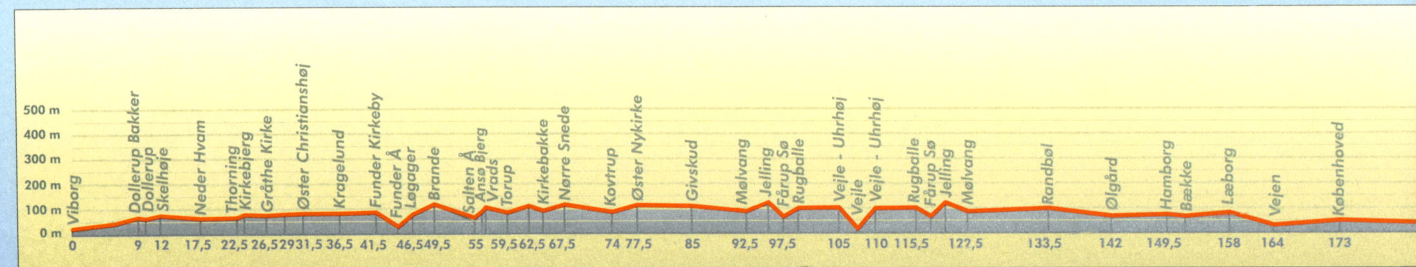

beim **DJH – Landesverband Nordmark e.V.**, Rennbahnstr. 100, 22111 Hamburg, ✆ 040/655995-0, Fax: 655995-44, -52, service@djh-nordmark.de, www.djh.de oder bei **Danhostel/Danmarks Vandrerhjem**, Vesterbrogade 39, DK-1620 Kopenhagen, ✆ 0045/31313612, idv@danhostel.dk, www.danhostel.dk erhalten.

Es empfiehlt sich, das Zelt mit im Gepäck zu führen, da es viele gute Natur- und freie Zeltplätze sowie Campingplätze gibt. Viele Campingplätze in Dänemark vermieten auch „Hütten", die jedoch im Voraus gebucht werden müssen. Informationen zu den dänischen Campingplätzen erhalten Sie beim dänischen Dachverband: **Campingrådet**, Hesseløgade 16, DK-2100 Kopenhagen Ø, ✆ 0045/39278844, Fax: 39278044, info@campingraadet.dk, www.campingraadet.dk.

Für Übernachtungen auf den Campingplätzen ist die „Camping Card Scandinavia" notwendig. Sie ist zum Preis von DKK 80,– auf allen Campingplätzen und bei Tourismusstellen erhalten. Es gibt auch einen „Transitpass", der für eine einzelne Übernachtung zum Preis von DKK 20,– erhältlich ist.

Infos zu Naturcampingplätzen, auf denen das Übernachten kostenfrei bzw. maximal bis DKK 15,– kostet, gibt die Broschüre „Overnatning i det fri" (Übernachten im Freien), erhältlich unter **www.teltpladser.dk** oder beim **ADFC Berlin**, Brunnenstr. 28, D-10119 Berlin, ✆ 030/4484724, Fax: 030/44340520, E-Mail: buchladen@adfc-berlin.de.

Infos zu Fahrradfreundlichen Übernachtungsbetrieben in Schleswig-Holstein erhalten Sie bei **Bett&Bike – ADFC LV Schleswig-Holstein**, Jeßstr. 25, 24012 Kiel, ✆ 0431/676174, Fax: 63133, bettundbikeadfc-sh.de, www.bettundbike.de

Mit Kindern unterwegs

Sowohl der Heerweg als auch der Ochsenweg sind für einen Radurlaub mit selbst fahrenden Kindern ab 10 Jahren geeignet. Für Reisende mit Kinderanhänger könnten die wenigen längeren unbefestigten Radwege auf den historischen Trassen lang werden.

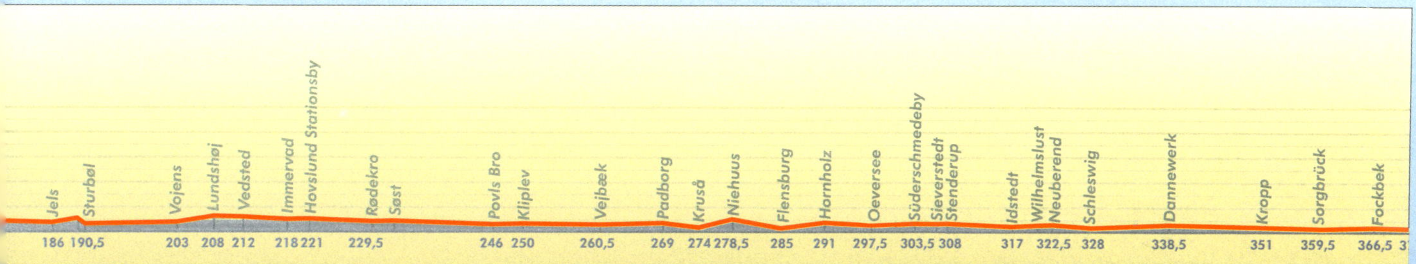

Alles für die Tour

Als Rad für die Tour empfiehlt es sich, mit einem guten Tourenrad oder einem Trekking- oder Mountainbike unterwegs zu sein. Ein Rennrad und andere Räder mit schmaler Bereifung sind für die Tour in der gesamten Länge ungeeignet, auf ausgewählten Strecken aber möglich.

Ratsam ist es, eine kleinere „Radapotheke" mitzuführen. Eine Grundausrüstung an Werkzeug und Zubehör sollte folgendes beinhalten: Ersatzschlauch und/oder Flickzeug, Reifenheber, Luftpumpe, Universalschraubenschlüssel, Imbusschlüssel, Speichenspanner und Schraubendreher, Brems- und Schaltseil, Kettenöl, Schmiertücher und Ersatzleuchten.

Bekleidung

Für den Spaß beim Rad fahren ist die Beschaffenheit der Bekleidung ganz entscheidend.

Hierbei gilt in erster Linie das „Zwiebelprinzip": Mehrere Schichten erfüllen verschiedene Funktionen und lassen sich separat tragen und vielfältig kombinieren, achten Sie dabei auf eine gute Passform, da sonst die Funktion versagt.

Die Unterwäsche soll entstehende Feuchtigkeit möglichst schnell vom Körper weg führen (Kapillarwirkung). Ihr Sitzkomfort auf längeren Strecken wird durch eine gepolsterte Radlerhose entscheidend verbessert!

Je nach Außentemperatur folgt eine isolierende zweite Schicht, in der Regel ein leichter und klein verpackbarer Fleece-Pullover, der Wärme, aber keine Feuchtigkeit speichert.

Die äußere Hülle soll Wind und Regen abhalten, gleichzeitig aber den Schweiß in Form von Dampf hindurchlassen. Das Ergebnis ist immer ein Kompromiss zwischen den Funktionen „wasserdicht" und „dampfdurchlässig". Beachten Sie, dass atmungsaktive Stoffe bei sommerlichen Temperaturen nicht mehr funktionieren. Belüftungsmöglichkeiten, zum Beispiel unter den Armen, erhöhen den Tragekomfort erheblich.

Hochwertige Wollstoffe für wärmende Pullis und sogar hauchdünne Unterwäsche trocknen zwar langsam, isolieren allerdings auch im feuchten Zustand noch recht gut. Im Gegensatz zu Funkti-

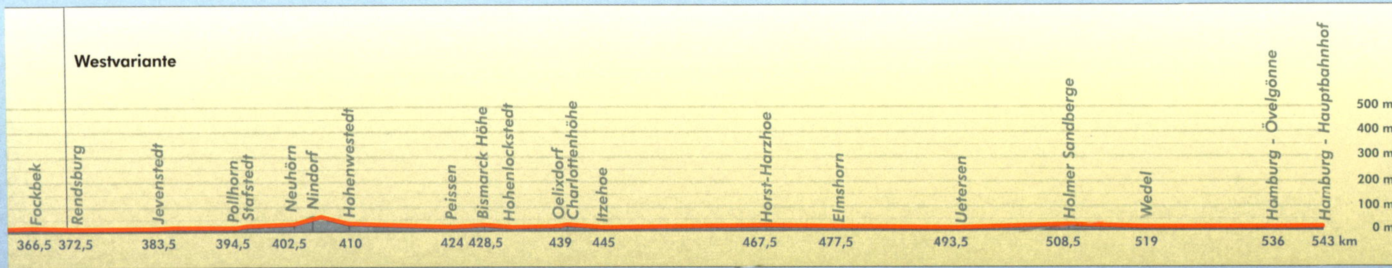

onsunterwäsche aus Kunstfasern nehmen Sie kaum Körpergeruch an – abends reicht meist simples Auslüften. Beides gilt jedoch nicht für Baumwolle, die als Sportbekleidung generell ungeeignet ist.

Radreiseveranstalter

Gebietsgemeinschaft „Grünes Binnenland" e.V., Stapelholmer Weg 13, D-24963 Tarp, ✆ 04638/898404, Fax 04638/898405, info@tourismus-nord.de, www.tourismus-nord.de

Tourist-Information Nord-Ostsee-Kanal, (TINOK) Altstädter Markt 1, D-24768 Rendsburg, ✆ 04331/21120, Fax 04331/23369, info@tinok.de, www.tinok.de

Zu diesem Buch

Dieser Radreiseführer enthält alle Informationen, die Sie für den Radurlaub auf dem Heerweg/Ochsenweg benötigen: Exakte Karten, eine detaillierte Streckenbeschreibung, ein ausführliches Übernachtungsverzeichnis, Stadt- und Ortspläne und die wichtigsten Informationen zu touristischen Attraktionen und Sehenswürdigkeiten.

Und das alles mit der ***bikeline*-Garantie**: jeder Meter in unseren Büchern ist von einem unserer Redakteure vor Ort auf seine Fahrradtauglichkeit geprüft worden!

Die Karten

Eine Übersicht über die geographische Lage des in diesem Buch behandelten Gebietes gibt Ihnen die Übersichtskarte auf der vorderen inneren Umschlagsseite. Hier sind auch die Blattschnitte der einzelnen Detailkarten eingetragen.

Diese Detailkarten sind im Maßstab 1 : 75.000 erstellt. Dies bedeutet, dass 1 cm auf der Karte einer Strecke von 750 Metern in der Natur entspricht. Zusätzlich zum genauen Routenverlauf informieren die Karten auch über die Beschaffenheit des Bodenbelages (befestigt oder unbefestigt), Steigungen (leicht oder stark), Entfernungen sowie über kulturelle und gastronomische Einrichtungen entlang der Strecke.

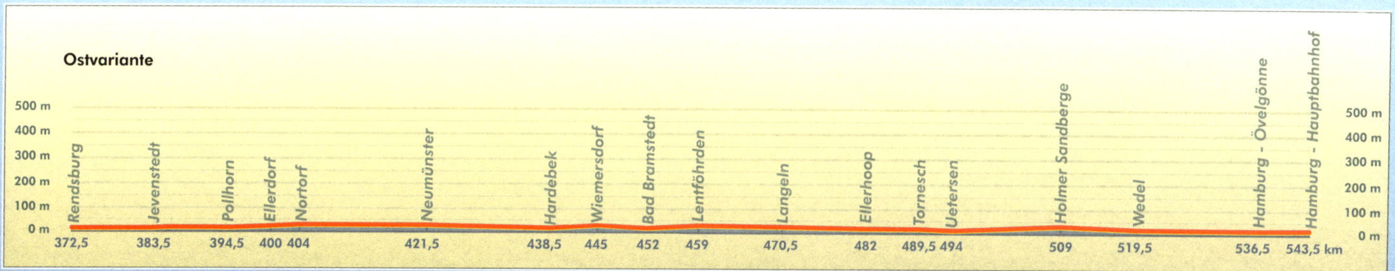

Allerdings können selbst die genauesten Karten den Blick auf die Wegbeschreibung nicht ersetzen. Komplizierte Stellen werden in der Karte mit diesem Symbol ⚠ gekennzeichnet, im Text finden Sie das gleiche Zeichen zur Kennzeichnung der betreffenden Stelle wieder. Beachten Sie, dass die empfohlene Hauptroute immer in Rot und Violett, Varianten und Ausflüge hingegen in Orange dargestellt sind. Die genaue Bedeutung der einzelnen Symbole wird in der Legende auf Seite 4 erläutert.

Höhen- und Streckenprofil

Das Höhen- und Streckenprofil gibt Ihnen einen grafischen Überblick über die Steigungsverhältnisse, die Länge und die wichtigsten Orte entlang der Radroute. Es können in diesem Überblick nur die markantesten Höhenunterschiede dargestellt werden, jede einzelne kleinere Steigung wird in dieser grafischen Darstellung jedoch nicht berücksichtigt. Die Steigungs- und Gefälleverhältnisse entlang der Route finden Sie im Detail mit Hilfe der Steigungspfeile in den genauen Karten.

Der Text

Der Textteil besteht im Wesentlichen aus der genauen Streckenbeschreibung, welche die empfohlene Hauptroute enthält. Stichwortartige Streckeninformationen werden, zum leichteren Auffinden, von dem Zeichen ~ begleitet.

Unterbrochen wird dieser Text gegebenenfalls durch orange hinterlegte Absätze, die Varianten und Ausflüge behandeln.

Ferner sind alle wichtigen **Orte** zur besseren Orientierung aus dem Text hervorgehoben. Gibt es interessante Sehenswürdigkeiten in einem Ort, so finden Sie unter dem Ortsbalken die jeweiligen Adressen, Telefonnummern und Öffnungszeiten.

Die Beschreibung der einzelnen Orte, sowie historisch, kulturell oder naturkundlich interessante Gegebenheiten entlang der Route tragen zu einem abgerundeten Reiseerlebnis bei. Diese Textblöcke sind kursiv gesetzt und unterscheiden sich dadurch auch optisch von der Streckenbeschreibung.

Zudem gibt es kurze Textabschnitte in den Farben violett oder orange, mit denen wir Sie auf bestimmte Gegebenheiten aufmerksam machen möchten:

Textabschnitte in Violett heben Stellen hervor, an denen Sie Entscheidungen über Ihre weitere Fahrstrecke treffen müssen; z. B. wenn die Streckenführung von der Wegweisung abweicht oder mehrere Varianten zur Auswahl stehen u. ä.

Textabschnitte in Orange stellen Ausflugstipps dar und weisen auf interessante Sehenswürdigkeiten oder Freizeitaktivitäten etwas abseits der Route hin.

Das Symbol ⚠ bezeichnet schwierige Stellen, an denen zum Beispiel ein Schild fehlt oder eine Routenführung unklar ist. Sie finden das Zeichen an derselben Stelle in der Karte wieder, so dass sie wissen, auf welches Wegstück sich das Symbol bezieht.

Übernachtungsverzeichnis

Auf den letzten Seiten dieses Radtourenbuches finden Sie zu fast allen Orten an der Strecke eine Auswahl von günstig gelegenen Hotels und Pensionen. Dieses Verzeichnis enthält auch Campingplätze und Jugendherbergen sowie Bett&Bike-Betriebe. Ab Seite 163 erfahren Sie genaueres.

Von Viborg nach Vejle

107,5 km

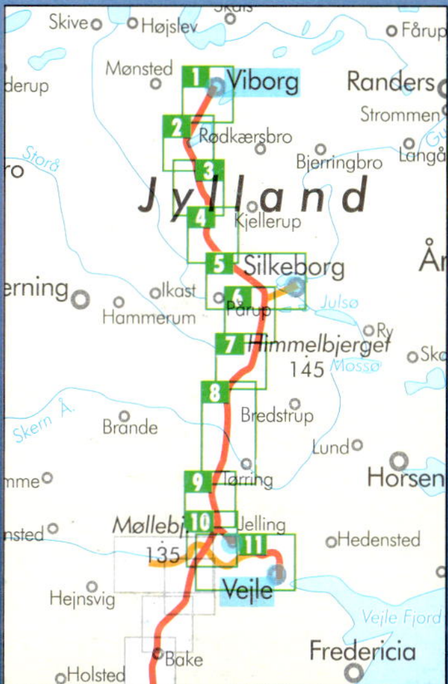

Sie starten Ihre Radreise auf dem Heerweg im dänischen Viborg. Bis Vejle, der Stadt am Fjord mit maritimen Flair, geht es durch eine wunderschöne, abwechslungsreiche hügelige Wald- und Heidelandschaft. Heerwegsteine, Hügelgräber und die alten Burgruinen nahe Hald Hovedgaard säumen den Heerweg und vermitteln einen Eindruck von der Kulturgeschichte längs dieses alten Landfernweges. Sehenswert sind der Safaripark in Givskud und der kleine Ort Jelling, wo Sie ein einzigartiger Ort dänischer Geschichte erwartet.

Sie fahren überwiegend auf befestigten, von Straßen weit abgelegenen Radwegen, ruhigen asphaltierten Nebenstraßen sowie auf unbefestigten, gut befahrbaren Wald- und Heidewegen. Lediglich ein knapper halber Kilometer führt auf einer stärker befahrenen Straße. Es gibt einige leichtere Steigungen sowie zwei stärkere Gefällestrecken: südlich von Funder Kirkeby hinunter zum Funder Å sowie südlich von Jelling hinunter zum Fårup Sø.

Viborg

PLZ: 8800

- **Viborg Turistbureau**, Nytorv 9, ✆ 87253075, www.visitviborg.dk
- **Ausflugsboot Margrethe I.**, Abfahrt an der Brücke Golf Salonen, Randersvej. Große Rundfahrt über die Viborger Seen; Fahrtzeiten: tägl. 5.Mai-17.Juni 14 Uhr, 18.Juni-31. Juli 12.45, 14 und 15.15 Uhr, Aug. 14 Uhr und 15.15 Uhr. Eine Fahrt mit dem Ausflugsboot kann mit dem Viborg Toget (s.u.) kombiniert werden.
- **Kunsthallen Brænderigården**, Riddergade 8, ✆ 87252605, ÖZ: ganzjährig, Di-So 13-17 Uhr. Wechselnde Ausstellungen dänischer und internationaler Kunst, Kunsthandwerk und Design.
- **Viborg Stiftsmuseum**, Hjultorvet 9, ✆ 87252610, ÖZ: 15. Juni-Aug. Di-So 11-17 Uhr, Sept.-14. Juni Di-Fr 13-16 Uhr, Sa/So 11-17 Uhr. Ständige Ausstellung zur Stadt- und regionalen Geschichte von der Früh- bis zur neueren Zeit, wechselnde Themenausstellungen.
- **Skovgaard Museum**, Domkirkestræde 2-4, ✆ 86623975, ÖZ: Mai-Sept. tägl. 10-12.30 Uhr und 13.30-17 Uhr, Okt.-April tägl. 13.30-17 Uhr. Kunstmuseum mit Werken von Joakim Skovgaard sowie wechselnde Ausstellungen.
- **Bruunshaab Gamle Papfabrik**, Vinkelvej 97, ✆ 86675900, ÖZ: Mai-Okt. Mo-Sa 10-16 Uhr; Fabrikgebäude aus den ersten Jahren des 20. Jhs., zunächst Tuchfabrik später Produktion von Pappen aller Art. Seit 1987 bietet das hier eingerichtete Museum einen Einblick in die dänische Industriegeschichte anhand von traditionellen Maschinen und modernen Medien.

- **Viborg Miniby**, Mellemvej 9, ✆ 87254550, ÖZ: ganzjährig Mo-Do 9-12 Uhr. In der Werkstatt der „Minibauer" werden Häuser Viborgs aus der Zeit zwischen 1800-1850 in Miniaturformat nachgebaut. Bisher sind 2 Häuser im Stiftsmuseum Viborgs und 4 Häuser im Mellemvej 19 ausgestellt.
- **Viborger Dom „Dom Vor Frue"**, Domkirkepladsen/Sct. Mogensgade 4, ✆ 87255250, ÖZ: Jan.-März u. Okt.-Dez. Sa 11-15 Uhr, So 12-15 Uhr, April-Mai u. Sept. Mo-Sa 11-16 Uhr, So 12-16 Uhr, Juni-Aug. Mo-Sa 10-17 Uhr, So 12-17 Uhr, geschlossen während der Gottesdienste; Aussichtsturm. Die Domkirche ist Dänemarks größte Granitkirche. Vom Ursprungsbau (1130) hat nur die Krypta mehrere Brände überlebt – der heutige Bau stammt aus dem 19. Jh. Im Inneren sind einzigartige Fresken von Joakim Skovgaard, ein siebenarmiger Leuchter (14. Jh.) und der goldene Altar mit Motiven aus Jesus Leben zu sehen.
- **Legeland Viborg**, Gyldenrisvej 9, ✆ 86615304, ÖZ: Juli tägl. 10-18 Uhr, Aug.-Juni Do-So 10-18 Uhr. Spielparadies mit Springburgen, Rutschbahnen, Mondautofahrten und div. Sportspielen.
- **Viborg Toget**, Hjultorvet, Abfahrten: tägl., 18.Juni-Juli 12.10, 13.25, 14.40 und 15.55 Uhr, Aug. 13.25, 14.40 und 15.55 Uhr. Mit der Viborger Bimmelbahn können Sie eine Fahrt durch den alten Stadtkern Viborgs unternehmen.
- **Stadtführungen** und **Ausflüge** in die nähere Umgebung während der Sommermonate können bei der Tourismusinformation gebucht werden.
- **Borgvold**, Mitte des 19. Jhs. angelegter Stadtpark am Nørresø, u.a. mit dem ersten Bibelgarten Dänemarks.
- **Digterparken**, N.F.S. Grundtvigs Vej 1, Stadtpark mit einer großen Obstplantage.
- **Nordisk Park**, Vinkelvej 20. Östlich des Søndersøs angelegter Park, der Pflanzen und Landschaftselemente der nordischen Partnerstädte Viborgs zeigt.

Viborg
Nørresø
Søndersø
Asmild
Overlund
Kaserne
Stadion
Tinghallen
Amtsgården
Vestre Landsret
Borgvold
Domkirke
Viborg Stiftsmuseum
Kunsthallen
Asmild Kirke
Station
Sygehus
Kloster-skoven
Nordisk Park
Ringvejen
Boyes-gade
Rødevej
Randersvej
Gammel Århusvej
Marsk Stigs Vej
Sct. Ibs Gade
Reberbanen
Skottenborg
Vesterbrogade
Jernbanegade
Toldbodgade
Sct. Jørgens Vej
Lille Sct. Mikkels Gade
Middagshøjvej
Gammel Randersvej
Klostermarken
Vinkelvej
Amtmandshøjen
Nørresøvej
Asmildvej
19
500 m

Vestbadet, Rughavevej 1, ✆ 86623708, ÖZ: 14. Mai-27. Aug.

Viborg Svømmehal – Badeland, Banegårdspladsen 1, ✆ 87253180, ÖZ: Sept.-Mai Mo u. Mi 10-21Uhr, Di u. Do 6-21 Uhr, Fr 10-18 Uhr, Sa/So 9-18 Uhr, Juni-Aug. Mo u. Mi 10-20 Uhr, Di u. Do 6-20 Uhr, Fr 10-18 Uhr, Sa/So 10-17 Uhr.

Viborg Turistbureau, Nytorv 9, ✆ 87253075.

Viborg ist eine der ältesten Städte Dänemarks. Schon die Wikinger haben diesen zentralen Ort in Mittjütland genutzt, um Versammlungen abzuhalten und Opferfeste zu feiern. Der Name Viborgs wird auf diese Zeit zurückgeführt, „Vi" bedeutete so viel wie Heiligtum oder Götter; aus dem „Götterberg" (Vibjerg) wurde dann später das heutige Viborg.

Viborg erfuhr einen rasanten Aufstieg, wirtschaftlich und politisch: ab dem 11. Jahrhundert war Viborg Versammlungsort der dänischen Stände, die seit 1340 den dänische König gewählt haben. Neben dem Dom befindet sich heute noch das sog. Königshuldigungsdenkmal. Darüber hinaus war Viborg Bischofssitz sowie Hauptstadt Jütlands.

Der wirtschaftliche Erfolg ist auf die vielen Handelswege zurückzuführen, die sich in Viborg trafen. Einer davon war der Heerweg. 1650 war Viborg schließlich die größte Stadt Jütlands. Nach der Reformation verlor Viborg stetig an Bedeutung, die Handelsströme konzentrierten sich zunehmend auf die Hafenstädte an der dänischen Küste. Darüber hinaus zerstörten zwei große Feuer im 16. und 18. Jahrhundert große Teile der Stadt. Der Bedeutungsverlust wird auch durch den Auszug der Ständeversammlung aus Viborg im 18. Jahrhundert deutlich.

Erst die Eisenbahnanbindung und neue landwirtschaftliche Techniken zur Bewirtschaftung der umliegenden Heidelandschaft führten dann im 19. Jahrhundert zu einer Belebung der Stadt, u.a. durch die Ansiedlung von Kleinindustrie – etwa die Pappenfabrik „Brunshaab".

Ausflugsschiff „Margrethe"

Ein Rundgang durch die Altstadt vermittelt mit seinen engen Gassen und alten Häusern einen guten Eindruck vom geschichtlichen Werdegang Viborgs.

Von den historischen Zeugnissen abgesehen sind die beiden großen Seen im Osten der Stadt, sowie der eindrucksvolle Stadtpark Borgvold prägend für das Stadtbild von Viborg. Sie lassen erahnen, was im weiteren Umland an natürlichen Schönheiten zu entdecken ist.

Von Viborg nach Skelhøje — 12 km

Der Heerweg beginnt am Bahnhof von Viborg ~ am Kreisverkehr rechts in die **Toldbodgade** ~ am Kreisverkehr erste Ausfahrt in die Straße **Ved Sct. Mikkels Port** ~ am Drängelgitter in den Rad- und Fußweg ~ es geht hinunter zur **Ll. Sct. Mikkels Gade** ~ an der

Fußgängerampel rechts ~ weiter parallel zum **Gl. Århusvej** ~ rechts unter der **Eisenbahnunterführung** hindurch ~ danach gleich links in den **Koldingvej** ~ auf dem straßenbegleitenden Radweg geht es aus Viborg hinaus bis zum Rastplatz an der Viborg Hedeplantage.

Rastplatz Viborg Hedeplantage

Hærvejsstenen ved Viborg (Heerwegsstein)

Nahe dem Rastplatz befindet sich ein Heerwegsstein, der an die zahlreichen Reisenden auf dem Heerweg erinnert. Die Inschrift lautet: „Kaufleute, Krieger, Karren, Kutschen, Ritter, Fahrer, Wanderer, Pferde, Ochsen, Gänse, Fromme, Gute, Böse, Viele, Einer – von weit her zu den Raststätten müde vom (geschwungenen) Weg – Jerusalem, Rom, Santiago de Compostela, Hamburg, Lübeck, Paris, Finderup, Varde.“ Eine Messingplatte auf dem Stein zeigt einen Kompass mit den Richtungen zu den wichtigsten Pilgerstätten des Mittelalters.

Hærvejsstenen

Tipp: Alternativ zur Hauptroute können Sie an der Gabelung Koldingvej/Egeskovvej der Regionalroute 21 bis zur Kirche in Hald Ege folgen, wo sich beide Radrouten wieder treffen.

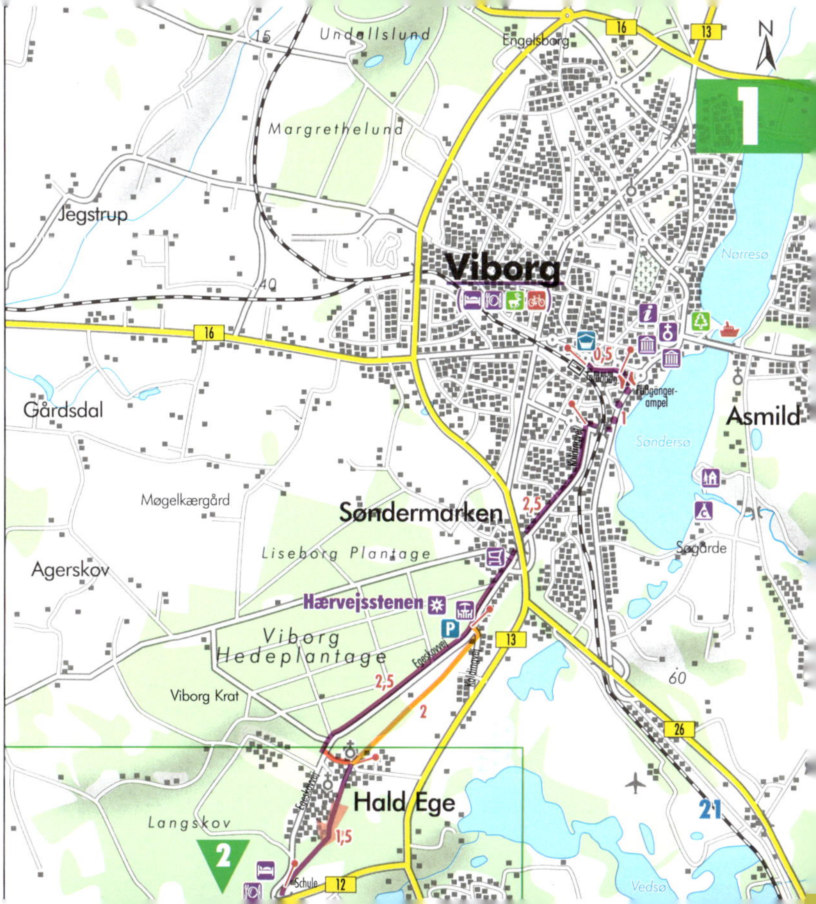

Auf der Hauptroute fahren Sie parallel zum **Egeskovvej** bis in den Ort Hald Ege.

Hald Ege

Links in den **Tegelgårdsvej** ~ nach ca. 300 Meter rechts in den Radweg.

Tipp: Von links stößt die Regionaleroute 21 wieder auf den Heerweg.

Sie folgen diesem Radweg ~ kurz vor dem **Hotel Niels Bugge's Hotel** am Egeskovvej an der Gabelung nach links hinunter zur **Straßenunterführung** und auf dem unbefestigten Weg bis zum Herrensitz Hald Hovedgaard.

Hald Hovedgaard

PLZ: 8800 Viborg

- **Viborg Turistbureau**, Nytorv 9, 8800 Viborg, ✆ 87253075, www.visitviborg.dk
- **Hald Hovedgaard**, Ravnsbjergvej 76, 8800 Viborg, ✆ 86638410, Besichtigung nur nach Vereinbarung, Park öffentlich zugänglich, Hofladen, geologische und kulturhistorische Ausstellung zum Anwesen und zur Umgebung.
- Rund um den Herrensitz befinden sich verschiedene **Ruinen** älterer Burgen, die zumeist im 14. Jh. erbaut wurden: **Niels Bugges Hald, Brattningsborg** und **Jorg Friis Hald Ruin**.
- **Naturpfad**, um den See und vorbei an den Ruinen sowie in die Troldeschlucht.

Hald Hovedgaard

Der Herrensitz Hald Hovegaard wurde 1789 von F. Schinkel gebaut. Heute ist hier ein Zentrum für Schriftsteller und Übersetzer untergebracht. Die Ländereien des Gutes werden nach rein ökologischen Gesichtspunkten bewirtschaftet.

Rund um den See laden Rastplätze und Wanderwege zu einer Rast oder einem Ausflug in die Natur ein, so zum Beispiel zu einem kurzen Abstecher in die Troldeslugten (Schlucht der Trolle) – der Wanderweg beginnt gleich hinter dem Gasthaus Niels Bugge's Kro – oder zu den Burgruinen aus dem 14. Jahrhundert.

Sie fahren auf der geschwungenen Straße am **Gasthof Niels Bugge's Kro** vorbei und weiter durch die Heidelandschaft der **Dollerup Bakker** bis in den Ort Dollerup.

Dollerup

NSG Dollerup Bakker

*Das **Naturschutzgebiet Dollerup Bakker** rund um den Hald Sø hat seine Gestalt den Gletscherströmen der Eiszeit zu verdanken, insbesondere die starken Höhenunterschiede im Gelände sind darauf zurückzuführen: der See ist bis zu 31 Meter tief, während das Ufergelände bis zu 63 Meter in die Höhe ragt. Die Landschaft um den See ist durch dichte Wälder und vereinzelte Heideflächen geprägt. Einige Eichenwälder, etwa auf der Halbinsel Inderøen, sind dabei von menschlichen Einflüssen wei-*

Hald Ruine

testgehend verschont geblieben, so dass man durch unberührte Naturwälder wandern kann. Der Zugang zur Halbinsel befindet sich am südlichen Ende des Sees in Dollerup.

An der Kreuzung im Ort rechts ~ gleich wieder links in den unbefestigten Weg ~ an der kleinen Kreuzung rechts in den unbefestigten **Ravnsbjergvej** ~ es geht durch den Wald bergauf ~ mit Blick auf die hügelige Landschaft des **Skeltals** geht es wieder aus dem Wald hinaus ~ Sie kommen nach Skelhøje ~ zunächst geradeaus ~ nach dem

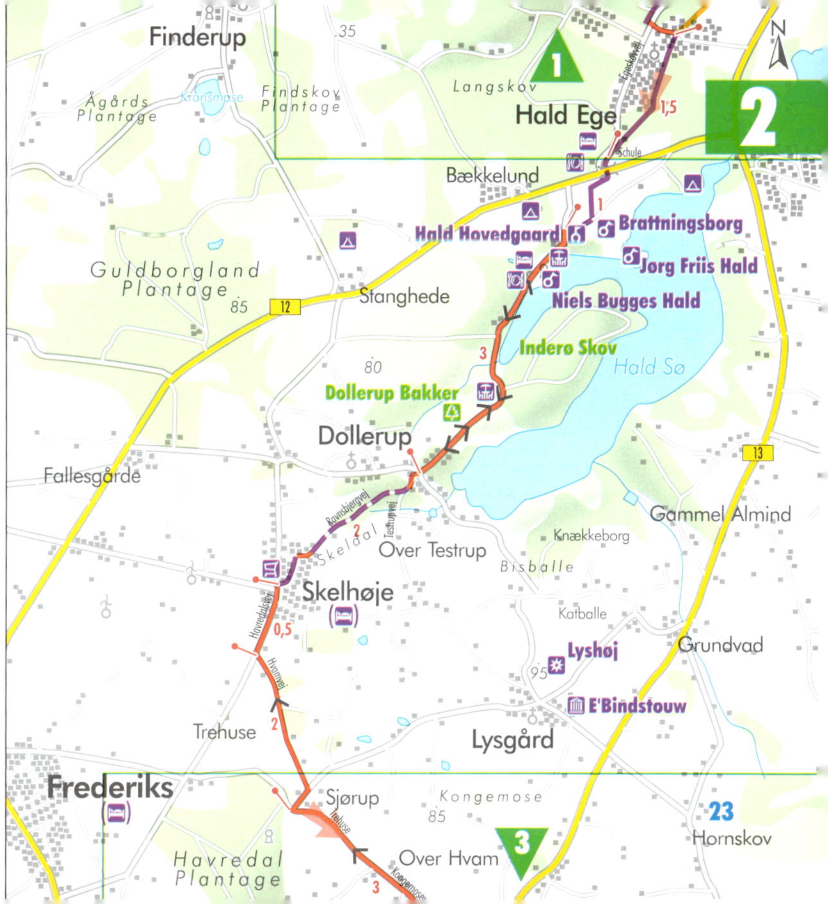

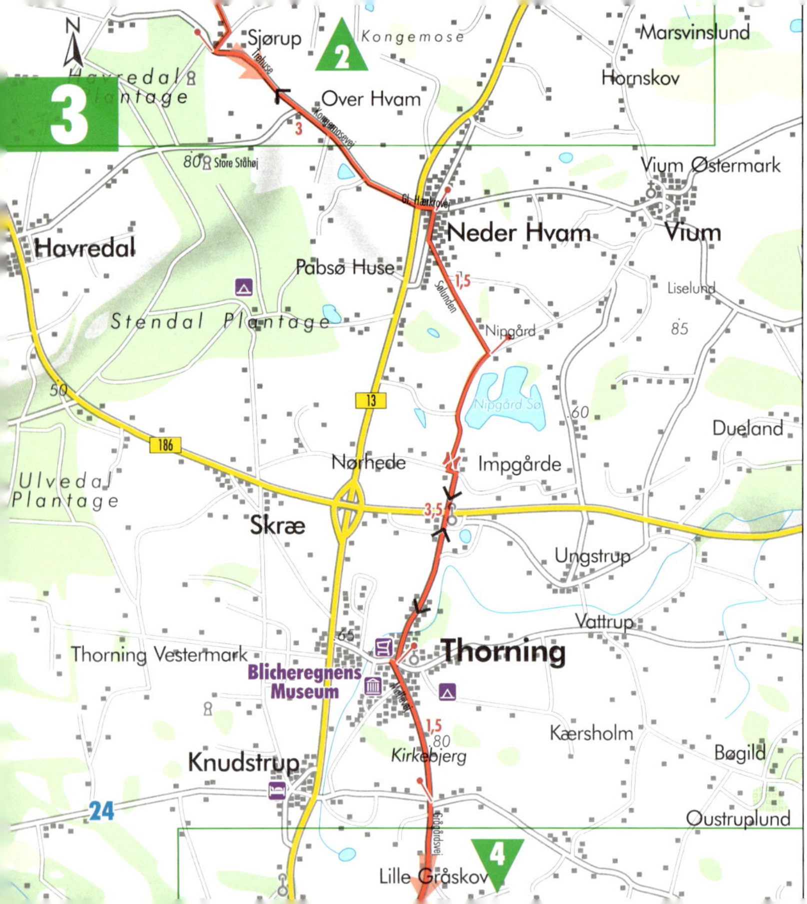

folgenden Abzweig links in den Radweg bis zur Ortsdurchgangsstraße in Skelhøje.

Skelhøje

Von Skelhøje nach Thorning — 10,5 km

Tipp: Im nahegelegenen Lysgård befindet sich das E'Bindstouw Museum, das ein originalgetreues Schulzimmer und eine Schulmeisterwohnung aus Steen Steensen Blichers Zeit zeigt. Nördlich von Lysgård befindet sich Lyshøj, ein kleiner und der höchst gelegene Ort der Umgebung.

Lysgård

PLZ: 8800 Viborg

- **Viborg Turistbureau**, Nytorv 9, 8800 Viborg, ✆ 87253075, www.visitborg.dk
- **E'Bindstouw**, Blichersvej 40, ✆ 86667579, ÖZ: Juni-Aug. Di-So 10-17 Uhr. Regionalhistorisches Museum in einem alten Schulgebäude; Ausstellungsstücke zur dänischen Bauernkultur, Gegenstände des täglichen Lebens.
- Das **Dorf Lyshøj** liegt auf dem höchsten Punkt der Umgebung (94 m). Es wird erzählt, dass Niels Blicher von hier aus 40 Kirchtürme sehen konnte. Hier befindet sich auch ein Gedenkstein für Steen Steensen Blicher (1883), der von 1819-25 Pfarrer in der Gemeinde Thorning und Lysgård war.

Im Ort links in den **Havredalsvej** ~ nach einem knappen Kilometer links in den **Hvamvej** ~ auf der hügeligen Straße bergab bis **Sjørup** ~ Sie folgen dem Hvamvej an der Gabelung nach rechts ~ an der T-Kreuzung links ~ geradeaus weiter auf dem **Kongemosevej** ~ an der Kreuzung geradeaus in den **Gl. Hærkrovej** nach Hvam hinein.

Neder Hvam

Gleich an der folgenden Kreuzung rechts ~ links in die Straße

Sølunden Richtung Nipgård ~ an der T-Kreuzung rechts, Durchfahrt für den Durchgangsverkehr gesperrt ~ auf der schmalen Straße am **Nipgård Sø** vorbei ~ an der T-Kreuzung nach der Straßenverengung links ~ sofort wieder rechts ~ immer geradeaus bis nach Thorning.

Thorning

PLZ: 8620 Kjellerup

Blicheregnens Museum, Blichersvej 30, ✆ 87702470, ÖZ: Okt.-März Di u. Do 11-17 Uhr, So 13-17 Uhr, April-Mai u. Sept. Mo-Fr 9-17 Uhr, Sa/So 13-17 Uhr, Juni-Aug Mo-Fr 9-17 Uhr, Sa/So 11-17 Uhr. Kulturhistorische Ausstellung mit Schwerpunkt auf Leben und Schaffen des dänischen Dichters Steen Steensen Blicher. Das Museum ist in dem ehemalige Pfarrhaus untergebracht, in dem Steen Steensen Blicher während seiner Zeit als Pfarrer gelebt hat.

Von Thorning nach Funder Kirkeby 19 km

Beim **Lebensmittelladen** rechts ~ gleich links in den **Møllevej** ~ weiter auf dem **Grågårdsvej.**

Grågårde

- **Grathestenen**, Grågårdevej 29
- **Grathe Kirche**
- westlich von der Grathe Kirche befindet sich nahe dem Fluss Haller Å **Kong Knaps Dige**, eine alte Verteidigungsanlage aus der Eisenzeit.

Grathe Hede (Heide) war schon im Mittelalter Schauplatz blaublütiger Auseinandersetzungen. So die Schlacht zwischen den Heeren von Valdemar dem Großen und Svend Grathe. Im Jahre 1157 als die Jüten einen wichtigen Sieg über die Soldaten aus Schonen und Seeland errungen. In dieser Schlacht fiel Svend

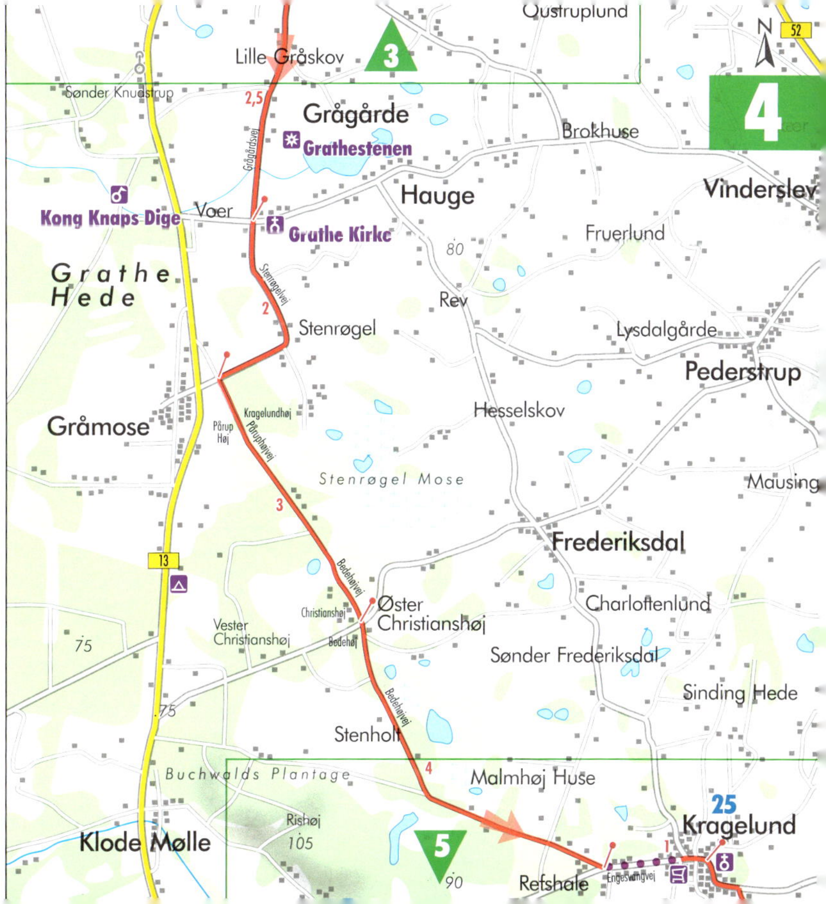

Grathe, an den noch heute der Grathestein nahe dem Hof Grågårde erinnert. In dieser Zeit erhielt der Heerweg seinen Namen.

Geradeaus in den **Stenrøgelvej** ~ an der Kreuzung vor der Hauptstraße links in den **Påruphøjvej** ~ Verlängerung **Bedehøjvej** ~ Sie fahren durch **Østre Christianshøj** bis zur Dorfkirche in Kragelund.

Kragelund

PLZ: 8600 Silkeborg

Turistbureau, Åhavevej 2A, 8600 Silkeborg, ✆ 86821911, www.silkeborg.com

Kragelund Kirche, Kragelundvej 50, ✆ 86867211. Romanische Dorfkirche mit Helledammen, einer Anlage von 1920 mit alten und neuen Steinen unter anderem für Blicher und Dalgas. Hier befinden sich Tische und Bänke, die zu einer Rast einladen.

An der Kirche biegen Sie rechts ab ~ rechts in den **Buskhedevej** ~ Sie folgen der Vorfahrtstraße bis Funder Kirkeby.

Funder Kirkeby

Von Funder Kirkeby nach Vrads 15 km

An der Kirche in Funder Kirkeby links in den **Funder Kirkevej** ~ Sie folgen der abknickenden Vorfahrtstraße nach rechts in den **Funder Skolevej**.

Tipp: Von der Schule in Funder sind es nur 6 Kilometer bis nach Silkeborg. Hier erwartet Sie eine hübsche Stadt mit interessanten Museen und anderen Attraktionen.

Ausflug nach Silkeborg 6 km

Tipp: Bis ins Stadtzentrum von Silkeborg führt Sie die Regionalroute 11.

Silkeborg

PLZ: 8600

- **Silkeborg Turistbureau**, Åhavevej 2A, ✆ 86821911, www.silkeborg.com
- **Kunstmuseum**, Gudenåvej 7-9, ✆ 86825388, ÖZ: April-Okt. Di-So 10-17 Uhr, Nov.-März Di-Fr 12-16 Uhr, Sa/So 10-17 Uhr. Große Sammlung dänischer Kunst des 18. und 19. Jhs., u.a. Werke von Johannes Holbek, Per Kirkeby, Richard Winther. Sonderausstellungen
- **Silkeborg Museum**, Hovedgårdsvej 7, ✆ 86821499, ÖZ: Mai-Okt. tägl. 10-17 Uhr, 18.Nov.-April Sa/So 12-16 Uhr. Landeskundliche Ausstellung mit Stücken von der Frühzeit bis ins 18. Jh.
- **Springvandet**, Silkeborg Langsø, fünf Fontänen in der Mitte des Sees schießen in unterschiedlichen Höhen aus dem Wasser, am Abend im bunten Farbenspiel angestrahlt.

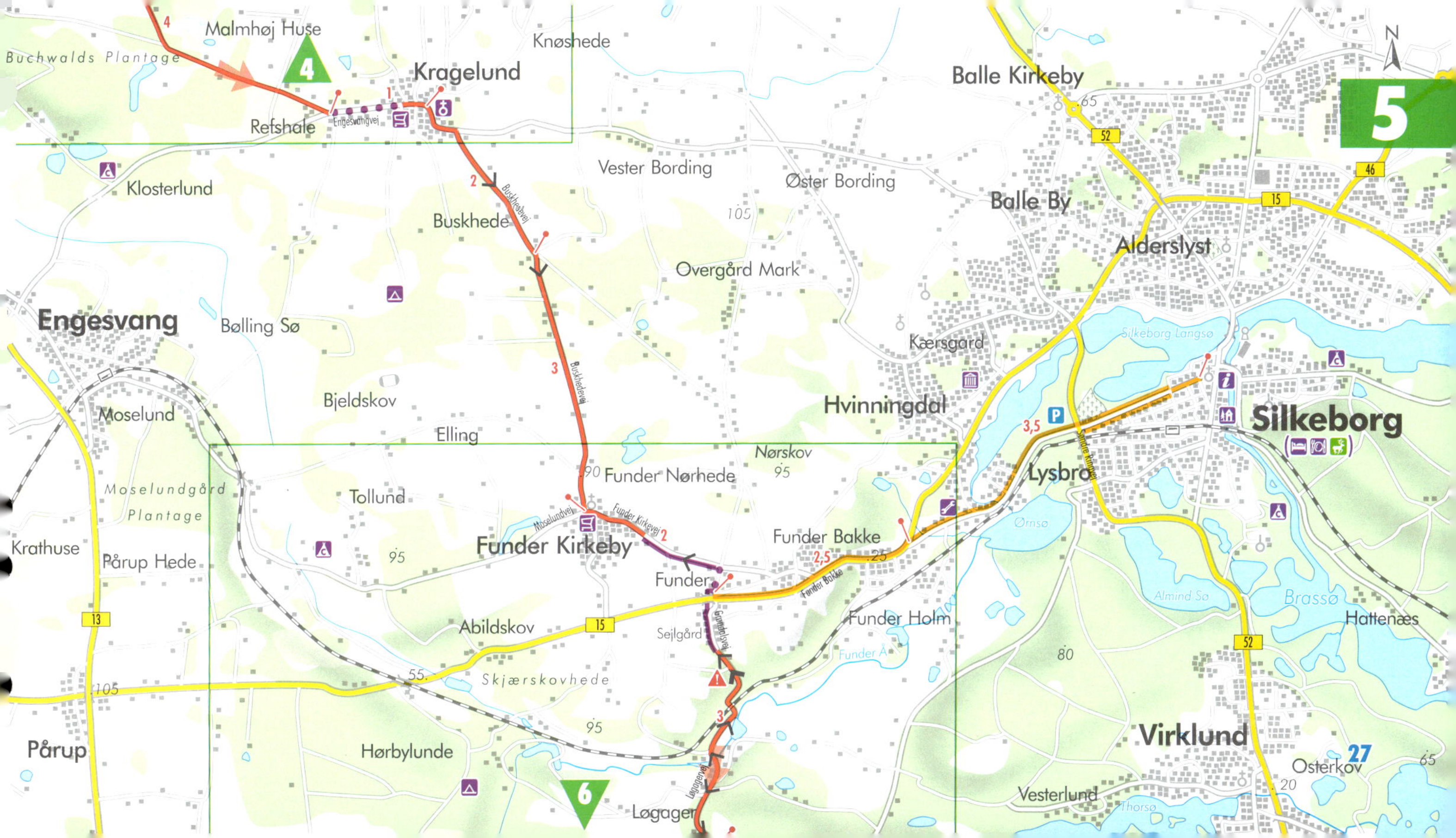

Malmhøj Huse
Knøshede
Buchwalds Plantage
4
Kragelund
Refshale
Engesvangvej
Balle Kirkeby
65
52
5
46
15
Vester Bording
Øster Bording
Balle By
Klosterlund
Buskhede
Buskhedevej
105
Alderslyst
Overgård Mark
Engesvang
Bølling Sø
Silkeborg Langsø
Kærsgard
Hvinningdal
Bjeldskov
Moselund
Elling
Silkeborg
3,5
Lysbro
Nørskov
95
90
Funder Nørhede
Moselundgård Plantage
Tollund
Moselundvej
Funder Kirkevej
Funder Kirkeby
Funder Bakke
2,5
Ørnsø
Krathuse
Pårup Hede
Funder
Almind Sø
Brassø
Hattenæs
13
Funder Holm
Abildskov
Sejlgård
Grøndalsvej
80
Funder Å
55
Skjærskovhede
Pårup
Hørbylunde
Virklund
27
Osterkov
20
Vesterlund
Thorsø
Løgagervej
6
Løgager

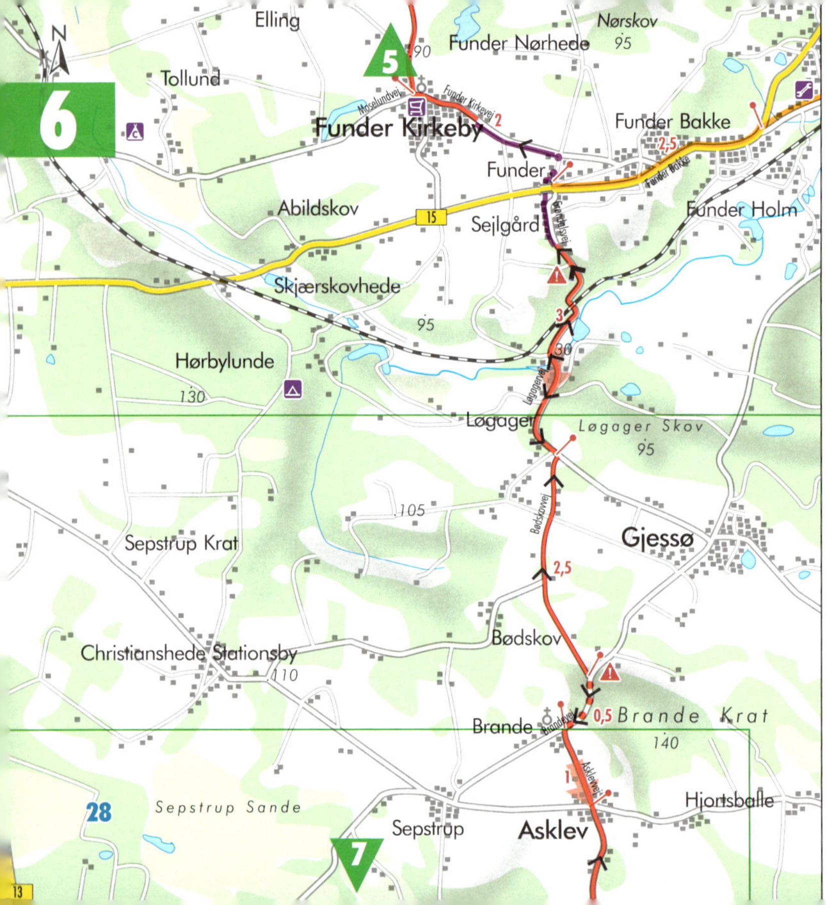

Labyrinthia, Ryvej 2, Rodelund, 8653 Them, ✆ 86849944, ÖZ: saisonal verschieden, bitte tel. nachfragen. Etwa 7 km südlich von Silkeborg. 3-D-Irrgarten auf 1.300 qm sowie die Kopie eines Labyrinths aus der Bronzezeit, ein Mini-Labyrinth für Kinder und noch einiges mehr.

Aqua Ferskvands Akvarium, Vejlsøvej 55, ✆ 89212189, ÖZ: Juni-Aug. tägl. 10-18 Uhr, Sept.-Mai Mo-Fr 10-16 Uhr, Sa-So/Fei 10-17 Uhr; Süßwasseraquarium, Sonderausstellungen, „Nachtaquarium" und Spezialbecken sowie kindgerechte Spiel- und Forscherecke. Durch große Fenster kann man in die Tiefen von fünf Seen blicken und Tiere und Pflanzen in einem nahezu natürlichen Lebensraum beobachten.

Auf dem Heerweg geht es durch den Radtunnel unter der Hauptstraße 15 hindurch ~ weiter auf dem Radweg entlang des **Grøndalsvejs** ~ ⚠ es geht sehr steil bergab ~ über den **Bahnübergang** ~ Sie überqueren den Fluss **Funder Å** und fahren auf dem **Løgagervej** bis nach Løgager.

Løgager

Am zweiten Abzweig nach der Linkskurve rechts in den **Bødskovvej** ~ an der T-Kreuzung rechts in den **Brandevej**.

Tipp: ⚠ Sie fahren bis zum nächsten Abzweig etwa 500 Meter auf der mäßig stark befahrenen, stark ansteigenden Hauptstraße. Dieses Straßenstück ist eines der raren Teilstücke in Dänemark, die nicht kinderfreundlich sind und das Sie leider nicht umfahren können.

Links in den ruhigen **Asklevvej** ~ in **Asklev** geradeaus Richtung Vrads ~ über den Ansø Bjerg ~ auf dem **Ansøvej** hinunter nach Vrads.

Museumseisenbahn Vrads-Bryrup

Vrads

PLZ: 8654 Bryrup

- **Bryrup Turistinformation**, Østervang 1, 8654 Bryrup, ☎ 75756900, www.turist-them.dk
- **Vrads Kirche**, Store Bredlundvej 1. Romanische Steinkirche von ca. 1200, Chorstuhl und die Nordtür sind noch im Original erhalten, das marmorne Taufbecken aus Norwegen stammt ebenfalls aus dem 13. Jh.
- **Vrads Kømandshandel**, ÖZ: ganzjährig tägl. 13-17 Uhr, erweiterte ÖZ während der dänischen Schulferien, gemütlicher- Kaufmannsladen mit Ausschank, Shop und Zeltmöglichkeit.
- **Museumsbahn Vrads - Bryrup**, ☎ 75756035. Die Bahn verkehrt von Palmsonntag bis 30. September auf dem 5 Kilometer langen Abschnitt der historischen Strecke Horsens-Silkeborg, die als Dänemarks schönste Eisenbahnstrecke gilt. Im einstigen Stationsgebäude Vrads gibt es ein Restaurant und eine Ausstellung zur 70-jährigen Geschichte der Bahnstrecke.
- **Vrads Sande.** Dieses einmalige Heidegebiet stellt mit seinen Trocken- und Feuchtgebieten einen Kontrast zur sonstigen ostjütischen Landschaft dar.

Von Vrads nach Nørre Snede 11 km

An der Kirche rechts ~ sofort links in den **Torupvej** ~ es geht auf einer hügeligen Straße durch den Wald bis **Torup**.

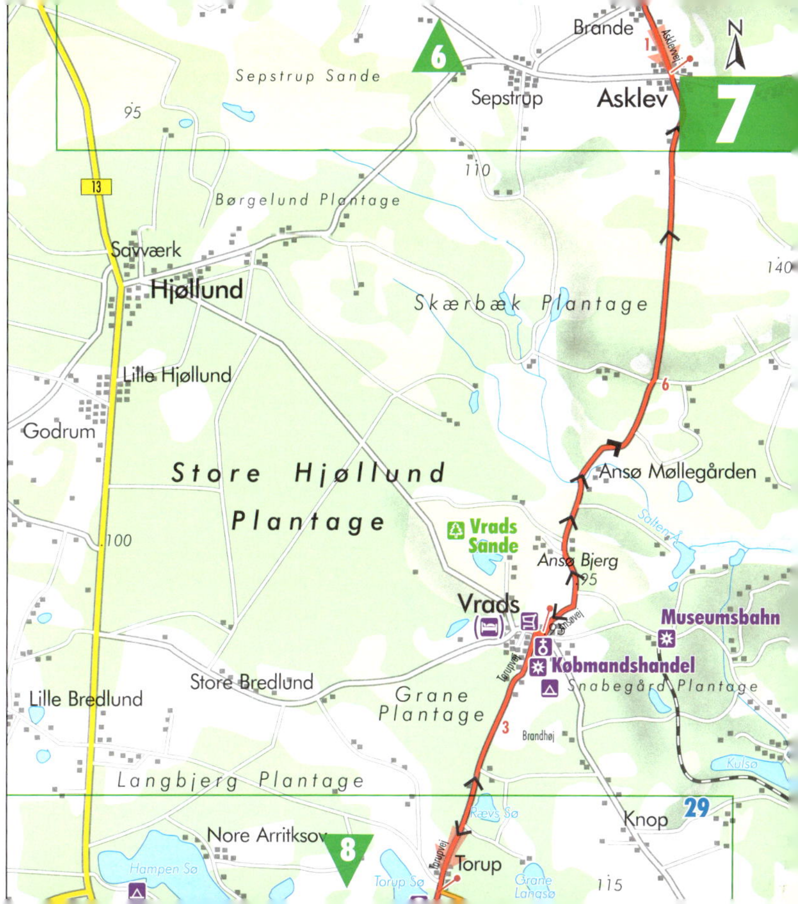

Torup

PLZ: 8766 Nørre Snede

Nørre Snede Turistkontor, Skolegade 1, 8766 Nørre Snede, ✆ 75770284, www.visitnorresnede-egnen.dk.

Tingdalsøerne. Rund um Torup befinden sich die sog. „Tingdalsseen", die von einer seltenen, unter Naturschutz stehenden Heide- und Waldlandschaft umgeben sind. Das Besondere an den Seen Rævsø, Grane Langsø, Kalgård Sø und Kongsø ist das nährstoffarme, klare Wasser. Da hier sehr viele Lobelien wachsen, werden diese Seen auch „Lobelia-søer" genannt. Der fünfte zu den „Tingdalsseen" zählende Torup Sø ist der einzige nährstoffreiche See.

Geradeaus auf dem **Torupvej** am **Torupsø** vorbei ~ es geht zunächst bergauf in den **Palsgård Skov** ~ dann bergab ~ an der T-Kreuzung rechts ~ nächster Abzweig links in den **Nørhovedvej** ~ vor der T-Kreuzung links in den Radweg ~ nach zirka 100 Metern schwenkt der Radweg durch einen Tunnel unter der Straße hindurch auf die andere Straßenseite ~ in der Linkskurve der Umgehungsstraße geradeaus ~ weiter auf dem **Tegelværksvej** ~ an der T-Kreuzung rechts in den **Falkevej** ~ in der Rechtskurve geradeaus in die **Bredgade**, 30er-Zone ~ an der Kreuzung geradeaus, links befindet sich das Heimatmuseum und die Tourismusinformation.

Nørre Snede

PLZ: 8766

Nørre Snede Turistkontor, Skolegade 1, ✆ 75770284, www.visitnorresnede-egnen.dk.

Højderyggens Egnsmuseum, Skolegade 1, ✆ 75770284, ÖZ: ganzjährig Mo-Fr 10-15 Uhr, Juni-Aug. auch Sa. Heimatmuseum, Textilsammlung, Archiv.

Nørre Snede Kirche, Rørbækvej 9, ✆ 75771043. Romanische Wallfahrtskirche mit gotischen Umbauten (12. Jh.), sehenswert ist das Taufbecken, das aus der ersten Hälfte des 12. Jhs. stammt, auf dem Friedhof befindet sich ein Hügelgrab.

Nørre Snede ist seit Viborg der erste größere Ort auf dem Heerweg. Der Ort war traditionell ein Sammelpunkt für Reisende auf diesem alten Landfernweg. Angezogen von einer heiligen Quelle neben der Kirche haben vor allem Pilger hier Rast gemacht. Dass hier auch Viehtreiber halt gemacht haben, davon zeugt noch heute ein Viehgatter im Wald am südlichen Stadtrand.

Von Nørre Snede nach Givskud 17,5 km

Immer geradeaus an den Pfosten vorbei ~ der Radweg führt Sie zur neuen Umgehungsstraße ~ am Ende des Radweg rechts in den unbefestigten Weg.

Sie fahren immer geradeaus und folgen dem unbefestigten Weg durch die Heidelandschaft zirka 2,5 Kilometer bis zu einem Rastplatz direkt an der Wasserscheide auf dem Jütischen Höhenrücken.

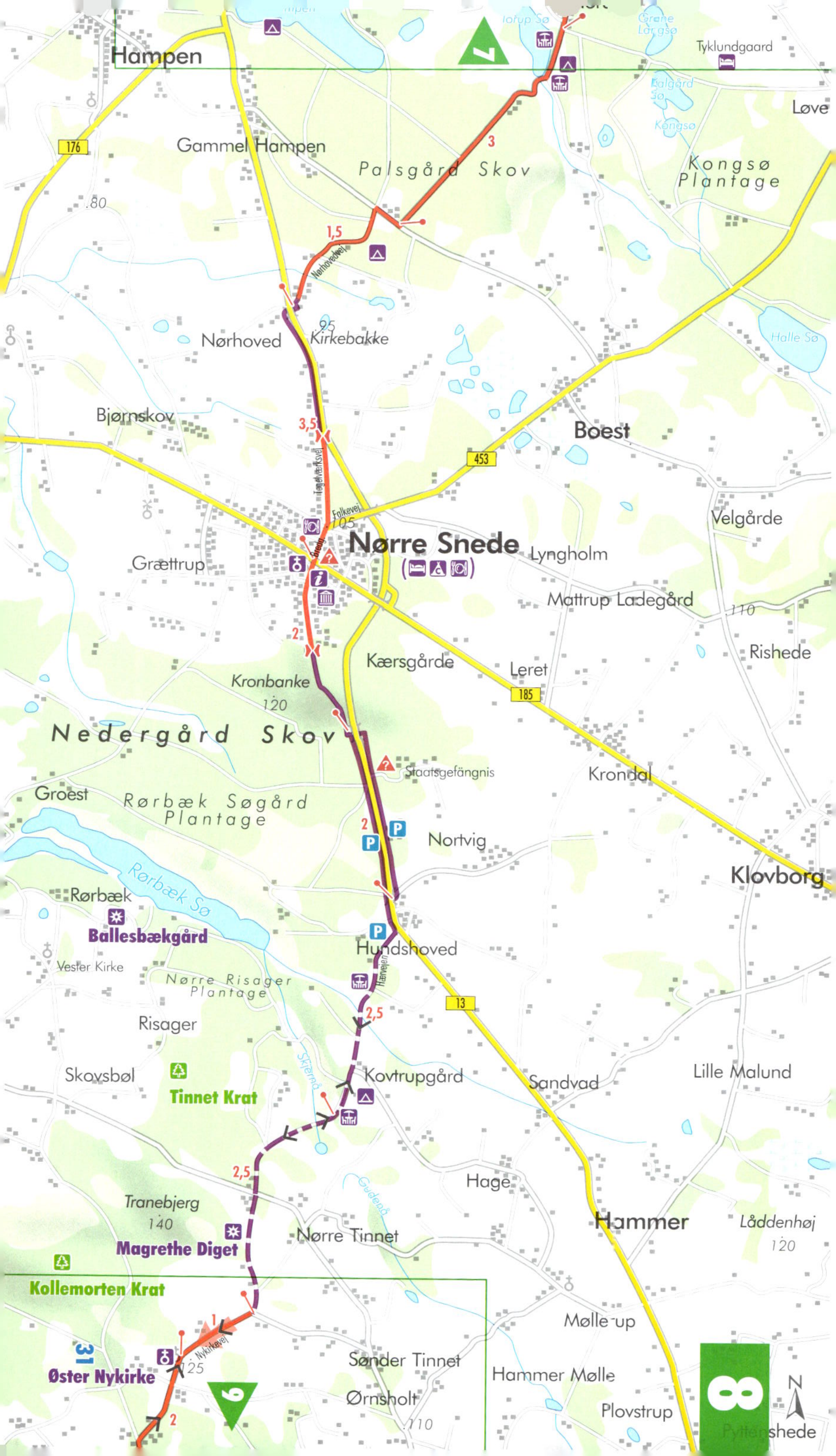
7
8
9
N
Hampen
Gammel Hampen
Palsgård Skov
Tyklundgaard
Løve
Kongsø Plantage
Halle Sø
Nørhoved
Kirkebakke
Bjørnskov
Boest
Velgårde
Grættrup
Folkevej
Tagelværksvej
Nørhovedvej
Bredgade
Nørre Snede
Lyngholm
Mattrup Ladegård
Rishede
Kærsgårde
Leret
Kronbanke
Nedergård Skov
Staatsgefängnis
Krondal
Groest
Rørbæk Søgård Plantage
Nortvig
Klovborg
Rørbæk
Rørbæk Sø
Ballesbækgård
Vester Kirke
Hundshoved
Hærvejen
Nørre Risager Plantage
Risager
Skovsbøl
Tinnet Krat
Kovtrupgård
Skjernå
Sandvad
Lille Malund
Hage
Gudenå
Tranebjerg
Magrethe Diget
Nørre Tinnet
Hammer
Låddenhøj
Kollemorten Krat
Mølle-up
31
Øster Nykirke
Nykirkevej
Sønder Tinnet
Hammer Mølle
Ørnsholt
Plovstrup
Pyttenshede
176
453
185
13

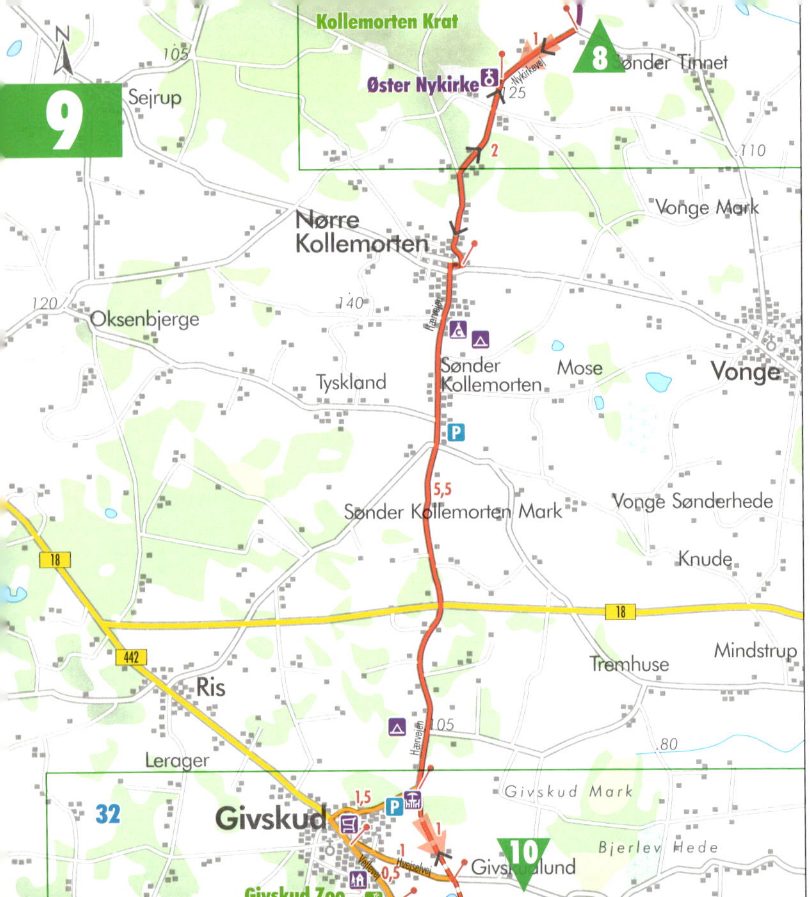

Jütischer Höhenrücken

Gudenå Quelle

Mitten auf dem Jütischen Höhenrücken entspringen zwei Wasserläufe, Gudenå und Skjernå, nur wenige hundert Meter von einander entfernt und fließen dann in entgegengesetzter Richtung bis in den Randers Fjord im Westen und den Ringkøbing Fjord im Osten. Gudenå ist der längste Fluss Dänemarks, ganze 160 Kilometer legt der Fluss von der Quelle bis zur Mündung zurück.

Die Krattlandschaft (im dänischen „Krat“) des Höhenrückens ist geprägt von Eichenniederwäldern, die aufgrund des nährstoffarmen Bodens und der starken Winde mit eher kleinen und verkrüppelten Bäumen bewachsen sind. Die bekanntesten Eichenwälder, ***Tinnet Krat*** *und* ***Kollemorten Krat****, sind die größten zusammenhängenden Reste des ursprünglichen dänischen Waldes.*

Weiter westlich liegt der Rørbæk Sø und der Hof Ballesbækgård inmitten einer einzigartigen Heide- und Waldlandschaft, die zu einem Ausflug einlädt. Ein Wanderweg führt um den See, es gibt Grill- und Spielplätze sowie ein Café.

Givskud Zoo

Sie folgen weiter dem **Hærvejen** an der Querstraße rechts in den **Nykirkevej** bis nach Øster Nykirke.

Øster Nykirke

PLZ: 7323 Give

Turistbureau, Allegade 12, ✆ 75735141, 7323 Give, www.visitgive.dk

Øster Nykirke und St. Peders Helligkilde, Hærvejen 308 A, ✆ 75803185. Die Wallfahrtskirche wurde im 12. Jh. auf dem höchsten Punkt des Jütischen Höhenrückens (127 m) unweit einer Quelle erbaut, der heilende Kräfte zugesprochen wurden. Es gibt einige Sehenswürdigkeiten im Inneren zu besichtigen: Altarbilder und Kanzel verziert mit Bibelszenen (1632) sowie die Kirchenglocke (1438).

Weiter südlich auf dem Weg nach Øster Nykirke liegen die Reste der alten Wallanlage Margrethe Diget etwas abseits vom Heerweg mitten im Wald. Sie stammt aus der Zeit als Dänemark noch in kleinere Königreiche eingeteilt war.

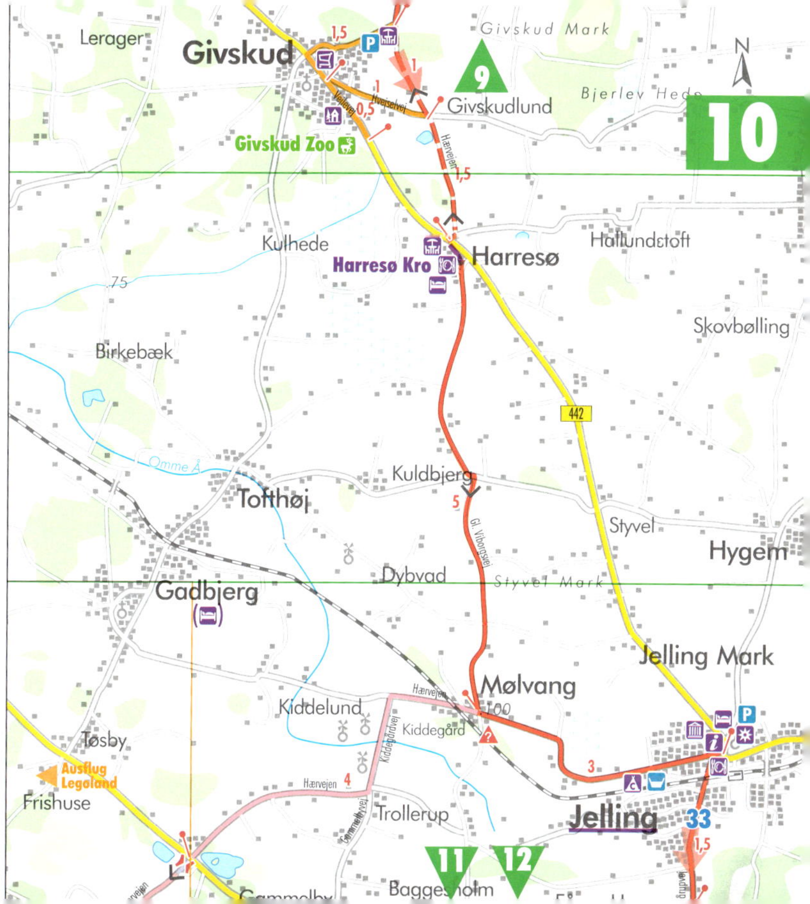

Um die Erbauung der Kirche rankt sich folgende außergewöhnliche Geschichte. Die Bewohner des Dorfes trieben gegen Abend ihre Ochsen mit verbundenen Augen aus dem Dorf hinaus und es wurde beschlossen, man solle dort eine Kirche bauen, wo die Ochsen am nächsten Morgen gefunden würden.

Vor der Kirche schwenkt die Straße nach links den Kirchberg hinunter ~ Sie fahren nach Nørre Kollemorten.

Nørre Kollemorten

Noch vor der Ortsdurchgangsstraße rechts ab ~ links in die Straße **Banevænget** ~ geradeaus in den **Hærvejen** ~ es geht nun fast schnurgerade Richtung Givskud ~ in der Rechtskurve geradeaus in den unbefestigten Weg, rechts geht es in den Ort Givskud.

Givskud

PLZ: 7323 Give

- **Give Turistbureau**, Allegade 12, ✆ 75735141, 7323 Give, www.visitgive.dk
- **Givskud Zoo**, Løveparkvej 3, ✆ 75730222, ÖZ: 22.April-17.Juni u. 8.Aug-18.Sept. tägl. 10-18 Uhr, 18.Juni-7.Aug. tägl. 10-20 Uhr, 19.Sept.-23.Okt. tägl. 10-17 Uhr; auch Streichelzoo. Der Park kann mit dem eigenen Auto, im Safaribus oder auch – auf bestimmten Wegen – zu Fuß entdeckt werden. Mehr als 1.000 Tiere aus aller Welt leben in natürlichen Freigehegen.

Von Givskud nach Vejle 22,5 km

Sie fahren auf dem unbefestigten **Hærvejen** an einem Rastplatz und Hügelgräbern vorbei bis Harresø.

Harresø

PLZ: 7323 Give

- **Give Turistbureau**, Allegade 12, ✆ 75735141, 7323 Give, www.visitgive.dk
- **Harresø Kro**, Hærvejen 147, ✆ 75730211. Eines der ältesten noch erhaltenen Gasthäuser am Heerweg, seit 1820 königlich privilegiert. Ab 1609 wurde hier Reisenden auf dem Heerweg ein Platz für die Nacht gewährt. Viele Geschichten ranken sich um den Harressø Krug, die es im Schankraum zu erleben gibt.

In Harresø links ~ am Harresø Kro rechts ~ es geht nun immer geradeaus bis **Kuldbjerg** ~ an der Querstraße links bis nach Mølvang, das Sie auf dem **Gl. Viborgsvej** erreichen.

Jelling Kirche

Mølvang

Tipp: ⚠ Die offiziell ausgeschilderte Hauptroute des Heerweges verläuft von Mølvang direkt Richtung Vejen weiter. Für einen Besuch der Orte Jelling und Vejle wurde in diesem Radtourenbuch die Route um einige Kilometer erweitert.

Von Mølvang folgen Sie der Regionalroute 35 (Middelalderruten) zunächst Richtung Jelling, wo Sie die sog. „Jelling Monumente" besichtigen können.

Von Jelling gelangen Sie bis zum südlich gelegenen Fårup Sø auf der Regionalroute 35 und von dort weiter auf der Regionalroute 34 (Engelsholmruten) bis nach Vejle.

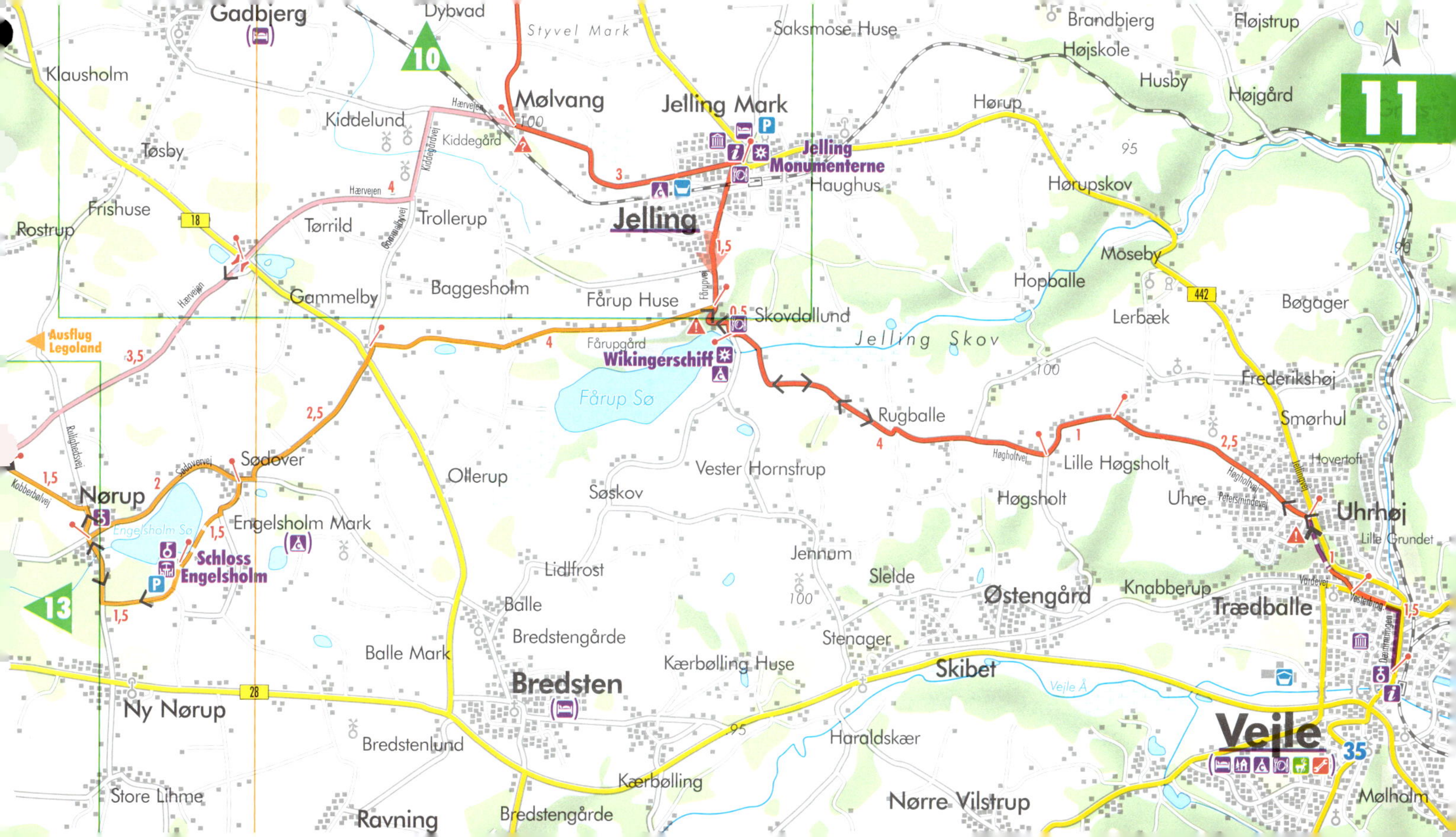

11
10
13
Gadbjerg
Dybvad
Styvel Mark
Saksmose Huse
Brandbjerg
Højskole
Fløjstrup
Husby
Højgård
Klausholm
Mølvang
Jelling Mark
Kiddelund
Kiddegård
Hærvejen
Kiddegårdvej
Tøsby
Hørup
Jelling Monumenterne
Haughus
Hørupskov
Frishuse
Rostrup
Tørrild
Trollerup
Jelling
Gammelbyvej
Mosebý
Hopballe
Baggesholm
Gammelby
Fårup Huse
Fårupvej
Skovdallund
Lerbæk
Bøgager
Ausflug Legoland
Fårupgård
Wikingerschiff
Jelling Skov
Frederikshøj
Fårup Sø
Rugballe
Smørhul
Hovertoft
Lille Høgsholt
Høgholtvej
Vester Hornstrup
Sødover
Sødovervej
Ollerup
Søskov
Høgsholt
Uhre
Petersmindevej
Uhrhøj
Jellingvej
Lille Grundet
Kobberbølvej
Nørup
Roligheds vej
Engelsholm Sø
Engelsholm Mark
Schloss Engelsholm
Jennum
Lidlfrost
Sledde
Østengård
Knabberup
Trædballe
Vardevej
Vestbyvej
Dæmningen
Balle
Bredstengårde
Stenager
Balle Mark
Kærbølling Huse
Skibet
Veile Å
Bredsten
Ny Nørup
Bredstenlund
Haraldskær
Vejle
Kærbølling
Store Lihme
Ravning
Bredstengårde
Nørre Vilstrup
Mølholm
18
28
442
35

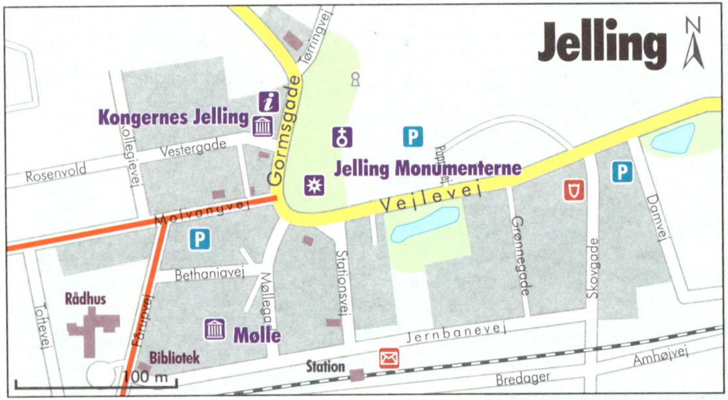

Von der Kreuzung in Mølvang biegen Sie nach links Richtung Jelling ab, das Sie nach 3 Kilometern erreichen.

Jelling

PLZ: 7300

- **Turistinformation**, Gormsgade 23, ✆ 75871301, www.visitvejle.dk.
- **Vejle-egnens Touristbureau**, Bandegårdspladsen 6, 7100 Vejle, ✆ 75821955, www.visitvejle.com.
- **Kongernes Jelling**, Gormsgade 23, ✆ 75872350, ÖZ: Dez.-Jan. Di-Fr 13-16 Uhr, Febr.-April u. Okt.-Nov. Di-So 13-16 Uhr, Mai-Mitte Juni u. Sept. Di-So 10-16 Uhr, Mitte Juni-Aug. tägl. 10-17 Uhr; anschauliche Ausstellung zur Wikingerzeit mit Originalgegenständen und Modellen, Geschichte der Jellingsteine, Ahnentafel des dänischen Königshauses, Geschichte des Königreiches Dänemark-Norwegen.
- **Mühle**, Møllegade 10, ✆ 75872770, ÖZ: Aug.-Juni Di, Sa/So 12-17 Uhr, Juli Di-So 12-17 Uhr. Kunst- und Kulturzentrum Jellings mit Ausstellungen örtlichen Kunsthandwerkes, Besuch der Werkstätten, Café.
- **Jelling Monumenterne und Jelling Kirche**, Thyrasvej 1, ✆ 75871628, ÖZ d. Kirche: März-Okt. Mo-Fr u. So 8-17 Uhr, Sa 8-16 Uhr. Zwischen zwei Grabhügeln wurde im 12. Jh. die **Jelling Kirche** aus Kalkstein (Kalktuff) anstelle einer Holzkirche erbaut. Sie zählt zu den ältesten Kirchen Dänemarks und ist im Innern mit interessanten Kalkmalereien (12. Jh.) verziert. Hier befindet sich auch die Grabkammer Gorm des Alten. Neben der Kirche stehen die „**Danmarks Dåbsattest**" („Taufsteine Dänemarks"), zwei gut erhaltene Runensteine, auf denen Dänemark und die Christianisierung durch Harald Blauzahn erwähnt sind. Der **Nord- und Südhügel** ragen 10 Meter in die Höhe und haben einen Durchmesser von 70 Meter. Die „Jellingmonumente" wurden 1994 in die Liste des UNESCO Weltkulturerbes aufgenommen.
- **Wikingerschiff Jelling Orm**. Das voll funktionstüchtige Wikingerschiff mit reichen und originalgetreuen Verzierungen liegt südlich von Jelling auf dem Fårup Sø und wurde auf Initiative der Bewohner Jellings rekonstruiert. Jährlich im August findet in Jelling ein Wikingermarkt

Runenstein „Taufstein"

Wikingerschiff Jelling Orm

statt, auf dem nach Wikingerart gelebt, gearbeitet und natürlich auch gefeiert wird.

- **Wanderwege rund um den Fårup Sø**, farblich gekennzeichnet bieten erholsame Ausflugsmöglichkeiten in den Jellinger Wald.
- **Freibad**, Mølvangvej 53, ✆ 75871309, ÖZ: 15. Mai-18. Juni und 5. Aug.-15. Aug. Mo-Fr 6.30-8 Uhr u.14-18 Uhr, Sa/So 11-18 Uhr, 19. Juni-4. Aug. tägl. 6.30-8 Uhr u. 10-19 Uhr; Sprungturm, Beachvolleyball, Hoppepude (riesiges Springkissen).

Wenn Sie mit dem Fahrrad nach Jelling fahren, sind schon von weitem die 10 Meter hohen Hügel zu erkennen, die die weiße Kirche umrahmen und Sie können schon erahnen, dass es etwas ganz Besonderes mit dieser kurios erscheinenden Anordnung auf sich hat.

Der südliche Grabhügel war nie Grabhügel im Gegensatz zum nördlichen Hügel. Dieser wurde vermutlich von Harald Blauzahn im 10. Jahrhundert errichtet und hatte eine Grabkammer, in der sein Vater, der Wikingerkönig Gorm bestattet war. Archäologische Grabungen haben ergeben, dass dieses Grab offenbar später in die christliche Kirche 'verlegt' wurde. Deshalb geht man davon aus, dass die Kirche zusammen mit der darunter liegenden Grabkammer als ein Ganzes geplant und der Standort der Kirche zwischen den Hügeln nicht zufällig gewählt worden war.

Vor der Kirche befinden sich die sogenannten „Taufsteine Dänemarks", die ebenfalls aus dem 10. Jahrhundert stammen. So wird auf dem kleineren der beiden Runensteine Dänemark das erste Mal „urkundlich" erwähnt. Die Inschrift lautet: „König Gorm machte seiner Frau Thyra Dänemarks Zierde dieses Denkmal".

Der zweite, später entstandene Runenstein berichtet von der Christianisierung Dänemarks:

Nationalroute 34 zwischen Jelling und Vejle

„König Harald machte diese Grabmäler nach Gorm, seinem Vater und Thyra, seiner Mutter, der Harald, der Dänemark für sich gewann – Alles und Norwegen – und machte die Dänen zu Christen."

Sogesehen bilden Runensteine zusammen mit der Kirche und den beiden Hügeln ein kulturhistorisches Ensemble, das die Übergangszeit vom Heidentum zum Christentum, von nordischen Grabritualen zu christlicher Religionsausübung verdeutlicht. Dieser geschichtsträchtige Ort wurde 1994 von der UNESCO zum Weltkulturerbe erklärt. Ausführlich können Sie sich im gegenüberliegenden Museum informieren.

Von der Kirche in Jelling wenden Sie sich ein Stück zurück Richtung Mølvang ~ links in den **Fårupvej** ⚠ es gibt eine stärkere Steigung hinunter zum Fårup Sø ~ hinter dem **Gasthof** am See links ~ auf dieser ruhigen, hügeligen Nebenstraße fahren Sie bis nach Vejle ~ Sie kommen auf dem **Høgsholtvej** in die Stadt hinein ~ links in den **Petermindesvej** ~ vor dem querenden **Jellingvej** rechts in den **Rad- und Fußweg.**

⚠ Es geht steil bergab, Schiebestrecke! ~ der Radweg endet am **Gl. Jellingvej**, auf dem Sie bis zur T-Kreuzung weiter bergab fahren ~ links in die **Vesterbrogade** ~ am **Abelones Plads** geradeaus ~ rechts in die **Vestergade** bis zum **Nørretorv** ~ rechts zweigt die Fußgängerzone ab, der Bahnhof und die Tourismusinformation befinden sich nur wenige hundert Meter von hier weiter geradeaus.

Vejle

PLZ: 7100

Vejle-egnens Touristbureau, Banegårdspladsen 6, ✆ 75821955, www.visitvejle.com

Vejle Fjord

Vejle Kunstmuseum, Flegborg 16, ✆ 75723199, ÖZ: ganzjährig Di-So 10-16 Uhr; umfangreiche Sammlung europäischer Grafiken, Malereien und Zeichnungen vom 19. Jh. bis heute, regelmäßige Sonderausstellungen.

Vejle Museum, Flegborg 13, ✆ 73431200, ÖZ: ganzjährig Di-Fr 10-15 Uhr; archäologische Dauerausstellung zur regionalen Geschichte, Sonderausstellungen

Den Smidtske Gård, Søndergade 14, ✆ 76431200, ÖZ: ganzjährig Di-So 10-15 Uhr. Dokumentation der Stadtgeschichte Vejles vom Mittelalter bis heute. Im Hof befindet sich eine Buchdruckerei von 1906. Sehenswert ist auch das Gebäude an sich. Es ist ein Kaufmannshaus aus dem Jahr 1799, das im Auftrag des Kaufmannes A. I. Smidt vom Baumeister A. Chr. Kruuse und dem Architekten J. Hjernøe erbaut wurde. In diesem Haus war von der Küche und den Wohnräumen über Korn- und Packhaus sowie ein Stall für die Pferde der Kunden alles unter einem Dach untergebracht.

- **Vejle Mühle**, Søndermarksvej 1, ✆ 76431200, ÖZ: Mai-Okt. Di-So 11-16 Uhr. Windmühle von 1847 mit Museum, das den Betrieb der Mühle veranschaulicht; Picknickmöglichkeit mit wunderbarem Ausblick auf den Vejle Fjord.
- **Munkenes Teglovn**, Jagtvej 1, ÖZ: Mai-Okt.. Alter Ziegelbrennofen aus dem 14. Jh., den Dominikanermönche betrieben, um die Holzbauten ihres Klosters durch gemauerte Gebäude zu ersetzen; 1923 wurde der Ofen wieder entdeckt und 1983 schließlich restauriert.
- **St. Nicolai Kirche**, Kirketorvet 1, ✆ 75824139. Gotische Kirche aus dem 13. Jh. mit stark morbidem Charakter, an der nördlichen Kirchenwand wurden vor 300 Jahren 23 Schädel von hingerichteten Räubern eingemauert und im Inneren kann man eine Moorleiche aus dem Jahre 450 v. Chr. bewundern.
- **Det Gamle Rådhus** (Altes Rathaus)
- **Økolariet**, Dæmningen 11, ✆ 76445060, ÖZ:15. Mitte Febr.-Nov. Mo-Do und Sa/So 11-16 Uhr. Spielerisch und anschaulich kann man sich in diesem Erlebnis- und Informationszentrum mit den Themen Umwelt und Energie beschäftigen.
- **Tierpark**

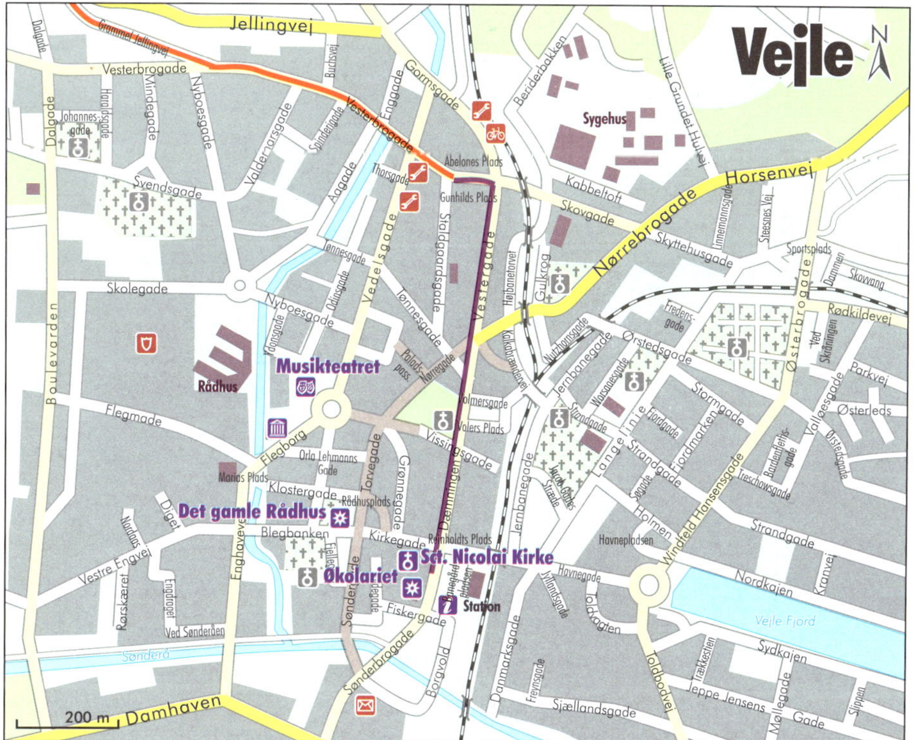

Hallenbad im Vejle Center, Willy Sørensens Plads 5, ✆ 76446000, ÖZ: Mo, Di, Do 15-20 Uhr, Mi 8-20 Uhr, Fr 13-18 Uhr, Sa/So 10-16 Uhr, Wasserrutschbahn, Sauna, Fitnesscenter, Solarium und Dampfbad.

Fri Cykler, Vedelsgade 107, ✆ 75821215

Børge Madsen Cykler, Vedelsgade 17, ✆ 75825501

Buhl Jensen, Gormsgade 14-16, ✆ 75821509, auch

Der Name der Stadt Vejle geht auf eine alte Form des Wortes „Furt" zurück. Erste Ansiedlungen an diesem Ort, an dem die Flüsse Grejs Å und Vejle Å in den nahegelegenen Fjord münden, werden auf das 12. Jahrhundert zurückgeführt.

Den Smidtske Gaard

1327 erhielt Vejle zahlreiche Privilegien von König Valdemar III. und die Stadt entwickelte sich zur Zeit der Hanse zu einem florierenden Handelsplatz. Der Dreißigjährige Krieg und die Pest allerdings brachten schwere Zerstörungen und wirtschaftlichen Niedergang. 1786 schließlich brannte die Stadt fast vollständig nieder. Erst Mitte des 19. Jahrhunderts brachen mit der Industrialisierung bessere Zeiten für die Stadt an. Der Eisenbahnanschluss und der neue Hafen brachten die Eisen- und Textilindustrie in die Stadt und sorgten so für einen erneuten wirtschaftlichen Aufschwung.

Heute ist Vejle eine moderne, lebendige Handelsstadt mit internationalem Flair. Cafés und Restaurants laden zum Verweilen und zahlreiche Geschäfte zum Einkaufen ein. Die Lage am Ende eines Fjordes verleiht der Stadt eine besondere Atmosphäre und immer wieder atemberaubende Ausblicke über den Fjord.

Tipp: Von Vejle kehren Sie entweder mit dem Fahrrad zurück nach Mølvang oder Sie fahren ein Stück des Weges mit dem Zug zurück bis Jelling und von dort weiter nach Mølvang.

Tipp: Von Jelling können Sie auch auf der beschilderten Regionalroute 34 über Engelsholm und Nørup zum Heerweg südlich von Mølvang zurückfahren.

Von Vejle nach Padborg 161,5 km

Historisch Interessantes zum Heerweg gibt es auch auf der letzten Etappe durch Dänemark zu entdecken. So das Landstinget nahe Bolderslev und die drei ältesten, originalgetreu rekonstruierten Steinbrücken zwischen Vojens und Padborg. Gleich mehrere Ausflüge laden zu einem Abstecher ein, so ins berühmte Legoland in Billund, zum alten Kaufmannsladen in Bindeballe oder in die charmante Seefahrer- und Handelsstadt Aabenraa, wo Sie sich bei einer Rast mit einem köstlichen, original dänischen Smørrebrød stärken können. Der Heerweg endet in der dänischen Grenzstadt Padborg, von wo es dann auf dem Ochsenweg weiter geht.

Sie fahren überwiegend auf ruhigen Nebenstraßen und asphaltierten Radwegen, teils abseits der Straßen, teils straßenbegleitend. Es gibt lediglich ein drei Kilometer langes Stück auf einer vielbefahrenen Straße. Es gibt, außer auf dem Ausflug nach Aabenraa, nur leichte Steigungen.

Von Vejle nach Mølvang 15 km

Tipp: Von Vejle fahren Sie auf demselben Weg zurück oder mit dem Zug bis nach Jelling und von dort weiter mit dem Rad nach Mølvang. Eine weitere Möglichkeit, zum Heerweg zurückzukehren, ist auf der Regionalroute 34 von Vejle über Engelsholm und Nørup, wie anschließend beschrieben wird.

Mølvang

Von Mølvang nach Randbøl 11 km

An der Kreuzung in Mølvang zweigen Sie nach rechts in den **Hærvejen** ab ~ es geht über den Bahnübergang ~ nach dem Bahnübergang links in den **Kiddegårdsvej** ~ rechts in den **Hærvejen** ~ an der T-Krezung geradeaus über die vielbefahrene Straße an den **Schranken** vorbei ~ auf dem **Hærvejen** ca. 3,5 Kilometer bis zur **Kreuzung Hærvejen/ Kobberbølvej**.

Tipp: Vom Heerweg zweigen an dieser Kreuzung zwei Ausflüge ab. Auf der Regionalroute 34 können Sie entweder zum

Nørup Kirche

nahegelegenen Schloss Engelsholm (nach links abbiegen) fahren. Der dortige See lädt zu einem Picknick am Wasser ein. Der zweite Ausflug führt Sie ins Legoland in Billund, der Wiege der Legosteine (nach rechts abbiegen).

Ausflug Engelsholm 13 km

Tipp: Sie folgen bis Nørup der Regionalroute 34.

Links in den **Kobberbølvej** ~ an der Kreuzung in Nørup rechts in die Straße **De Lichtenbergsvej**.

Nørup

Kirche, mit üppigem Barockausbau, etwas ungewöhnlich ist die Zwiebelkuppel des Turms

An der Kirche vorbei und an der folgenden Kreuzung geradeaus.

Tipp: Sie verlassen hier die Regionalroute 34, die nach links in den Sødovervej abzweigt.

Am nächsten Abzweig nach links ~ in der Kurve geradeaus auf das Schloss Engelsholm zu.

Schloss Engelsholm

PLZ: 7182

Vejle-egnens Touristbureau, Banegårdspladsen 6, 7100 Vejle, ✆ 75821955, www.visitvejle.com.

Schloss Engelsholm wurde Ende des 16. Jhs. von Knud Brahe erbaut, dem Bruder des Astronomen Tycho Brahe. Im 18. Jh. wurde das Schloss im Barockstil umgestaltet. Heute ist dort eine Kunsthochschule untergebracht. Die bewaldete Umgebung und ausgeschilderte Wanderwege laden zu einem Spaziergang ein.

Tipp: Weiter geht es auf der Regionalroute 35 bis Sødover.

Im Schlosshof wenden Sie sich nach rechts

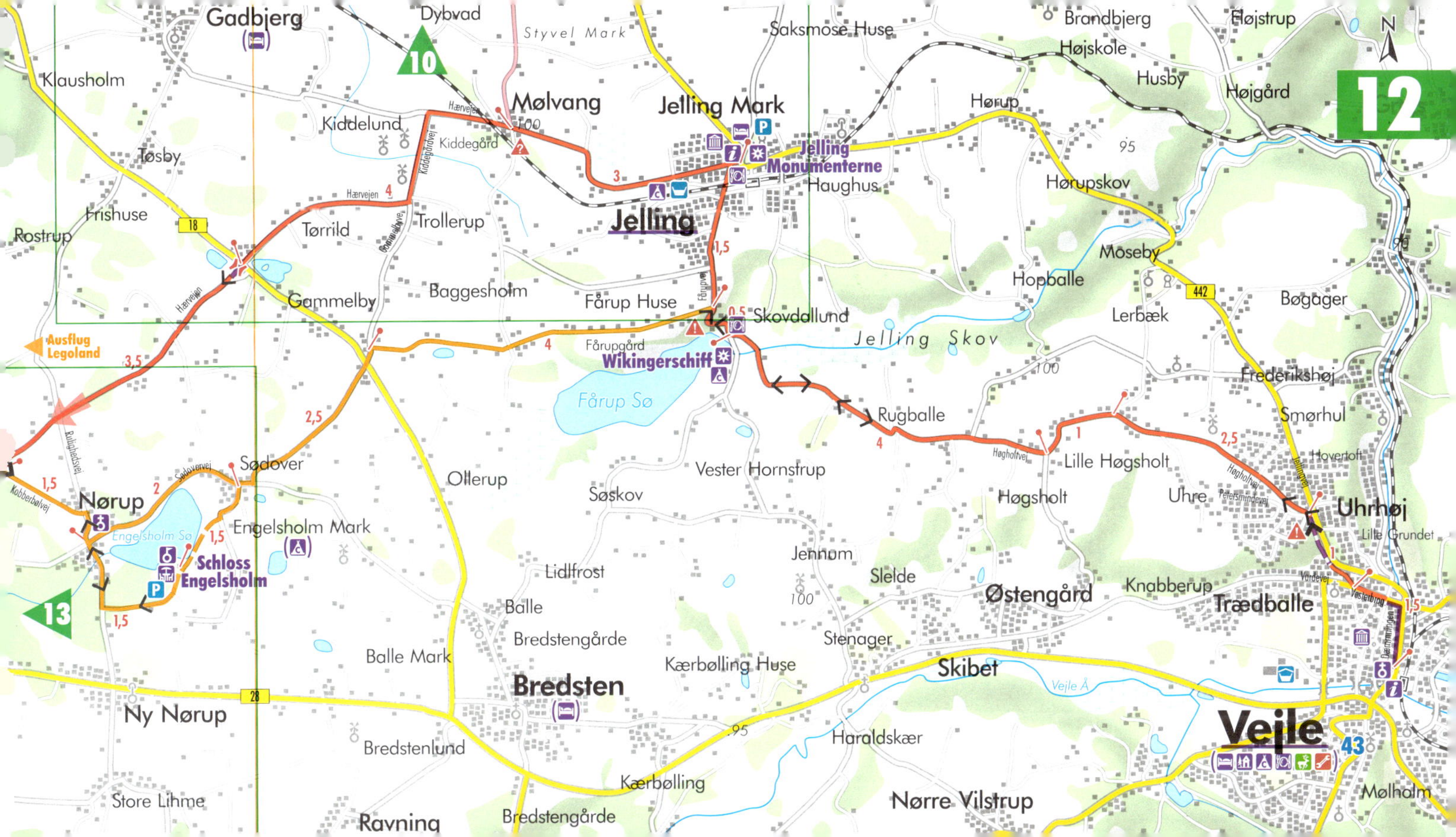

Gadbjerg
Dybvad
Styvel Mark
10
Saksmose Huse
Brandbjerg
Højskole
Fløjstrup
N
Klausholm
Mølvang
Kiddelund
Kiddegård
Hærvejen
Jelling Mark
Husby
Højgård
12
Hørup
Tøsby
Jelling
Monumenterne
Haughus
95
Hørupskov
Hærvejen
Frishuse
Rostrup
18
Tørrild
Trollerup
Jelling
Moseby
Hopballe
Gammelby
Baggesholm
Fårup Huse
Skovdallund
Lerbæk
442
Bøgager
Ausflug Legoland
Fårupgård
Wikingerschiff
Jelling Skov
100
Frederikshøj
Fårup Sø
Rugballe
Smørhul
Hovertoft
Lille Høgsholt
Høgholtvej
Sødover
Sødovervej
Ollerup
Vester Hornstrup
Nørup
Kobberbølvej
Søskov
Høgsholt
Uhre
Petersmindevej
Uhrhøj
Lille Grundet
Engelsholm Sø
Engelsholm Mark
Schloss Engelsholm
Jennum
Lidlfrost
Sledde
Østengård
Knabberup
Trædballe
Vardevej
Vesterbrogade
13
Balle
100
Bredstengårde
Stenager
Balle Mark
Kærbølling Huse
Skibet
Vejle Å
Bredsten
28
Ny Nørup
95
Haraldskær
Vejle
43
Bredstenlund
Kærbølling
Store Lihme
Nørre Vilstrup
Mølholm
Ravning
Bredstengårde
3,5
2,5
1,5
4
3
1,5
0,5
4
2,5
1
1,5
2
1,5
1,5
1
1,5

~ dann nach links in den unbefestigten Weg entlang des Sees ~ dann auf der asphaltierten Straße bis Sødover.

Tipp: Sie verlassen die Regionalroute 35 und folgen nun der Regionalroute 34 nach links über Nørup zum Ausgangspunkt zurück.

Ausflug Legoland 28 km

Tipp: Der Weg bis zum Legoland ist durchgängig als Regionalroute 34 ausgeschildert.

Sie zweigen an der Kreuzung rechts in den **Kobberbølvej** ab ~ nach der folgenden Kreuzung weiter auf dem **Grydedalsvej** ~ geradeaus durch den Ort Mørup.

Mørup

Weiter auf der ruhigen, geschwungenen Nebenstraße ~ an der Gabelung geradeaus auf dem **Stavnskærvej** in den Wald hinein ~ geradeaus in den unbefestigten Weg ~ an der T-Kreuzung links in den **Amlundvej** ~ Sie überqueren den **Gødsbølskovvej** ~ an der T-Kreuzung links in die Asphaltstraße bis Åst.

Åst

An der T-Kreuzung rechts Richtung Vandel ~ Sie unterqueren die Schnellstraße ~ rechts in den **Firhøjevej** ~ auf dieser Straße parallel zum Flughafengelände bis nach Billund.

An der **Kreuzung Nordmarksvej/Åstvej** rechts ~ der Eingang zum Legoland befindet sich nach 100 Metern auf der linken Seite.

Billund/Legoland

PLZ: 7190

Tourismusinformation im Legoland - Eingang (ÖZ: siehe Legoland), www.visitbillund.dk.

Legoland, Nordmarksvej 9, ✆ 75331333, ÖZ: Mitte März-Mai u. Sept.-Okt. 10-18 Uhr, Juni 10-20 Uhr, Juli-Aug. 10-21 Uhr. Das „Ur-Legoland“ – unter dem Motto „Legoland - Land der Kreativität“ kann hier nicht nur gestaunt, sondern auch gebaut werden. Es gibt zahlreiche Fahrattraktionen, bei denen Sie bei einigen die Richtung und Schnelligkeit selbst bestimmen können, ein Lego - Miniland, einen abwechslungsreichen Veranstaltungskalender (Bau-Events, Themenwochen, Konzerte) sowie Restaurants und Cafés.

Regionale Radroute 34 bei Nørup

Auf der Hauptroute geht es auf dem **Hærvejen** zunächst durch den Wald ~ auf der dann geschwungenen und hügeligen Straße leicht bergab ~ geradeaus über den **Billundvej** ⚠ Achtung verkehrsreiche Straße ~ am Møllemarkshus mit dem Zeltplatz und am **Firehøje** in Randbøl immer geradeaus.

Randbøl

PLZ: 7183

Vejle-egnens Touristbureau, Banegårdspladsen 6, 7100 Vejle, ✆ 75821955, www.visitvejle.com.

Randbøldal Museet, Dalekildevej 1, Egtved, ✆ 75885489. Kunsthandwerk und Wasserkraft stehen im Mittelpunkt in den Räumen einer alten Papierfabrik von 1732, nach historischem

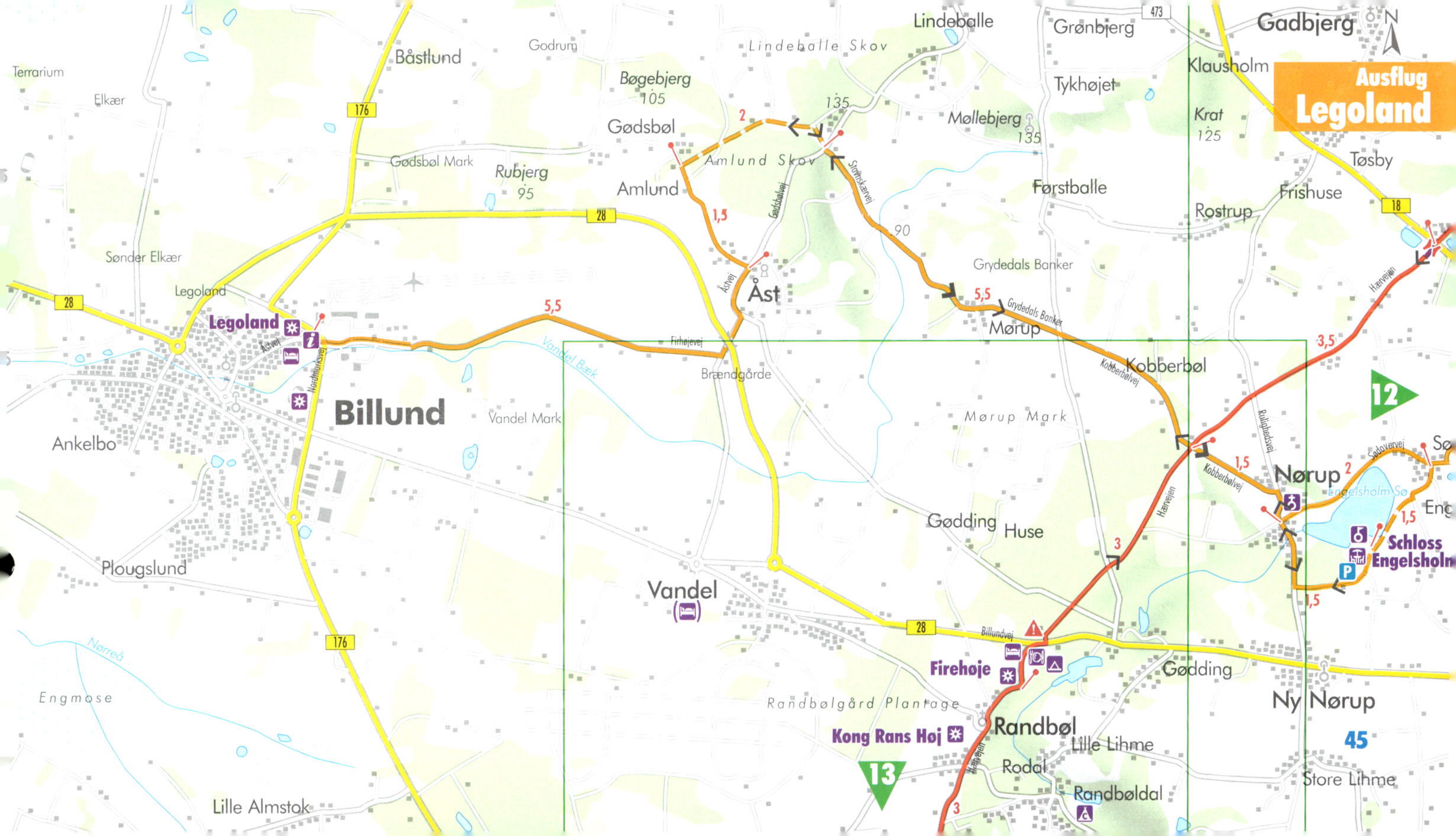
Ausflug
Legoland
Terrarium
Elkær
Båstlund
Godrum
Bøgebjerg
105
Lindeballe
Lindeballe Skov
Grønbjerg
473
Gadbjerg
Klausholm
Tykhøjet
Møllebjerg
135
Krat
125
176
Gødsbøl
Gødsbøl Mark
Rubjerg
95
Amlund
Amlund Skov
Gødsbølvej
Stavnskærvej
Førstballe
Tøsby
Frishuse
Rostrup
18
28
Sønder Elkær
Legoland
Grydedals Banker
Åst
Åstvej
Hærvejen
Mørup
Kobberbøl
Kobberbølvej
Firhøjevej
Vandel Bæk
Brændgårde
Billund
Nordmarksvej
Vandel Mark
Mørup Mark
12
Ankelbo
Rolighedsvej
Nørup
Sødovervej
Engelsholm Sø
Schloss
Engelsholm
Gødding
Huse
Plougslund
Vandel
Billundvej
Firehøje
Gødding
Ny Nørup
Nørreå
Engmose
Randbølgård Plantage
Kong Rans Høj
Randbøl
Lille Lihme
45
13
Rodal
Randbøldal
Store Lihme
Lille Almstok
5,5
1,5
2
3,5
3
90

Vorbild nachgebildete Werkstätten für Papier und Textilien, sowie 14 Versuchsansordnungen zur Bedeutung und Kraft von Wasser, Museumsshop.

- **Firehøje** und **Kong Rans Høj**; vier Hügelgräber aus der Bronzezeit unter Heidekraut und Blaubeerbüschen; das Grab von König Ran liegt etwas weiter südlich neben Randbøl Kirche.

Von Randbøl nach Bække 18,5 km

Vor der Kirche von Randbøl links halten ~ geradeaus auf dem Hærvejen ~ es geht nun bis zur **Kreuzung Hærvejen/ Springbjergvej** immer geradeaus.

Tipp: Zu einem Ausflug in die Zeiten, als Lakritze und Bonbons noch einzeln aus dem Glas abgezählt und Mehl und Zucker in Papiertüten abgewogen wurden, lädt der alte Kaufmannsladen in Bindeballe ein. Etwas nördlich liegt der alte Bahnhof, in dessen Gebäude sich nun eine Ausstellung zur Eisenbahngeschichte befindet.

Ausflug Bindeballe 4 km

An der Kreuzung links in den **Springbjergvej** ~ an einem kleinen privaten Landwirtschaftsmuseum vorbei ~ leicht bergab bis nach Bindeballe ~ an der Querstraße rechts bis zum Kaufmannsladen in knapp 100 Metern, links geht es zum Bahnhof.

Bindeballe

PLZ: 7183 Randbøl

- **Vejle-egnens Touristbureau**, Banegårdspladsen 6, 7100 Vejle, ✆ 75821955, www.visitvejle.com.
- **Bindeballe Kaufmannsladen**, Bindeballevej 100, ✆ 75883383, ÖZ: Mo-Sa 9-17 Uhr, So 14-17 Uhr. Einkaufen wie

Bindeballe Kaufmannsladen

die Großeltern, frische Waren im traditionellen und musealen Ambiente.

Bindeballe Station, Bindeballevej 101, ✆ 75885489. Stillgelegtes Bahnhofsgebäude von 1897 mit einer Ausstellung zur Geschichte der Eisenbahn. Für Wanderer und Radfahrer gibt es eine Küche und Duschmöglichkeiten, sowie einen kleinen Zeltplatz (Schlüssel im Kaufmannsladen).

Auf dem Heerweg fahren Sie an der **Kreuzung Hærvejen/Springbjergvej** geradeaus ~ links in den **Bøgvadvej** ~ rechts in den **Hærvejen** ~ an der Kreuzung nach 2,5 Kilometern rechts in den **Ølgårdvej** ~ an der T-Kreuzung links in den **Frederikshåbvej**, auf dem Sie bis nach Fitting fahren.

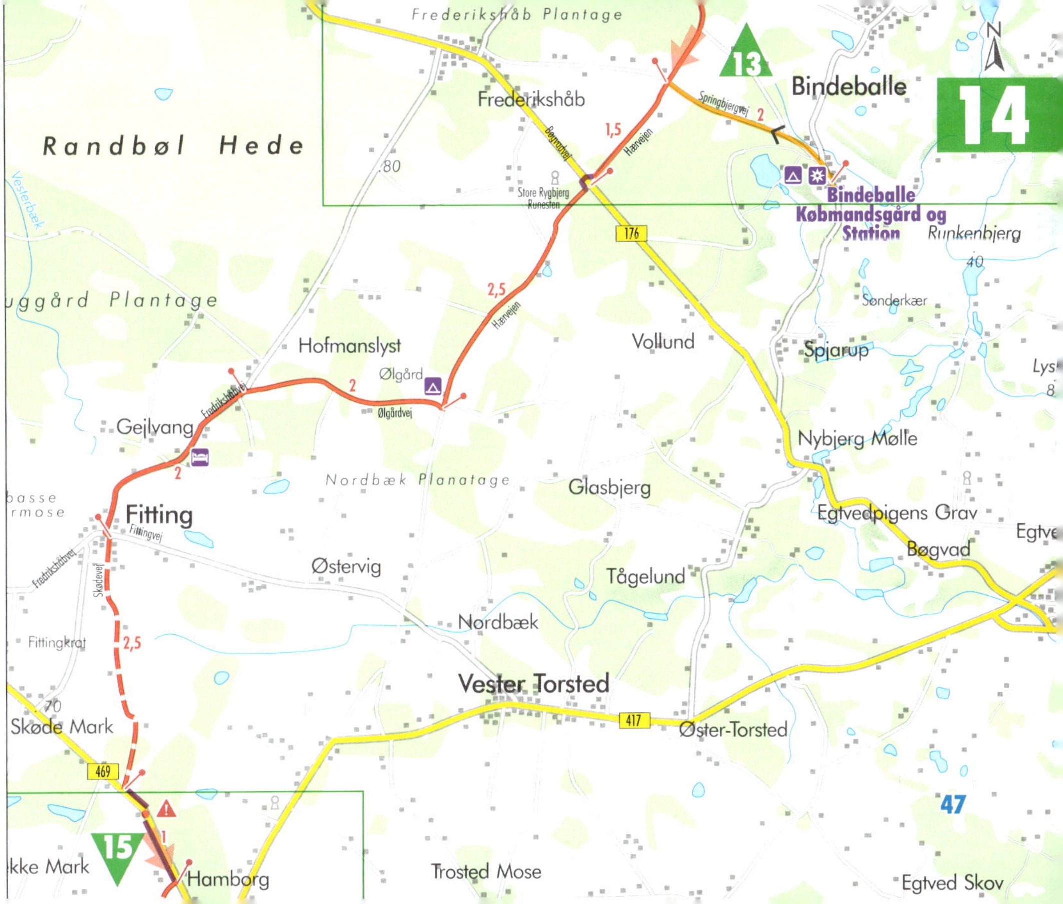

Fitting

Im Ort links in den **Fittingvej** ~ gleich rechts in den **Skødevej** ~ geradeaus in den unbefestigten Weg ~ an der asphaltierten Querstraße links in den straßenbegleitenden Radweg ~ nach ca. 150 Metern wechseln Sie die Straßenseite ⚠ Achtung verkehrsreiche Straße ~ am Ende des Radweges rechts in den **Hamborggårdvej** ~ am **Hamborggårdstenen** vorbei.

Am nächsten Abzweig rechts in den **Tværvej** ~ gleich links in den **Klebækvej** bis in den Ort Bække.

Runenstein an der Bække Kirche

Bække

PLZ: 6622

- **Turistkontoret**, Vestergade 2, ✆ 75389141, www. haervejsferie.dk. (nur während der Sommermonate geöffnet)
- **Vejen Turistinformation**, Lindegade 10, 6600 Vejen, ✆ 75362696, www.vejen.dk
- **Bække Kirche**, vor der 800 Jahre alten Dorfkirche befindet sich ein **Runenstein** von 925
- **Bække Kro**, Heerwegkrug mit königlichen Privilegien seit 400 Jahren
- **Klebæk Høje**, Hügelgräber aus der Bronzezeit, die in der Wikingerzeit erweitert worden waren.
- **Hamborggårdstenen**

Der ***Hamborggårdstein*** *hat eine weite Reise hinter sich. Dieser 50 Tonnenkoloss kam vor etwa 15.000 Jahren zusammen mit dem Eis von den Ålandinseln, die* zwischen Schweden und Finnland in der Ostsee liegen nach Jütland. Eine Sage erzählt, dass Harald Blauzahn den Stein nach Jelling bringen wollte, aber durch die Nachricht von einer Rebellion durch seinen Sohn von dem Vorhaben abgehalten wurde.

Ein Stück weiter südlich folgt dann wieder ein Hügelgrab – Klebæk Høje. Die beiden Hügelgräber stammen aus der Bronzezeit, sind also ca. 3.000 Jahre alt. In der Wikingerzeit wurden die Gräber durch eine 45 Meter lange Schiffssetzung erweitert, in dessen Mittelpunkt ein 900 Jahre alter Runenstein steht. Auf dem Boden kann man auch noch alte Radspuren entdecken, die von einer regen Reisetätigkeit zeugen.

Hamborggårdstein

Von Bække nach Vejen 12 km

An der Kreuzung geradeaus über den **Møllevej** in die **Skolegade** ~ rechts in die **Søndergade** ⚠ der straßenbegleitende Radweg endet wenige Meter vor dem Fußgängerüberweg, sodass Sie ein Stück auf der stärker befahrenen Straße fahren müssen, bevor Sie zum Radweg auf der anderen Seite sicher die Straße wechseln können ~ Sie folgen dem Radweg, der von der Straße nach links in den Ort **Asbo** abzweigt

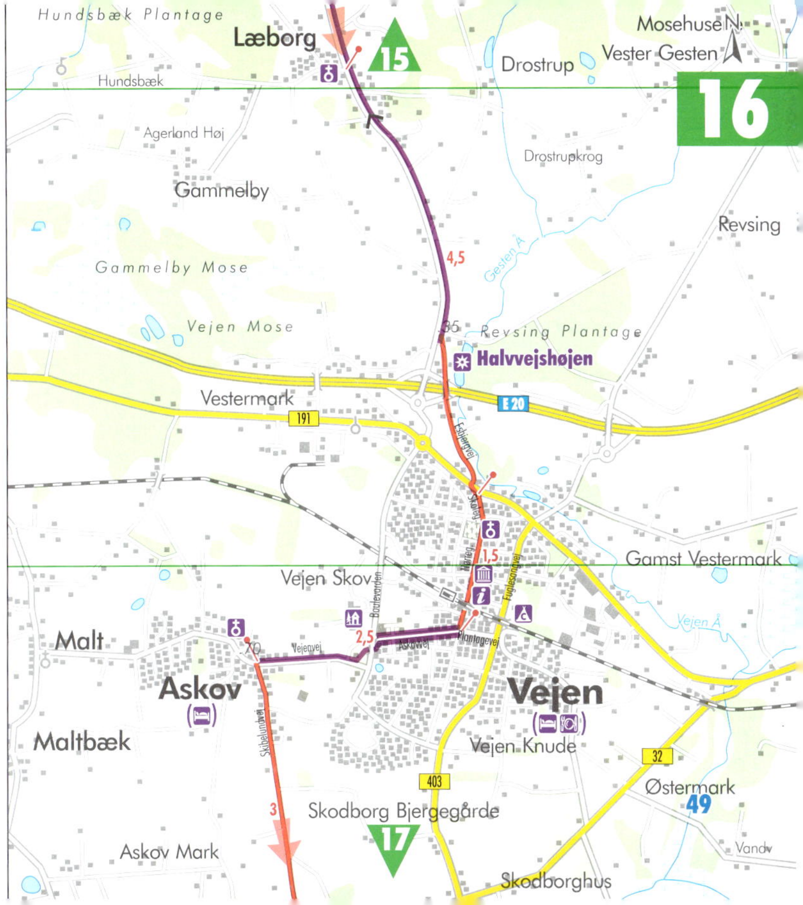

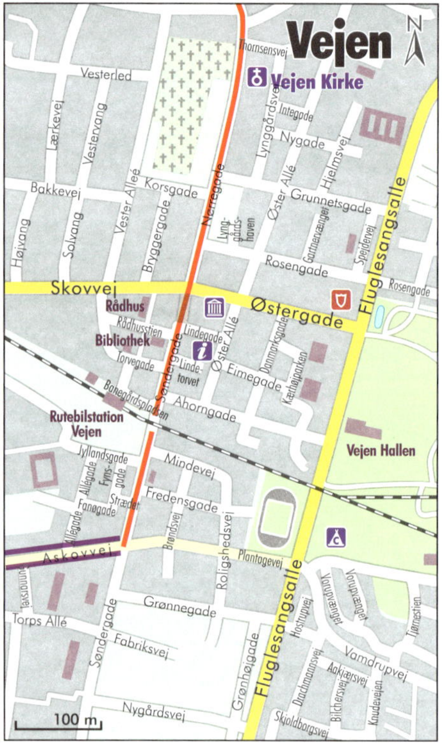

~ an der T-Kreuzung links in den linksseitigen Radweg bis Læborg.

Læborg

Læborg Kirche (ca. 13. Jh.) Vom Friedhof aus kann man sehr schön sehen, wie die Landschaft zum Flusslauf Kongeåen abfällt. Nördlich der Kirche befindet sich ein **Runenstein**.

Der Radweg zweigt kurz vor der Autobahnzufahrt von der neuen Hauptstraße nach links ab ~ an der Querstraße links.

Vejen Kirche

Tipp: ⚠ Die Beschilderung in Vejen ist nicht eindeutig. Offiziell ausgeschildert ist die Strecke über Fugle-sangallé und Plantagevej, also auf der gleichen Strecke wie die Nationalroute 6. Kürzer ist es direkt durch den Ort zu fahren, weshalb wir diese Variante in unserer Beschreibung als Hauptroute bezeichnen.

Gegenüber der Tankstelle rechts in die **Skolegade** ~ Verlängerung **Nørregade** ~ geradeaus in die Fußgängerzone ~ am **Nørretorv** geradeaus bis zum Bahnhof von Vejen.

Vejen

PLZ: 6600

Vejen Turistinformation, Lindegade 10, ✆ 75362696, www.vejen.dk.

Vejen Kunstmuseum, Østergade 4, ✆ 75360482, ÖZ: Di-Fr 10-16 Uhr, Sa/So 11-17 Uhr. Hauptsächlich Werke des dänischen Künstlers Niels Hansen Jacobsen (1861-1941), sowie große Keramiksammlung.

Vejen Kirche, Nørregade 100, ✆ 75362904. Romanischer Kirchenbau (1896), auf dem Friedhof befinden sich noch Reste der ursprünglichen Kirche aus dem Mittelalter.

Halvvejshøjen, direkt bei der Einfahrt in die Stadt Vejen, östlich des Weges liegt ein Hügelgrab, das anzeigt, dass der Heerwegsreisende von Viborg nach Schleswig nun die Hälfte der Strecke hinter bzw. noch vor sich hat.

***Von Vejen nach Jels* 22 km**

Tipp: Bis Askov verlaufen die Nationalroute 6 und der Heerweg (Nationalroute 3) auf der gleichen Strecke.

An der Kreuzung nach der Eisenbahnunterführung rechts in den **Askovvej** ~ an der T-Kreuzung links in die Straße **Boulevarden** ~ ein Stück auf dem linksseitigen Radweg, der nach rechts unter der Straße hindurchführt ~ nach dem Rechtsschwenk rechts in den **Vejenvej** ~ in **Askov** links in den **Skibelundvej**.

Askov

PLZ: 6600 Vejen

- **Vejen Turistinformation**, Lindegade 10, ✆ 75362696, www.vejen.dk.
- **Kirche** (1900)
- **traditionsreiche Hochschule**, gegründet 1865, der Campuspark lädt zu einem Spaziergang ein.

Sie kommen auf dem **Skibelundvej** nach **Skibelund Krat** ~ am gleichnamigen Hotel vorbei ~ dahinter geht es leicht bergab auf dem unbefestigten Weg in den Wald hinein ~ an einer Schule vorbei ~ an der Gabelung rechts halten ~ Sie kommen zu einer vielbefahrenen Querstraße.

Tipp: Der Heerweg zweigt an der Querstraße rechts ab und es sind nun bis zum nächsten Abzweig ca. 250 Meter auf der stark befahrenen Straße zurückzulegen. Sind Sie mit Kindern unterwegs, dann ist es günstiger, dem Wanderweg geradeaus über die Querstraße hinweg zu folgen.

Der Heerweg biegt an der Querstraße rechts ab ~ nach ca. 250 Metern links in den **Frihedsvej** bis zur **Frihedsbroen** und zum **Kongeåen**.

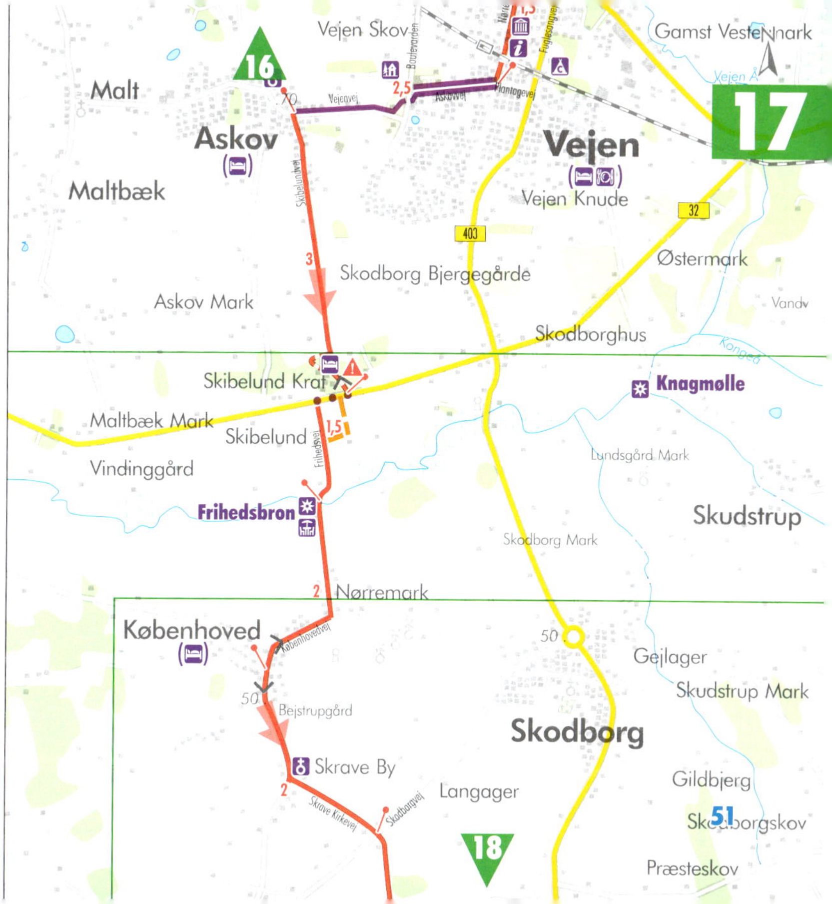

Frihedsbroen

Die Bezeichnung „Freiheitsbrücke" stammt aus den Jahren 1864-1920, als der Kongeåen (Königsau) die Grenze zwischen Dänemark und Deutschland markierte. Zur der Zeit bestand die Brücke aus Holz. Am südlichen Ufer stand ein Grenzhaus der Deutschen.

In der Auseinandersetzung um die Zugehörigkeit Südjütlands zu Dänemark hatten dänische Patrioten 1870 am Nordufer dann ein kleines Steinhaus gebaut, das sie Freiheit tauften.

Frihedsbroen

Weiter östlich liegt ein pittoreskes Gebäude am Kongeåen, die Wassermühle ***Knagmølle****. Die Mühle wurde 1965 in Zusammenarbeit eines Maurers aus Vejen und dem Nationalmuseum originalgetreu restauriert und wieder so hergestellt, dass hier heute wieder Korn gemahlen werden kann. An der Mühle befand sich eine der Übergangsstellen am Heerweg.*

An der folgenden T-Kreuzung links in den **Københovedvej** bis **Københoved** ~ an der Dreieckskreuzung im Ort halten Sie sich links und fahren bis Skrave By.

Skrave

Skrave Kirche. Die Kirche von Skrave liegt etwas oberhalb des Weges auf einem Hügel, der aus einer abwechslungsreichen Landschaft herausragt. Die Granitkirche ist überwiegend im romanischen Stil gebaut, der Westturm ist spätgotisch. Bemerkenswert ist das Waffenhaus von 1890, sehenswert ist der Friedhof mit seinen außergewöhnlichen Steinen.

An der Kirche links in den **Skrave Kirkevej**, auf dem Sie bis **Toftlundgård** fahren ~ an der T-Kreuzung links in den **Toftlundgårdvej** ~ rechts in den **Bakstolvej** ~ an der T-Kreuzung

Wassermühle Knagmølle

links in den **Langetvedvej** ~ rechts in den **Nørre Byvej** ~ links in den **Jelsvej**.

An der T-Kreuzung rechts in den **Haderslevvej** ~ geradeaus durch den Kreisverkehr ~ links in den **Cementstøvevej** ~ rechts in die **Vestergade** ~ an der T-Kreuzung links ~ weiter auf der **Vestergade** bis zur Kirche von Jels.

Jels

PLZ: 6630 Rødding

Midtsønderjyllands Turistbureau, Jels Møllegade 5, Jels, 6630 Rødding, ✆ 74552110, www.visitmidt.com.

Jels Kirche, Torvet, ✆ 74553015 od.74846001. Der ursprüngliche Holzbau wurde später durch eine Steinkirche im

Jels Mühle

romanischen Stil ersetzt, ein Neubau erfolgte 1854. Die Innenausstattung stammt weitestgehend aus der Vorgängerkirche.

✲ **Jels Wallanlagen**, Koldingvej 2, ✆ 74552445. Viel ist nicht bekannt über die Entstehung der Wallanlage. Vermutet wird, dass sie aus der frühen Neuzeit stammt. Größe und Länge der Anlage deuten darauf hin, dass hinter den Wällen eine größere Burg stand.

✲ **Jels Friluftsscene - Jels Vikingespil**. Freilichtbuhne, auf der jährlich Wikingerspiele, mit 200 Laiendarstellern unter professioneller Anleitung, aufgeführt werden. Jedes Jahr wird ein neues Stück inszeniert, die Grundlage bildet der reiche Schatz an alten Sagen.

✲ **Jels Pigen**, Bronzefigur (1953) von Jørgen Thoms.

✲ **Jels Mühle**, Jels Møllegade 5, ✆ 74552110; ÖZ: Jan.-Feb. u. Dez. Mo-Fr 9-16 Uhr, März-14. Juni u. 8. Aug.-Nov. Mo-Fr 9-16 Uhr, Sa 9-12 Uhr, 15. Juni-7. Aug. Mo-Fr 9-17 Uhr, Sa 9-14 Uhr. Kornmühle von 1859.

✲ **Orion Planetarium**, Søvej 36, ✆ 74552400, ÖZ. Juli tägl. 11-16.30 Uhr, Mai/Juni/Aug./Sept. Di-Do und Sa/So 11-16.30 Uhr, Okt.-April So 11-16.30 Uhr, sowie ganzjährig Mi 19-22 Uhr (Zugang zum Observatorium bei klarem Himmel). Wech-

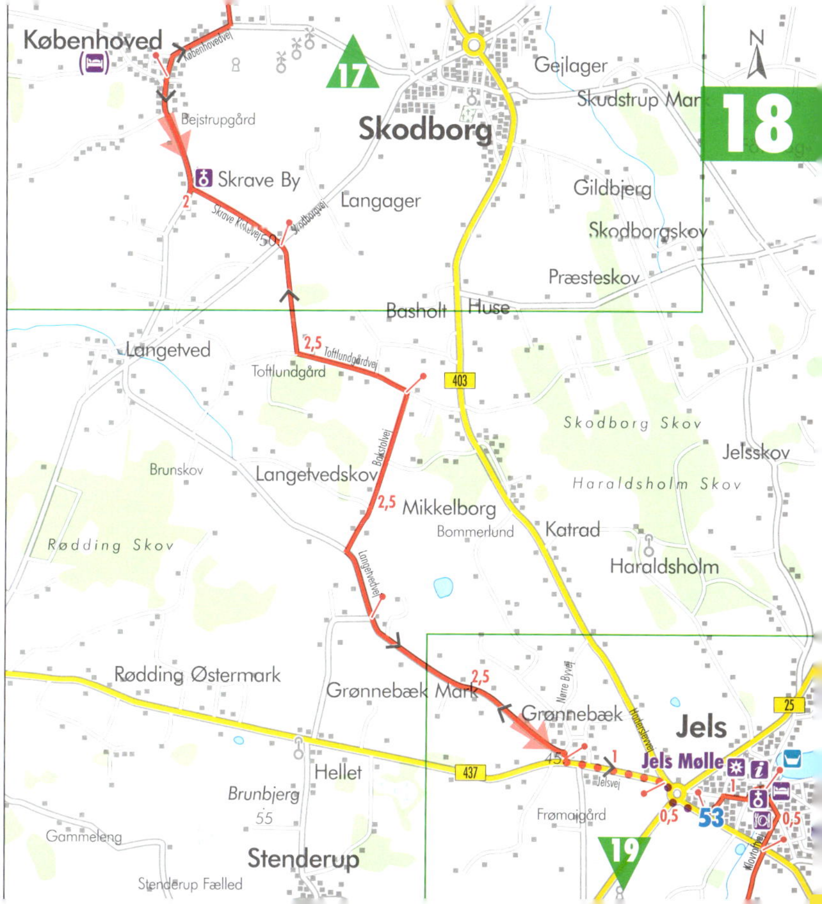

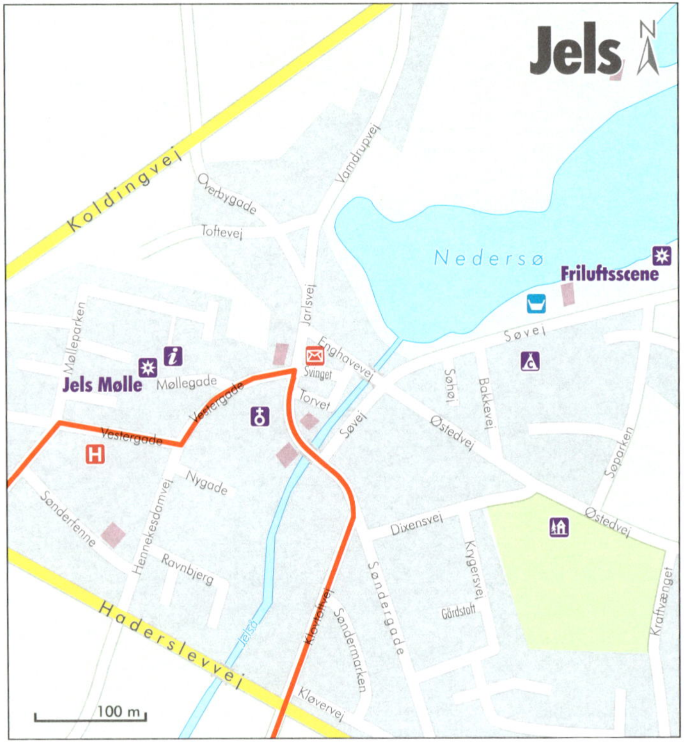

selnde Vorstellungen und interaktive Ausstellung zu astronomischen und naturwissenschaftlichen Themen. Der **Planetenwanderweg** beginnt direkt am Planetarium. Auf dem ca. 3 km langen Weg durch den „Kosmos" trifft man auf Modelle der Planeten und Informationstafeln zum Thema.

NSG Nedersø, Midtsø und Oversø: die drei Seen sind der Kern eines großen Naherholungsgebiets, Oversø steht unter Naturschutz. Bade- und Angelmöglichkeiten sowie Campingplatz an einigen, ausgewiesenen Stellen.

Jels Freibad, Søvej.

Jels gehört zu den ältesten Orten am Heerweg. Der durch Landwirtschaft geprägte Ort hat sich aufgrund des Durchreiseverkehrs aber auch durch Handelsaktivitäten und zahlreiche Gasthäuser stetig zu einem größeren Ort entwickelt. Die Atmosphäre der Stadt ist bestimmt durch die Wälder der Umgebung und die drei Seen.

Von Jels nach Vojens 17 km

An der Kirche rechts ~ gleich rechts in den **Klovtoftvej** bis in den Troldskov ~ in der Rechtskurve links in den unbefestigten Weg ~ rechter Hand befindet sich ein **Parkplatz.**

Die Beschilderung durch den Wald fehlt ~ Sie fahren geradeaus an der Schranke vorbei ~ auf dem unbefestigten **Klovtoftvej** in den Wald hinein ~ an der zweiten Kreuzung rechts in den **Højvej** vorbei an einigen Hügelgräbern ⚠ es geht auf den letzten Metern vor dem Ende des Waldweges auf geschottertem Untergrund stärker bergab ~ am Holzgatter vorbei ~ am **Rastplatz** geradeaus.

Links in den unbefestigten Querweg ~ an der T-Kreuzung rechts in den **Øster-Lindet-Vej**

Wikingerfest in Jels

~ an der nächsten Kreuzung links in den **Slevadvej** ~ an der T-Kreuzung rechts ~ gleich links in den **Kraftmosevej** ~ an der Gabelung rechts und an der T-Kreuzung links halten ~ nach 1,5 Kilometern (Wäldchen und Bauernhof) rechts in den **Frihedsvej** ~ nach der Gefällestrecke und der Rechtskurve links ab ~ am Trafohäuschen links in die Straße **Dyssebakken** ~ sofort rechts in die Sackgasse ~ am Ende der Sackgasse geradeaus in den Rad- und Fußweg ~ durch den Radtunnel hindurch auf die andere Straßenseite ~ weiter auf dem rechtsseitigen Radweg, der dann zu einem kleinen See und einem Rastplatz nach rechts schwenkt ~ nach dem See rechts ~ am Sportplatz vorbei ~ nach dem Fahrradtunnel gleich nach links ~ durch einen zweiten Tunnel ~ an der Tankstelle rechts ~ im Kreisverkehr an der 3. Ausfahrt abfahren.

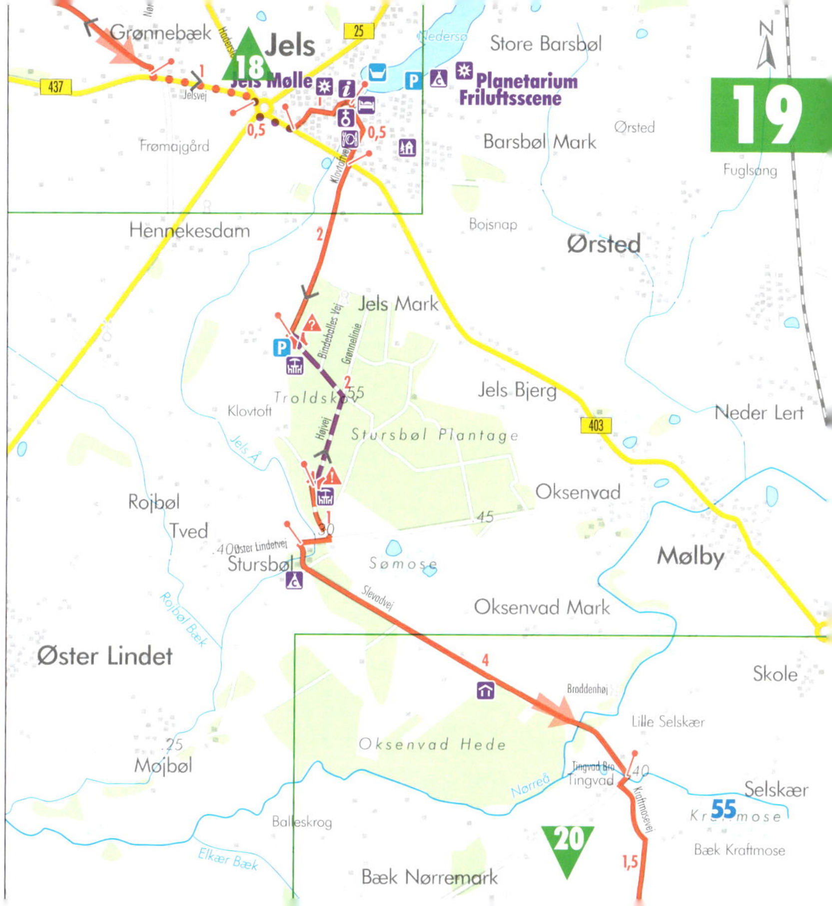

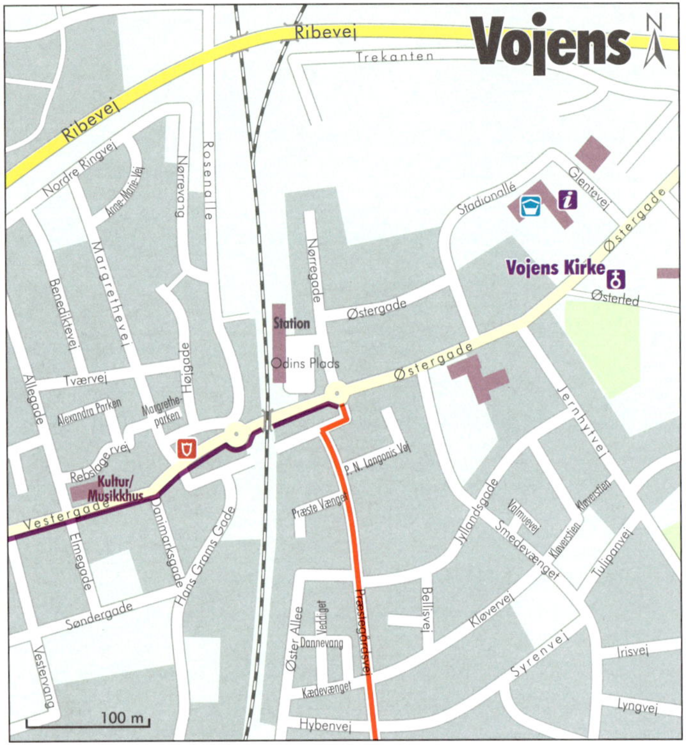

Vojens

PLZ: 6500

Vojens Turistbureau, Stadionallé 10,
✆ 74203970, www.visitvojens.dk

Vojens Kirche (1925), Østerled 1,
✆ 74591451 od. 74541293. Die Kirche, die zu den jüngsten Kirchen in Süd-Jütland zählt, ist im gotischen Stil erbaut.

Vojens Svømmehal, Stadionalle 7,
✆ 74203950

Ludvig Cykel & Knallerter, Elmegade 21,
✆ 74543231

Schmidt Cykler & Sport, Vestergade 41,
✆ 74543756

Vojens Turistbureau, Stadionallé 10,
✆ 74203970

Wie Viborg trägt auch Vojens das „Vi" einer heiligen Opferstätte im Namen. Vojens steht für „Odins Vi", war also offenbar eine Huldigungsstätte für den höchsten nordischen Gott, Odin. Auch gibt es zahlreiche Spuren, die auf Heerwegsgeschichte deuten.

Die Stadt Vojens allerdings entstand erst Ende des 19. Jahrhunderts zusammen mit dem Ausbau der Eisenbahn. Entsprechend ist das Bild der Stadt und ihre wirtschaftliche und industrielle Entwicklung von der Eisenbahn geprägt.

In Vojens werden seit gut 100 Jahren bei Gram A/S Kühlschränke hergestellt, ein Teil der alten Fabrik beherbergt heute ein kleines Industriemuseum.

Von Vojens nach Rødekro 26,5 km

Weiter auf der **Vestergade** ~ im folgenden Kreisverkehr an der 2. Ausfahrt abfahren ~ am Kreisverkehr nach der Unterführung in einem spitzen Winkel rechts in die **Østergade** ~ links in den **Præstegårdsvej** ~ an der T-Kreuzung rechts in den **Hærvejen**, unbefestigter Weg ~ an der asphaltierten Straße rechts.

Tipp: Die folgenden 3 Kilometer fahren Sie auf dieser stärker befahrenen Straße weiter. Es gibt leider keine ruhigere Alternative für Familien, die mit Kindern reisen.

In der Rechtskurve links in den unbefestigten **Lundshøjvej** ~ Sie fahren direkt auf zwei **Hügelgräber** zu.

Tipp: Von Arnitlund bis zur Mühle in Vedsted fahren Sie zwei Kilometer auf der mäßig stark befahrenen Straße. Für Familien mit Kindern und für alle, die eine verkehrsärmere Strecke fahren möchten, sei hier folgende Alternativstrecke empfohlen.

Am Abzweig bei den beiden Hügelgräbern links in den unbefestigten Weg ~ an der T-Kreuzung links in den **Bregnehøjvej** ~ Sie folgen dem Verlauf des Weges ~ auf der Asphaltstraße an der Meierei vorbei ~ an der T-Kreuzung rechts ~ an der Kreuzung bei der **Mühle** in **Vedsted** geradeaus ~ Sie befinden sich wieder auf der Hauptroute des Heerweges.

Der Heerweg biegt bei den Hügelgräbern nach rechts in den **Fælledskovvej** ab ~ die Straße schwenkt nach rechts in den **Bregnehøjvej** in den Ort Arnitlund hinein.

Arnitlund

An der Kreuzung links ~ mäßig stark befahrene Straße ~ an der Kreuzung nach der Mühle in Vedsted biegen Sie rechts ab.

Vedsted

Mühle

Vedsted Søbad, Skovbyvej, ÖZ: Mai-Sept. Der **Vedsted Sø** südlich von Vedsted ist vor 12.000-15.000 Jahren entstanden. Es gibt deshalb weder einen Zufluss noch einen

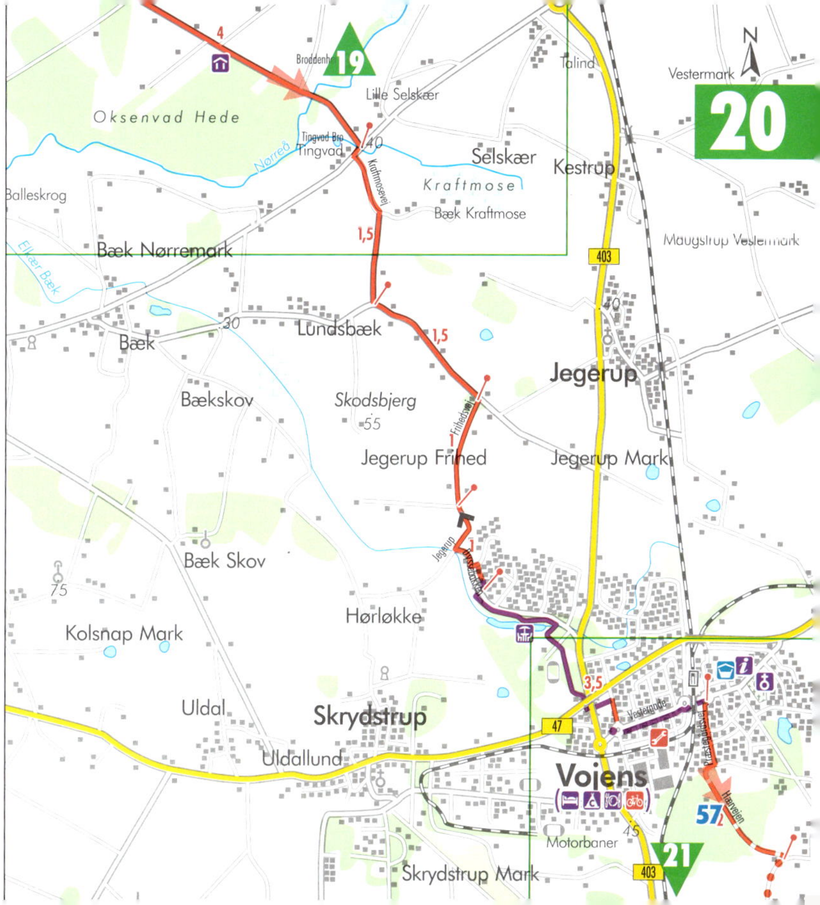

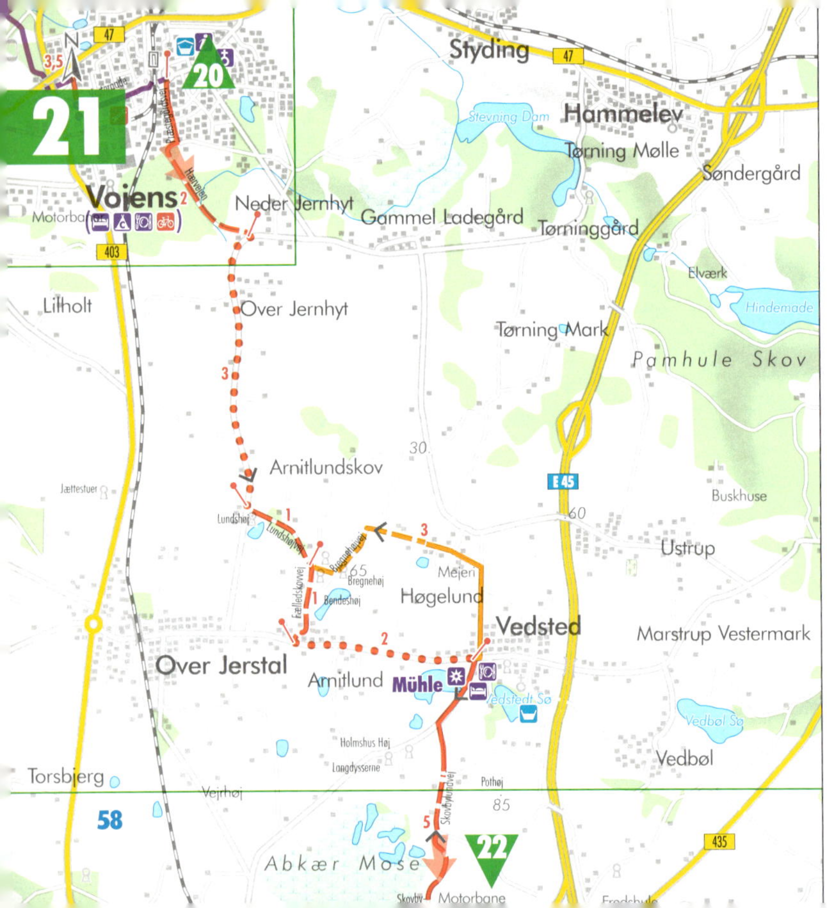

Abfluss für das Seewasser. Rund um den See führt ein Wanderweg, entlang dem es mehrere gut erhaltene Hügelgräber zu sehen gibt.

Heerwegsbrücke Immervad Bro

Nach einem knappen Kilometer biegen Sie links in den **Kaptensvej** ab ~ an der Kreuzung geradeaus in den unbefestigten **Skovbylundvej** ~ beim Sportplatz rechts in den **Skovbyringen** ~ geradeaus über die Querstraße in den unbefestigten **Stengelmosevej** ~ an der T-Kreuzung rechts ~ nach wenigen hundert Metern rechts in den **Hærvejen** bis nach Immervad.

Immervad

✲ **Immervad Bro** und **Heerwegs-Skulpturen.** Die Skulpturen wurden von der Familie Karkow, Immervad, bei Anne Cathrine und Axel Okholm, Vorbasse, in Auftrag gegeben und 2003 gegenüber des alten Heerwegkruges aufgestellt.

*Die **Immervad Bro** ist die erste der insgesamt drei Steinbrücken, die Sie auf dem Heerweg passieren werden. Zu diesen Brücken zählen außerdem die Povls Bro und die Gejlåbroen.*

Die Immervad Bro über den nun fast ausgetrockneten Wasserlauf ist wohl die bekannteste Brücke am Heerweg. Sie wurde 1786 aus einem gespaltenen Granitfindling aus Skovby zusammengesetzt. Bevor die Brücke erbaut wurde, nutzten die Viehtreiber und Reisende auf dem Heerweg Furten, um Wasserläufe und Flüsse zu überqueren. Dass es am Immervad Å eine Furt gegeben haben muss, deutet sich schon im Namen von Immervad an: „vad" bedeutet soviel wie „Furt".

Am Heerweg galt: „Keine Brücke ohne Gasthaus". Der alte Heerwegskrug von Immervad war berühmt für seine gelbe Erbsensuppe mit Speck, leider ist er heute geschlossen, stattdessen bietet ein Rastplatz die Möglichkeit für eine gemutliche Pause. Hier stehen einige Holzskulpturen, die die unterschiedlichsten Reisenden auf dem Heerweg darstellen: Bauern, Soldaten, Viehtreiber.

Tipp: Je näher Sie der deutsch-dänischen Grenze kommen, desto häufiger finden Sie auf den Straßenschildern den in Deutschland gebräuchlicheren Namen „Oksevejen" (Ochsenweg) statt des „Hærvejen" (Heerweg).

Nach der Brücke über den Immervad Å rechts in den **Oksevejen** ~ Sie fahren immer geradeaus ~ am Hærulfstenen und Strangelshøj vorbei bis nach Hovslund Stationsby.

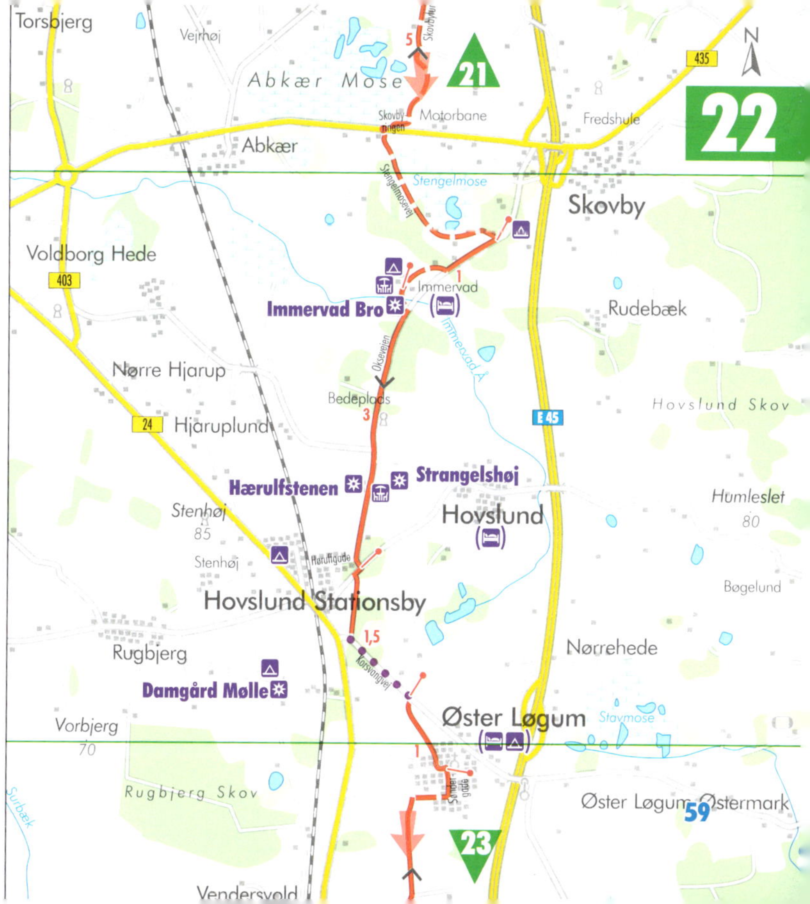

Hovslund Stationsby

PLZ: 6230 Rødekro

Aabenraa Turistbureau, H.P.Hanssens Gade 5, 6200 Aabenraa, ✆ 74623500, www.visitaabenraa.dk

Hærulfstenen. Nördlich von Hovslund Stationsby steht dieser bemerkenswerte Runenstein am Wegesrand. Er stammt aus dem 10. Jh. und zählt zu den ältesten Runensteinen Dänemarks. Während des Krieges 1864 gelangte der Stein als Kriegsbeute nach Berlin und steht erst seit 1952 wieder an seinem alten Platz.

Runenstein Hærulfstenen

Strangelshøj. Dem Hærulfstenen gegenüber befindet sich neben dem Rastplatz ein Hügelgrab aus der Bronzezeit. Neben diesem steht ein 2 Meter hoher Stein, der Sage nach bewegt sich der Stein, sobald es nach Brot riecht.

Damgård Mühle, Foldingbrovej 6, Damgård, ✆ 74664180. Etwa 1 km südlich von Hovslund Stationsby liegt diese liebevoll restaurierte Mühle von 1867. In der Mühle wurde vor allen Dingen Buchweizen vermahlen. Die gesamte Anlage ist noch vollständig in Takt und gehört zu den am besten erhaltenen Mühlen Dänemarks.

An der T-Kreuzung rechts ~ gleich nächste Straße links ~ rechts in die querende Straße ~ ca. ein Kilometer auf dem Fahrradstreifen ~ rechts in den **Korsvangvej** ~ an der T-Kreuzung links bis zur Kirche in Øster Løgum.

Øster Løgum

PLZ: 6230 Rødekro

Aabenraa Turistbureau, H.P.Hanssens Gade 5, 6200 Aabenraa, ✆ 74623500, www.visitaabenraa.dk

„Æ vold“ und **„Andholmbatteri“**. Südlich von Øster Løgum gibt es vom Rastplatz am Andholmvej einen Zugang zu diesen alten Befestigungsanlagen.

An der Kirche rechts in die **Søndergade** ~ an der T-Kreuzung rechts ~ am nächsten Abzweig links in die asphaltierte Straße ~ am Rastplatz und Andholm vorbei ~ an der T-Kreuzung rechts ~ links in die Hauptverkehrsstraße, verkehrsreiche Straße ~ an der Kreuzung rechts, Fahrradstreifen ~ links in den **Hærvejen** ~ Sie fahren nun durch Rødekro, rechter Hand liegt der Bahnhof.

Rødekro

PLZ: 6230 Rødekro

Aabenraa Turistbureau, H.P. Hanssens Gade 5, ✆ 74623500, www. visitaabenraa.dk

Røde Kro, Vestergade 2

Rødekro ist längs des Heerweges entstanden und war auch wegen der Nähe zum Hafen in Aabenraa von je her ein interessanter Umschlagsplatz für Waren und ein Treffpunkt von Reisenden auf diesem Fernweg zwischen Dänemark und Deutschland.

Die kleine Stadt besitzt eine sehenswerte Innenstadt, die zu einem Bummel einlädt. Hier befindet sich auch der Gasthof „Røde Kro“, nach dem die Stadt benannt ist.

Von Rødekro nach Kliplev 20,5 km

Sie fahren geradeaus ~ nach dem **unbeschrankten Bahnübergang** links in die Sackgasse ~ geradeaus in den Rad- und Fußweg an dem Drängelgitter vorbei ~ geradeaus

Rise Kirche

über die Straße in den schmalen Rad- und Fußweg.

Rise

PLZ: 6230 Rødekro

- **Aabenraa Turistbureau**, H.P. Hanssens Gade 5, ✆ 74623500, www. visitaabenraa.dk
- **Rise Kirche**, Rise Bygade 23. Die dem Hl. Laurentius geweihte Kirche ist romanischen Ursprungs. Sie wurde mehrmals umgebaut und nach zwei Bränden in den vergangenen 400 Jahren neu aufgebaut. In der Kirche sind Reste alter Fenster, ein Taufbecken aus Granit, ein neugotisches Altarbild sowie eine 21 stimmige Orgel zu sehen.

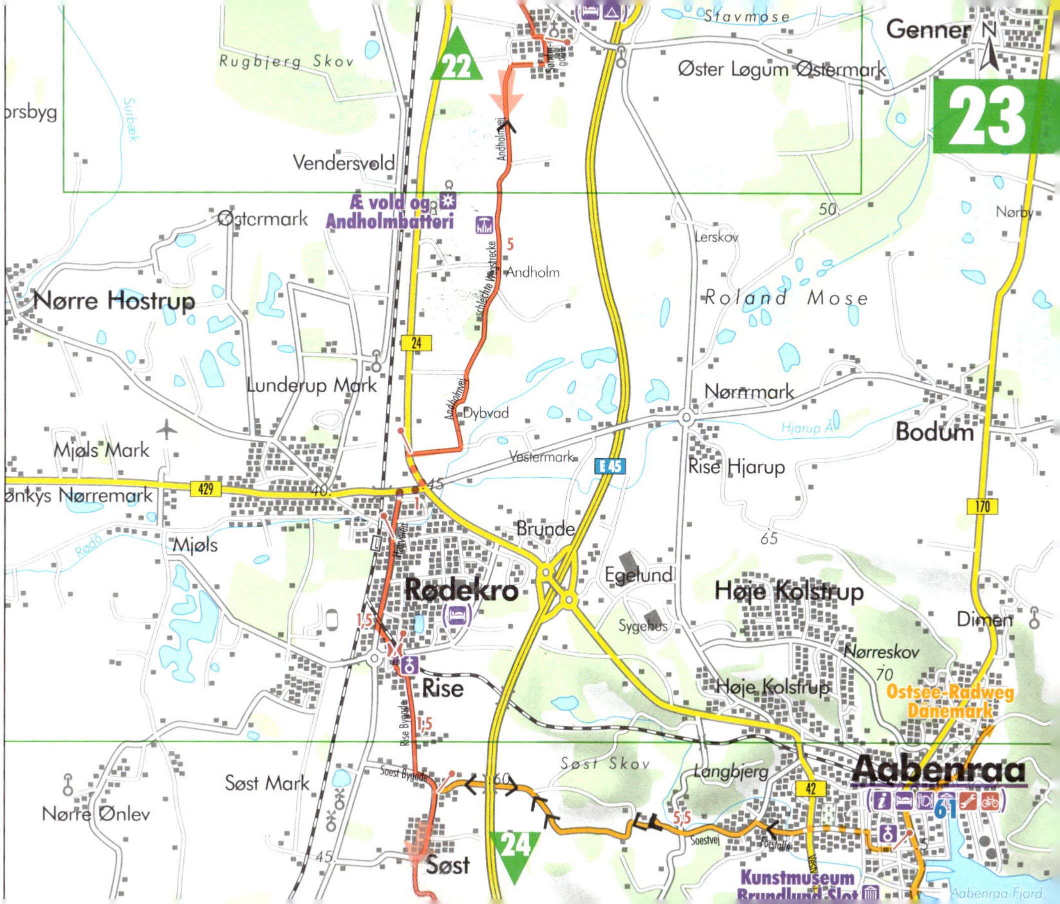

Sie fahren um die **Kirche** von **Rise** herum ⤳ rechts halten ⤳ auf der **Rise Bygade** geradeaus aus dem kleinen Ort hinaus ⤳ an der T-Kreuzung links in die **Søst Bygade** bis zur Dreieckskreuzung.

Tipp: Sie können einen Ausflug nach Aabenraa unternehmen, um zum Beispiel einmal richtige dänische Smørebrød zu essen oder etwas Ostseeluft zu schnuppern oder durch die schönen Innenstadt zu bummeln.

Tipp: Sie folgen der Regionalroute 12 bis nach Aabenraa. Die Fahrt dorthin führt allerdings über eine schmale geschwungene Straße teilweise sehr stark auf und ab, vor allen Dingen die Rückfahrt wird deshalb etwas beschwerlich.

Ausflug nach Aabenraa 11 km

Sie biegen links in den **Hundeklemmevej** ab ⤳ unterqueren die Autobahn ⤳ an der Kreuzung geradeaus in den **Søstvej** ⤳ rechts in die **Forstallé** ⤳ an der Kreuzung geradeaus ⤳ an der folgenden Kreuzung geradeaus über die **Callesensgade** ⤳ rechts in die **Møllergade** ⤳ geradeaus in die Straße **Rådhusgang** bis zum **Rathaus** und zur Fußgängerzone von Aabenraa.

Aabenraa

PLZ: 6200

Aabenraa Turistbureau, H.P. Hanssens Gade 5, ✆ 74623500, www. visitaabenraa.dk.

Sønderjyllands Søfartsmuseum - Aabenraa Museum, H.P. Hanssens Gade 33, ✆ 74622645, ÖZ: Juni-Aug. Di-So 10-16 Uhr, Sept.-Mai Di-So 13-16 Uhr und nach Vereinbarung. Das Museum zeigt eine umfangreiche Sammlung rund um die Schifffahrt.

Fußgängerzone Aabenraa

Kunstmuseum Brundlund Slot. Brundlund Slot 1, ✆ 74633649, ÖZ: Di-So 11-17 Uhr. Dänische Kunst des 19. und 20. Jhs, Malerei, Bildhauerei, Grafiken, wechselnde Ausstellungen. Das Museum ist im **Schloss Brundlund** untergebracht, das im Jahr 1411 von Königin Margrethe I. errichtet worden war. Zum Schloss gehört auch eine alte Wassermühle.

Banegården Kunst & Kultur, Jernbanegade 2, ✆ 74627420. ÖZ: Di-So 11-17 Uhr. In dem ehemaligen Bahnhof ist eine Gallerie und Museum mit Gemälden, Skulpturen und Kunsthandwerk.

St. Nikolai Kirche, Kirkeplads 1, ✆ 74625380. Spätromanische Kirche, im Innern Kanzel aus dem 16. Jh., eindrucksvolles Altarbild mit einer Rubens-Kopie.

- **Postmestergården**, Søndergade 20, ✆ 74622354, ÖZ: Mai-Sept. tägl. 10-19 Uhr, Okt.-April Sa/So 10-15 Uhr. Das Haus und der Garten wurden 1758 für den Postmeister Herman Daniel Linde erbaut. 1933 ließ der Augenarzt Bayer einen neuen Garten von dem deutschen Gartenarchitekten Hans Kayser anlegen. Haus und Garten stehen unter Denkmalschutz.
- **Zollamt**, Skibebroen. Das Zollamt aus der Zeit des Ostindienhandels besitzt eine Kuriosität: Giebel und Arkadengang schützen vor starker Sonneneinstrahlung – und das in Dänemark. Die Konstruktionspläne für ein Zollhaus in der Karibik gelangten auch nach Aabenraa und wurden dort ohne großen Widerspruch ausgeführt – eben mit dem Sonnenschutz.
- Echte **dänische Smørrebrød** (Butterbrote) erhalten Sie in der Rådhusgade. Das kleine Geschäft in der Einbahnstraße liegt auf der linken Seite.
- **Aabenraa Svømme- og Idrætscenter**, Hjelmallé 1-3, ✆ 74627400.
- **Karstens Cykel- og Knallertservice**, Langrode 21, ✆ 74628500, auch
- **Kvik Cykelservice**, Ramsherred 4, ✆ 74620401, auch

Aabenraa liegt direkt am gleichnamigen Fjord, umrahmt von einer wunderschönen Hügellandschaft, die von den Eismassen der Eiszeit geformt wurde.

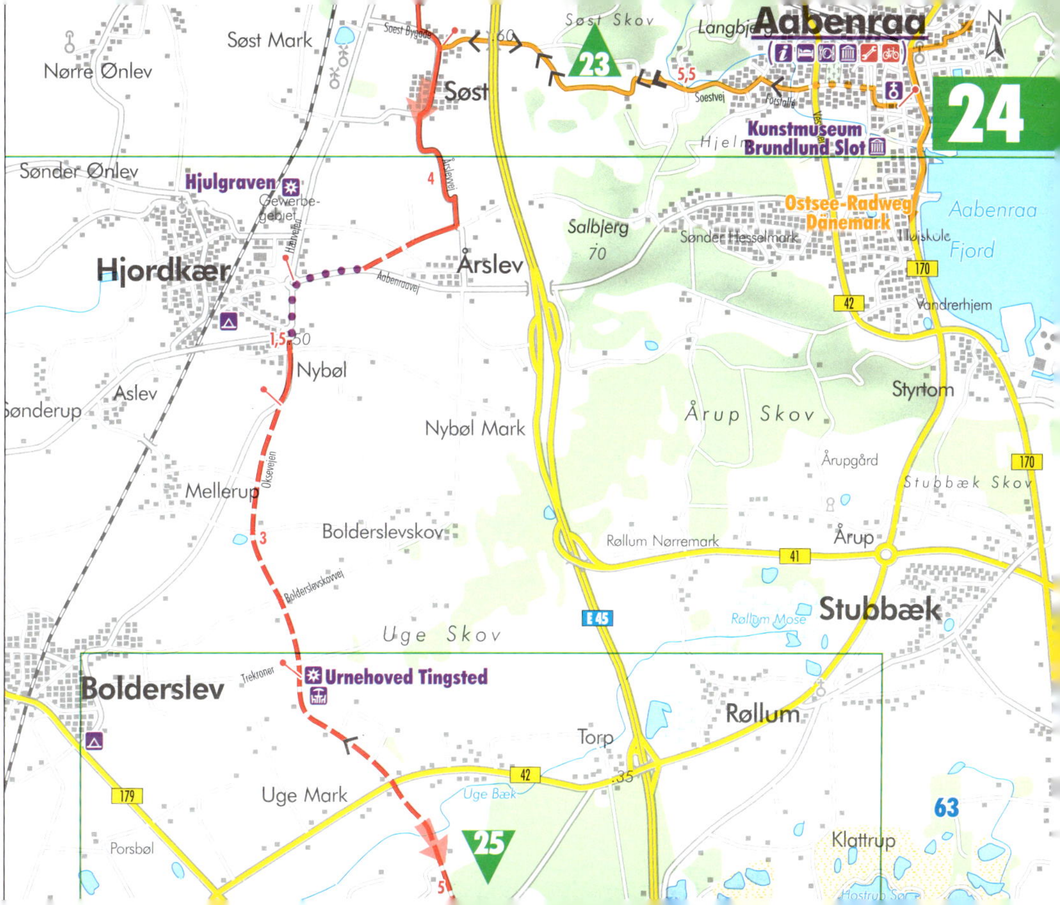

Vægterpladsen Aabenraa

Die Stadt blickt auf eine lange Handels- und Seefahrertradition zurück. Seit der Verleihung der Stadtrechte im Jahr 1335 entwickelte sie sich kontinuierlich zu einer der bedeutendsten Handelsstädte Dänemarks. Eine besondere Blütezeit erlebte Aabenraa im 18. und 19. Jahrhundert durch den Ostindienhandel, zu einer Zeit als Dänemark noch Kolonialmacht war. Hunderte Segel- und Frachtschiffe aus allen Teilen der Welt steuerten den Hafen von Aabenraa an.

Mit den reichen Einnahmen aus dem Ostindiengeschäft errichteten Kapitäne und Handelsleute in Aabenraa und dem nördlich davon gelegenen Løjt zahlreiche Prachtbauten, die auch heute noch der Stadt den Flair dieser Blütezeit verleihen. Entlang der 1,2 Kilometer langen Fußgängerzone wechseln sich schmucke Giebelhäuser und kleine Plätze ab und es gibt Cafés und Restaurants, die zu einer Rast einladen.

Auf dem Heerweg biegen Sie an dem Abzweig nach Aabenraa rechts Richtung Søst ab.

Søst

Nach der Rechtskurve links in den **Årslevvej** ~ Sie fahren auf einer kurvenreichen, von Hecken gesäumten Straßen ~ an der T-Kreuzung rechts ~ an der folgenden Kreuzung geradeaus in den unbefestigten Weg ~ an der T-Kreuzung rechts ~ auf dem Radstreifen bis zum Kreisverkehr in Hjordkær.

Heerweg bei Søst

Hjordkær

PLZ: 6230 Rødekro

Aabenraa Turistbureau, H.P. Hanssens Gade 5, ✆ 74623500, www. visitaabenraa.dk

Hjulgraven, Værksvej. In dem Industriegebiet nördlich von Hjordkær sind zwei Gräber aus der Stein- bzw. Bronzezeit freigelegt. Das Besondere ist ein Kreis aus Steinen mit einem Durchmesser von 10 m, von dessen Mitte 5 Steinreihen nach außen verlaufen und so den Eindruck eines Rades vermitteln – deshalb der Name („hjul" = Rad) . Das Rad war in der Steinzeit das Symbol für die Sonnengöttin.

Im Kreisverkehr an der 3. Ausfahrt in den **Hærvejen** abbiegen ~ den zweiten Kreisverkehr an der 2. Ausfahrt verlassen ~ in der Linkskurve links in den unbefestigten Oksevejen.

Tipp: Die folgenden 10 Kilometer des Heerweges stehen unter Denkmalschutz, der Weg heißt nun wieder Oksevejen (Ochsenweg) wie schon kurz hinter Immervad. Der Weg ist geschottert, Fahrrad- und Autoverkehr sind frei.

Sio fahren nun bis zum einstigen Landstinget von Südjütland **Urnehoved Tingsted**, wo es auch einen Rastplatz gibt.

Urnehoved Tingsted

Im Mittelalter hatte jeder Landesteil eine eigene Tingstätte. Hier fanden Versammlungen statt, bei denen Könige gewählt, Zwistigkeiten geschlichtet und Recht gesprochen wurde. Das Ting von Südjütland befand sich hier an dieser Stelle und wurde bis 1523 genutzt. In Gedenken an die mittelalterliche Rechtssprechungspraxis wird jedes Jahr am 5. Juni ein Landsting gehalten. Unabhängig von diesem Datum kann man sich auf den Informationstafeln über die Geschichte und Funktion des Landstings in Urnehoved informieren, oder aber im Schatten der Bäume einfach eine geruhsame Rast einlegen.

Sie fahren weiter auf dem unbefestigten Oksevejen – Sie kommen durch Uge Hede (Heide) und Uge Plantage (Wald) und gelangen zur **Povls Bro** am Bjerndrup Mølleå, wo Sie einen hübschen Platz zum Rasten haben.

Povls Bro

Die Povls Bro gilt als die schönste Brücke entlang des Heerweges. Das Besondere ist ihre Verkleidung und die Konstruktionsweise – aus keilförmigen Granitsteinen wurde ein selbstragender Bogen zusammengefügt, die Zwischenräume wurden mit Moos „verklebt" und die Oberseite mit Lehm versehen.

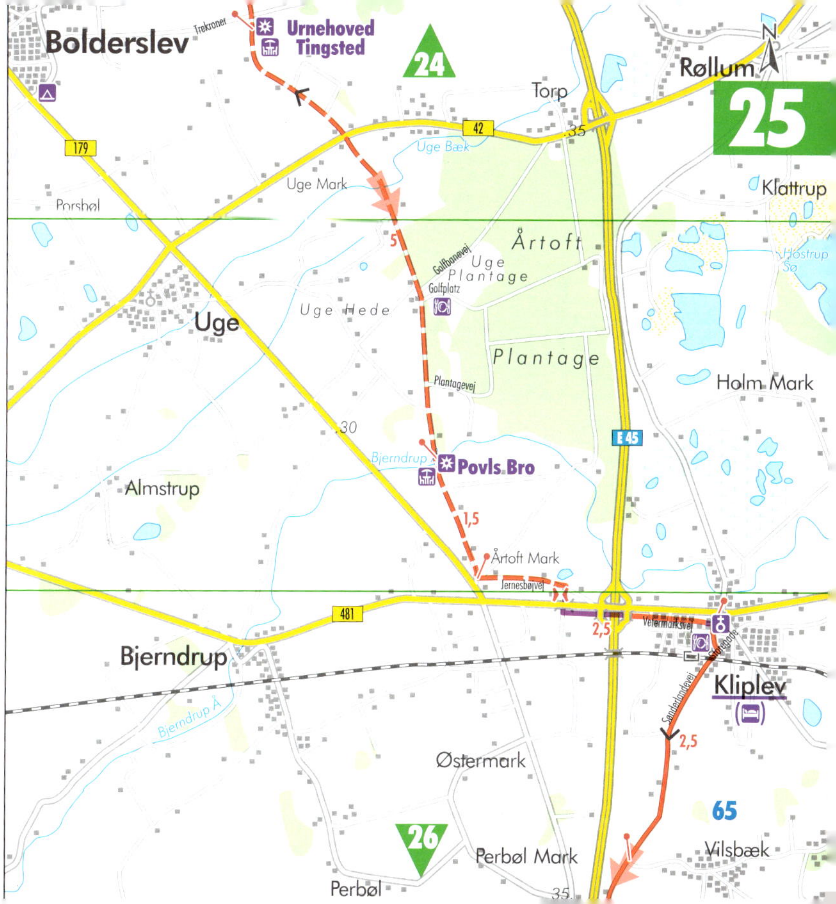

Heerwegsbrücke Povls Bro

Erbaut wurde sie 1744 und ist damit die älteste Steinbrücke entlang des Heerweges.

1970 wurde die Brücke umfassend und originalgetreu restauriert und zusätzlich befestigt. Wie schon bei der Immervad Bro ist auch die Povls Bro nach einem Heerwegskrug benannt. Der Povls Kro stand ehemals am Nordufer des Wasserlaufs. Der Krug existiert nicht mehr, hier befindet sich nun ein Bauernhof.

Es geht weiter auf dem unbefestigten Oksevejen Richtung Süden ~ vor der Hauptstraße biegen Sie links in den unbefestigten **Jerneshøjvej** ab ~ in die Sackgasse ~ rechts in den Radweg ~ am Drängelgitter vorbei ~ nach dem **Radfahrertunnel** gleich links.

Sie fahren erneut durch einen Tunnel ~ dann über die **Autobahnbrücke** ~ erneut durch einen Tunnel ~ im **Gewerbegebiet** schwenken Sie nach links in die querende Straße.

Geradeaus auf dem **Vestermarksvej** ~ geradeaus in den **Elmevej** ~ an der querenden Straße geradeaus in den gekiesten Rad- und Fußweg bis zur Kirche von Kliplev.

Kliplev

PLZ: 6200 Aabenraa

Aabenraa Turistbureau, H.P. Hanssens Gade 5, ✆ 74623500, www.visitaabenraa.dk

Kliplev Kirche, Storegade 2B. Die Kirche von Kliplev war im Mittelalter eine der wichtigsten Wallfahrtskirchen am Heerweg. Von den Pilgern verehrt wurde vor allen Dingen ein Kruzifix mit einer Christusdarstellung, das deren Ansicht nach aber einen Heiligen darstellte, dem wundersame Kräfte nachgesagt wurden. Auch wenn das Kruzifix heute nicht mehr existiert, hat die Kirche Interessantes zu bieten: eine Krypta mit den Grabgelegen derer zu Ahlefeldt. Hervorzuheben ist der freistehende hölzerne Glockenturm um 1300. Das älteste noch bestehende Holzbauwerk Dänemarks wurde 1991 vollständig instand gesetzt.

Kliplev Kirche

Krug „Mørks Kro", Torvet 2, ✆ 74687618. Der wunderschön erhaltene Krug aus dem 18. Jh. steht unter Denkmalschutz.

Præstegården (1747). Das Pfarrhaus befindet sich südlich der Kirche.

Von Kliplev nach Padborg — 19 km

An der **Bushaltestelle** gegenüber der Kirche rechts ~ über den **Bahnübergang** ~ auf dem **Sønderlandevej** hinaus aus dem Ort.

Es geht leicht bergauf – Sie fahren dann knapp zwei Kilometer parallel zur Autobahn – an der T-Kreuzung rechts.

Tipp: Bis zum Abzweig zur Gejlå Bro müssen Sie ca. 1,5 Kilometer auf der verkehrsreichen Straße fahren. Es gibt leider keine Alternativstrecke.

An der nächsten Kreuzung links in den **Hærvejen** – in **Gejlå** biegen Sie nach dem langgestreckten Gebäude von der Straße rechts in den unbefestigten Weg zur Gejlåbroen ab.

Gejlå

PLZ: 6330 Podborg

Kruså Turistbureau, Flensborgvej 11, 6340 Kruså, ✆ 74672171, www.visitkrusaa.dk.

Gejlåbroen

*Die **Gejlåbroen**, die Brücke über den Gejlå, ist die letzte und romantischste Brücke der drei historischen Steinbrücken am Heerweg. Die rustikale Gestaltung passt sich harmonisch in die zauberhafte Flusslandschaft ein.*

Die heutige Brücke wurde am 21. August 1818 eingeweiht: Das Datum ist auf einem der Brückensteine eingemeißelt. Wenn man von Norden kommt, findet man den Stein auf der linken Seite auf der anderen Bachseite.

*An der Brücke gab es einen Gasthof, den **Bommerlund Kro**, der ein wichtiger Knotenpunkt am Heerweg war. Dieser Krug diente nicht nur dem leiblichen Wohl der Reisenden, hier wurde auch der Wegezoll und die Brückengebühr kassiert. Der Krug wurde 1759 mit der Schnapsbrennerei „Bommerlunder" erweitert. Erst in den 1880er Jahre wurde der Krug geschlossen. Der berühmte Schnaps aber*

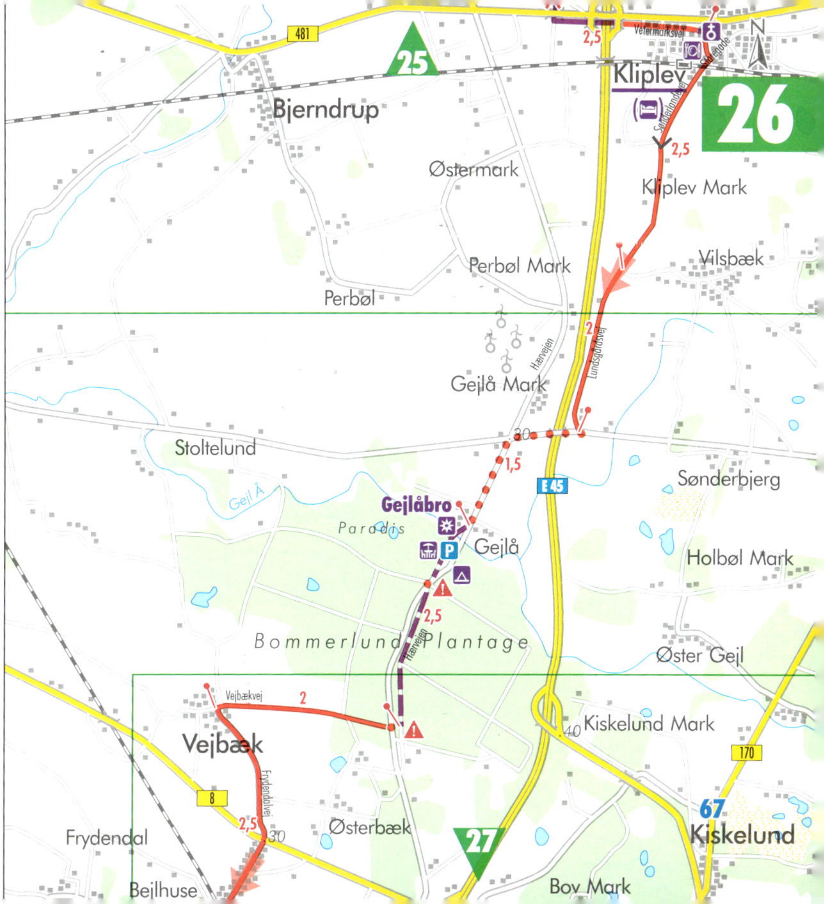

lebte weiter, und wohl nicht nur in den Kehlen der feuchtfröhlichen Sänger der Toten Hosen?

Am ehemaligen Standort des Kruges steht heute der **Bommerlundstenen**, *der eine Ritterfigur abbildet. Der Sage nach hat ein französischer Ritter aus Dankbarkeit für die gute Bedienung dem Wirt des Kruges das Rezept für den Schnaps hinterlassen.*

In dem umgebenden Waldgebiet, Bommerlund Plantage, gibt es den **Naturwanderpfad „Paradissti"**, *auf dem Sie die große Vielfalt der Heide kennen lernen können.*

Sie fahren auf dem unbefestigten Weg weiter geradeaus ⚠ Achtung, Sie überqueren eine viel befahrene Straße ~ weiter auf dem parallel zur Straße verlaufenden sandigen Radweg ⚠ auf Höhe eines Bauernhofes nach 1,5 Kilometer überqueren Sie die vielbefahrene Straße erneut ~ es geht durch den Wald bis Vejbæk.

Heerwegsbrücke Gejlåbroen

Vejbæk

Vom **Vejbækvej** links in den **Frydendalvej**, auf dem Sie bis nach **Fårhus** fahren ~ nach dem Bahnübergang links in den **Ryttergabvej** ~ an der Gabelung rechts in die Sackgasse ~ Sie kommen nun direkt auf das Nordtor des ehemaligen deutschen Internierungslager Frøslev zu, wo sich heute mehrere Museen befinden.

Frøslevlejren

PLZ: 6330 Padborg

Kruså Turistbureau, Flensborgvej 11, 6340 Kruså, ✆ 74672171, www.visitkrusaa.dk

Frøslevlejrens Museum, Lejrvrejen 83, ✆ 74676557, ÖZ: Mitte Juni-Mitte Aug. tägl. 10-17 Uhr, Mitte Aug.-Dez. u. März-Mitte Juni Di-Fr 9-16 Uhr, Sa/So 10-17 Uhr. Das Museum befindet sich in der Gefangenenbaracke H4 und im Hauptwachturm des ehemaligen Internierungslagers.

Hjemmeværnsmuseet, Lejrvejen 101, ✆ 74676838, ÖZ: März-Nov. tägl. 9-17 Uhr. Museum zum dänischen Widerstand während der deutschen Besatzungszeit im 2. Weltkrieg.

FN Museet (UN Museum), Lejrvejen 81, ✆ 74676855, ÖZ: April-Okt. tägl. 9-17 Uhr. Ausstellung zu den UN-Einsätzen des dänischen Heeres, Spezialabteilung „Den Danske Brigade/Den Danske Kommando i Tyskland 1947-58", Sonderausstellungen.

Skov- og Naturstyrelsen, Lejrvejen 99, ✆ 74676790, ÖZ: April-Okt. täglich 9-17 Uhr.

Beredsskabshistorie, Lejrvejen 103, ✆ 74676887, ÖZ: April-Okt., täglich 9-17 Uhr.

Amnesty International, Lejrvejen 79, ✆ 74676177, ÖZ: April-Okt., täglich 10-17 Uhr.

Frøslevlejren (Lager von Frøslev) ist ein ganz besonderer Ort nahe der deutsch-dänischen

Grenze. Es gilt als eines der am besten erhaltenen Kriegsgefangenlager Westeuropas aus der Zeit des 2. Weltkriegs. Auf dem Gelände des Internierungslagers befinden sich in den ehemaligen Gefangenenbaracken und Wachtürmen Museen und Ausstellungen, die sich mit der Geschichte und Bedeutung von Krieg, Widerstand, Völkerrecht, Freiheitskampf u.ä. auseinandersetzen.

Das Frøslevlejren wurde 1944, gut neun Monate vor Kriegsende, von den deutschen Besatzern für dänische Widerstandskämpfer gebaut. Insgesamt waren hier bis zu 12.000 Gefangene interniert.

Obwohl das Lager mit der Absicht gebaut worden war, keine dänischen Gefangenen in Konzentrationslager deportieren zu müssen, wurden dennoch ca. 1.600 Fälle von Menschen bekannt, die deportiert worden sind.

Nach der Befreiung des Lagers und der Entlassung der Widerstandskämpfer diente es unter dem Namen „Fårhuslejren" der Internierung von Dänen, die sich des Vaterlandsverrates

Frøslevlejrens Museum – ehem. Wachtturm

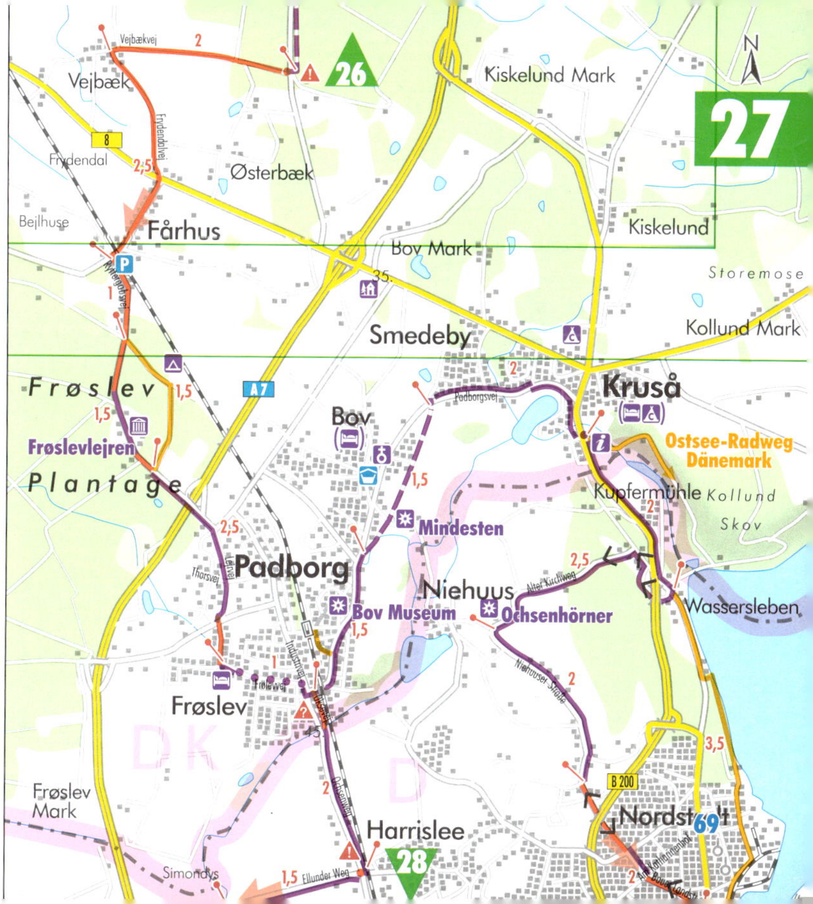

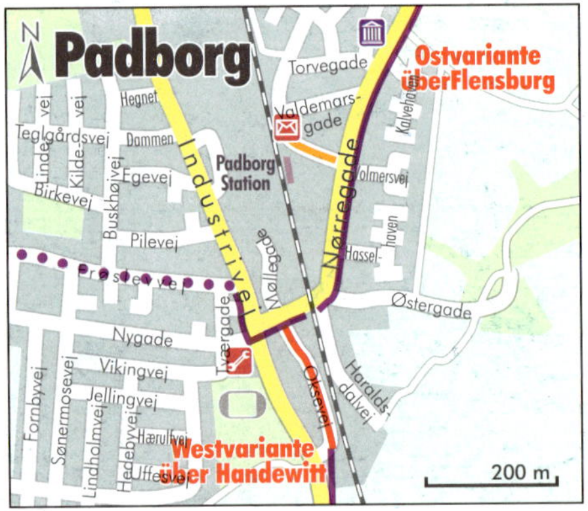

während der Besatzungszeit schuldig gemacht hatten.

Sie fahren geradeaus über das Gelände ~ **Frøslevlejren** durch den Haupteingang verlassen ~ über die Autobahn ~ und nun immer geradeaus ~ an jeder Kreuzung sind die Fahrradfurten mit Drängelgittern gesichert ~ Sie fahren am **Zollgelände von Padborg** geradeaus in den Radweg ~ an der Querstraße links ~ an der Kreuzung geradeaus nach Frøslev hinein.

Frøslev

PLZ: 6330 Padborg

Kruså Turistbureau, Flensborgvej 11, 6340 Kruså, ✆ 74672171, www.visitkrusaa.dk.

Frøslev Plantage. Inmitten der Nadelbäume erhebt sich Frøslev Sand, ein Heide- und Dünengebiet, das zwischen 1883 und 1900 aufgeforstet wurde.

An der T-Kreuzung links in den **Frøslevvej** ~ an der T-Kreuzung rechts in den **Industrivej** ~ an der nächsten Kreuzung queren Sie an der Fahrradfurt die Straße nach links in die Nørregade und folgen dem Wegweiser für Fahrradfahrer Richtung Deutschland ~ Sie befinden sich nun in Padborg, der Endstation des dänischen Teils der Radroute Heerweg/ Ochsenweg.

Padborg

PLZ: 6330

Kruså Turistbureau, Flensborgvej 11, 6340 Kruså, ✆ 74672171, www.visitkrusaa.dk.

Center Cykler, Tværgade 5B, ✆ 74670885

Tipp: Die ersten Fahrtrichtungsweiser für Radfahrer weisen nun Richtung Tyskland (Deutschland) und deuten damit an, dass Sie gerade eben hier in Padborg das Ende des Heerweges in Dänemark erreicht haben.

In Deutschland heißt der Radweg nun Ochsenweg und ist wie in Dänemark durgängig beschildert. Das Logo zeigt die mit grünem Umriss gezeichnete Cimbrische Halbinsel, sprich Jütland und Schleswig-Holstein.

Der Ochsenweg teilt sich zwischen Padborg und Wedel insgesamt an drei Stellen, sodass Sie zwischen Padborg und Oeversee, zwischen Idstedt und Dannewerk und zwischen Rendsburg und Wedel jeweils zwischen einer Ost- oder Westvariante wählen können.

Die beiden erstgenannten Ost-West-Varianten des Ochsenweges sind im nächsten Abschnitt beschrieben, für die dritte gibt es jeweils einen eigenen Abschnitt.

Von Padborg nach Rendsburg

103,5 km

Sie verlassen Dänemark gleich hinter Padborg und fahren nun in Deutschland auf dem Ochsenweg weiter. Auf dieser Etappe laden gleich drei der schönsten Städte Schleswig-Holsteins zum Verweilen ein, in denen die Nähe zur Ostsee spürbar ist: Flensburg an der Förde, Schleswig an der Schlei und Rendsburg an der Eider. In letzterer Stadt aber besonders durch den Nord-Ostsee-Kanal mit den haushohen Frachtschiffen. Historische Highlights sind das Wikinger Museum Haithabu, das Danewerk und das dazugehörige Museum sowie der Arnkielpark in Munkwolstrup. Landschaftlich interessant sind die Ochsenweg-Exkurse in die Naturschutzgebiete Treßsee und Sorgwohld.

Sie fahren auf überwiegend auf ruhigen, asphaltierten Nebenstraßen und straßenbegleitenden Radwegen. Steigungen gibt es lediglich an der Flensburger Förde und zwischen Idstedt und Schleswig.

Tipp: In Padborg müssen Sie sich nun entscheiden zwischen der **Ost-Variante Padborg - Flensburg - Oeverseee** oder **West-Variante Padborg - Handewitt - Oeversee.**

Tipp: Falls Sie einen längeren Aufenthalt in Flensburg eingeplant haben, dann können Sie die Varianten auch zu einer Rundtour um die Stadt an der Förde kombinieren.

Tipp: Sie können auch mit dem Zug von Padborg nach Flensburg fahren. Zum Bahnhof kommen Sie, wenn Sie nach der Bahnunterführung links in die Jernbanegaden abbiegen.

Ostvariante über Flensburg 28,5 km

Padborg

Von Padborg nach Flensburg 16 km

Sie fahren auf der **Nørregade** geradeaus ~ auf dem Radweg weiter ~ in der Linkskurve rechts in den **Padborgvej** nach Bov ~ gleich rechts in den unbefestigten Weg.

Bov Pfarrhaus

Bov

PLZ: 6330 Padborg

- **Kruså Turistbureau**, Flensborgvej 11, 6340 Kruså, ✆ 74672171, www.visitkrusaa.dk
- **Bov Museum „Oldemorstoft"**, Bovvej 2, ✆ 74675150, ÖZ: April-Okt. Di-Fr 10-16 Uhr, So/Fei 14-17 Uhr, Landwirtschaftliche Bibliothek. Landwirtschaftliches und lokalhistorisches Museum u.a. mit Ausstellungen zum Alltag der Grenzgendarmerie sowie zur Schlacht bei Bov 1848.
- **Bov Kirche** und **Friedhof**, Kirkevej 1, ✆ 74670917. Chor und Schiff der Kirche sind im romanischen Stil erbaut. Sehenswert sind die Kanzel (1626), das Rokokoaltarbild (1771) und die beiden Taufsteine, der eine aus Granit, der andere aus Holz (1715). 1905 wurde der Kirchturm erbaut. Auf dem angrenzenden Friedhof befinden sich denkmalgeschützte Steine, Gedenksteine und Kanonenkugeln.
- **Mindesten over slaget ved Bov** (Gedenkstein an die Schlacht von Bov), Røndamvej. Errichtet 1923 zum Gedenken an einen Sieg 1848 im 1. deutsch-dänischen Krieg um Schleswig.
- **„Rummets Lyre"** ist das Wahrzeichen. Es wurde 1970 von Piet Hein entworfen.
- **Bov Svømmehal**, Plantagevej 4, ✆ 73678919

Tipp: Sie folgen nun der Nationalroute 8, der Østersøruten (Ostsee-Radweg), bis nach Kruså.

Eine detaillierte Beschreibung dieses ca. 800 Kilometer langen Radwanderweges entlang der dänischen Ostseeküste können Sie in dem ***bikeline*-Radtourenbuch Ostsee-Radweg Dänemark** nachlesen.

1,5 Kilometer geradeaus ~ am **Fußgängerüberweg** rechts ~ parallel zum Padborgvej ~ Sie wechseln nach ca. einem Kilometer vom linksseitigen auf den rechtsseitigen Radweg ~ vor der Kreuzung in Kruså rechts in die Straße **Møllegården**.

Tipp: Sie folgen den Schildern des „Gendarmstien".

Kruså

PLZ: 6340

Kruså Turistbureau, Flensborgvej 11, 74672171, www.visitkrusaa.dk.

Ab der Tankstelle parallel zum **Flensborgvej** auf dem rechtsseitigen Radweg bis zum **ehemaligen Grenzübergang Kruså/ Kupfemühle**.

Sie wechseln die Straßenseite ~ am **Grenzübergang** vorbei ~ weiter auf dem Radweg entlang der Straße **Wassersleben.**

Tipp: Alternativ zum Ochsenweg können Sie auf der Grenzroute entlang der Förde bis in die Innenstadt von Flensburg fahren.

Rechts in die Straße **Alte Zollstraße** hier fehlt die Beschilderung ~ nach der Rechtskurve links in den **Alten Kirchenweg** bis Niehuus, wo Sie die ersten Ochsenhörner entlang des Ochsenweges bewundern können.

Ochsenhörner

Die riesigen aus Holz angefertigten Ochsenhörner sind schon von weitem gut zu erkennen. Diese und einige weitere wurden

an einigen markanten Kreuzungen entlang des historischen Ochsenweges aufgestellt als „Berührungspunkte zwischen Vergangenheit und Gegenwart“, als „gemeinsames Stück Vergangenheit, das die Kulturgeschichte von Deutschland und Dänemark mitgeprägt hat“.

Niehuus

Der Alte Kirchweg geht in die **Niehuuser Straße** über ~ Sie folgen der abknickenden Vorfahrt nach links ~ weiter auf der **Niehuuser Straße** ~ Sie erreichen Flensburg.

Geradeaus über die Straße **Am Katharinenhof** in die Straße **Bauer Landstraße** ~ in der Rechtskurve geht's stark bergab und kurvenreich bis zur **Petri Kirche** hinunter, Kopfsteinpflaster ~ an der Kreuzung geradeaus in die Straße **Neustadt** ~ Verlängerung **Norderstraße** ~ vor der Fußgängerzone von Flensburg links.

Ochsenweg-Hörner in Niehuus

Tipp: Die Hauptroute zweigt nach links ab. Geradeaus geht es auf einer Variante durch die Fußgängerzone bis zum Bahnhof. Von dort geht es dann weiter auf dem Ochsenweg.

Flensburg

PLZ: 24937; Vorwahl: 0461

- **Tourist-Info Flensburg**, Rathausstr. 1-5, ✆ 9090920, www.flensburg.de.
- Mit dem **Dampfschiff „Alexandra“** können von Mai bis Sept. sonntägliche Ausflugsfahrten unternommen werden, Informationen unter ✆ 17190 (Liegeplatz) od. mobil ✆ 0171/3164007.
- **Museumsberg Flensburg**, Museumsberg 1, ✆ 852956 u. 852504, ÖZ: April-Okt. Di-So 10-17 Uhr, Nov.-März Di-So 10-16 Uhr. Museen zur Kunst- und Kulturgeschichte der Region, z.B. Kirchenkunst, Möbelsammlungen, Moderne Malerei, sowie ein Naturwissenschaftliches Museum zur heimischen Flora und Fauna, Unterwasserwelt der Förde, ausgestorbene Säugetiere.
- **Schifffahrtsmuseum** und **Rummuseum**, Schiffbrücke 39, ✆ 852970, ÖZ: April-Okt. Di-So 10-17 Uhr, Nov.-März Di-So 10-16 Uhr. Schiffsgemälde und -modelle, historische Navigationsinstrumente in einem alten Zollpackhaus am Hafen, seit 1993 zeigt das Rummuseum Flensburgs Rolle bei der Verbreitung des Rums in Europa.
- **Museumswerft Flensburg**, Schiffbrücke 43-45, ✆ 182247. Unweit des Schifffahrtsmuseums liegen 20 historische Segelschiffe an einer der Öffentlichkeit zugänglichen Schiffsbrücke, besondere Attraktionen sind die jährlich stattfindenden Regatten.
- **Kindermuseum im Nordertor**, ÖZ: ganzjährig tägl. 13-17 Uhr. Hier können sich Kinder auf kreative Entdeckungsreise begeben. Das Nordertor, 1595 erbaut, ist das Wahrzeichen der Stadt Flensburg. Das Tor markiert die damalige Stadtgrenze, die durch die 1345 errichtete Stadtmauer geschützt wurde.

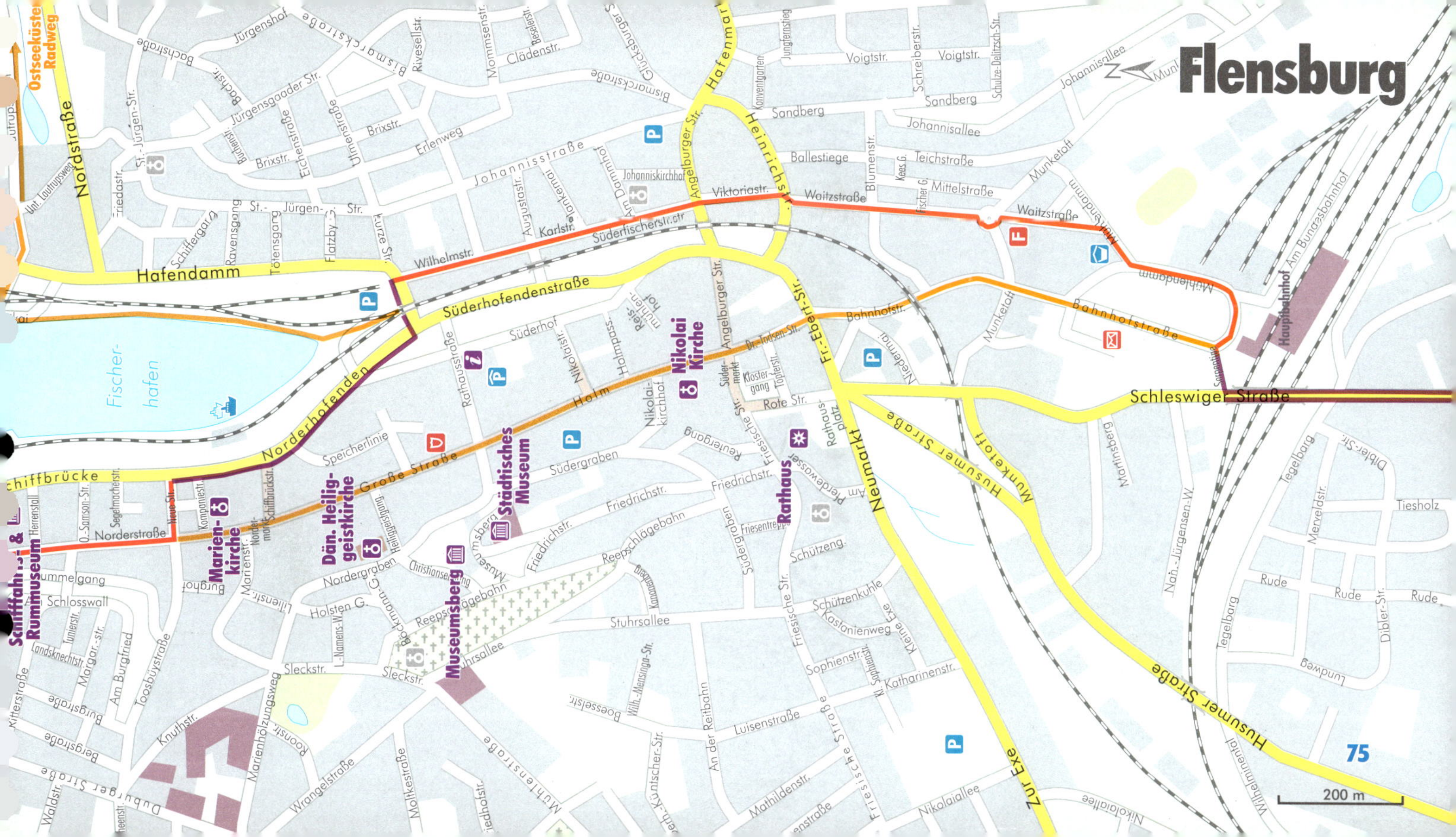

Flensburg
Ostseeküsten Radweg
Nordstraße
Hafendamm
Schiffbrücke
Norderhofenden
Süderhofendenstraße
Fischer-hafen
Wilhelmstr.
Süderfischerstr.
Karlstr.
Johannisstraße
Johanniskirchhof
Am Dammhof
Augustastr.
Erlenweg
Brixstr.
Jürgensgaarder Str.
Bismarckstraße
Jürgenshof
Bachstraße
St.-Jürgen-Str.
Eichenstraße
Ulmenstraße
Rivesellstr.
Mommsenstr.
Clädenstr.
Glücksburger Str.
Friedastr.
Unt. Lautrupsweg
Schiffergang
Ravensgang
Töniensgang
Flatzby G.
Kurze Str.
Hafenmarkt
Angelburger Str.
Heinrichstr.
Viktoriastr.
Waitzstraße
Konventgarten
Jungfernstieg
Sandberg
Ballestiege
Voigtstr.
Schreiberstr.
Schulze-Delitzsch-Str.
Johannisallee
Teichstraße
Mittelstraße
Blumenstr.
Munketoft
Mühlendamm
Bahnhofstraße
Bahnhofstr.
Hauptbahnhof
Am Bundesbahnhof
Schleswiger Straße
Dr.-Todsen-Str.
Fr.-Ebert-Str.
Nikolai Kirche
Nikolaistr.
Holmpass.
Holm
Süderhof
Rathausstraße
Rote Str.
Klostergang
Töpferstr.
Südermarkt
Rathausplatz
Rathaus
Neumarkt
Husumer Straße
Martinsberg
Tegelbarg
Merverldstr.
Dibler-Str.
Tiesholz
Rude
Lundweg
Wilhelminental
Nah.-Jürgensen-W.
Speicherlinie
Große Straße
Städtisches Museum
Südergraben
Reutergang
Friedrichstr.
Am Pferdewasser
Friesische Str.
Schützeng.
Schützenkuhle
Kastanienweg
Kleine Exe
Sophienstr.
Katharinenstr.
Luisenstraße
Friesische Straße
Nikolaiallee
Zur Exe
Mathildenstr.
An der Reitbahn
Boesselstr.
Wilh.-Mensinga-Str.
Stuhrsallee
Reepschlägerbahn
Museumsberg
Christiansenweg
Heiliggeistgang
Dän. Heiliggeistkirche
Norderstraße
Nordergraben
Holsten G.
Lilienstr.
Marienkirche
Marienstr.
Burghof
Kompaniestr.
Neue Str.
Schiffbrückstr.
Segelmacherstr.
O.-Samson-Str.
Herrenstall
Schiffahrts- & Rummuseum
Rummelgang
Am Schlosswall
Landsknechtstr.
Margar.-str.
Am Burgfried
Toosbüystraße
Ritterstraße
Burgstraße
Bergstraße
Duburger Straße
Waldstr.
Knuthstr.
Marienhölzungsweg
Roonstr.
Wrangelstraße
Moltkestraße
Mühlenstraße
Sleckstr.
75
200 m

Gerichtshistorische Sammlung, Südergraben 22, ✆ 89213, ÖZ: Di 13.30-17 Uhr, tel. Voranmeldung erbeten. Justizalltag hautnah, Arbeitsräume von Richtern, Staatsanwälten, Gefängniszellen u.ä. sind originalgetreu nachgebaut.

Marienkirche (1284), Nordermarkt, dreischiffige Steinkirche, im Inneren beeindrucken die mittelalterlichen Deckenmalereien und das Inventar aus dem 16. Jh.

St. Nikolai-Kirche (1390), Südermarkt, größte Kirche Flensburgs, unbedingt sehenswert ist der aufwändig restaurierte Orgelprospekt aus dem 17. Jh.

Dänische Heiliggeistkirche (14. Jh.). Sehenswert sind die spätmittelalterlichen Fresken, der Barockaltar und die Motivschiffe.

Gut erhaltene **Altstadt** mit Stadttoren, alten Kaufmannshöfen und einem Rumhaus (im Johannes-Hof), das noch heute betrieben wird.

Flensburger Brauerei, Munketoft 12, ✆ 1412824, Brauereiführung beim Hersteller des bekannten Bügelbieres: Mo-Do 10 u. 14 Uhr, nur nach vorheriger Anmeldung.

Fußgängerzone Flensburg

Phänomenta, Norderstr. 157-161, ✆ 144490, ÖZ: Juni-Sept. So-Fr 10-18 Uhr, Sa 12-18 Uhr, Okt.-Mai Mo-Fr 9-16.30 Uhr, Sa 12-18 Uhr, So 10-17 Uhr. Science Center für die ganze Familie, naturwissenschaftliche Phänomene hautnah und zum selber ausprobieren.

Carlisle-Park, direkt hinter dem Bahnhof, ausgefallene Skulpturen aus Ulmenstämmen

Wasserturm. Von der Aussichtsplattform ist ein Blick über Flensburg und die gegenüberliegende Küste Dänemarks möglich.

„Unterwegs in Flensburg", dahinter verbergen sich drei Radwanderwege unter dem Motto „Radrumum Flensburg" und zwei „Stadtumweltpfade", Infos und Übersichtskarten sowie Buchungen von geführten Radtouren erhalten Sie bei der Tourismusinformation. Geführte Stadtexkursionen führt der Verein Arbeiten für die Umwelt, ✆ 92380 für Gruppen nach Voranmeldung durch.

Fahrrad Petersen, Hafermarkt 19, ✆ 141310

Fahrrad Meyer GmbH, Große Str. 12 u. Speicherlinie 42, ✆ 24438

Die Atmosphäre Flensburgs, der drittgrößten Stadt Schleswig-Holsteins, wird geprägt durch den maritimen Flair der Förde und durch das lebendige 400-jährige deutsch-dänische Kulturerbe. Die Stadt hat den zweiten Weltkrieg nahezu unbeschadet überstanden, sodass man an allen Ecken der Stadt auf gut erhaltene historische Bauwerke aus den verschiedensten Epochen stößt. Eine behutsame Stadtsanierung tat ihr übriges, das Flair der alten Handelshäuser und Kaufmannshöfe sowie die lebendige und urige Atmosphäre der Gassen und des Hafens zu erhalten.

Rumgeschäft

Die Geschichte Flensburgs lässt sich bis ins 13. Jahrhundert zurückverfolgen. Die günstige Lage an der Förde führte zu einer regen Besiedlung und Flensburg entwickelte sich schnell durch die Lage am Ochsenweg und den direkten Zugang zur Ostsee zu einem wichtigen Handelsplatz sowohl für den Land- als auch den Seehandel.

Die folgenden Jahrhunderte sind auch von den Wirren deutsch-dänischer Geschichte geprägt. 1460 wird das „auf ewig ungeteilte" Schleswig-Holstein Teil des dänischen Reiches und erlangt dort schnell den Rang der wichtigsten Handelsstadt, noch vor Kopenhagen und Hamburg. Mit Beginn des 30-jährigen Krieges und der daraus folgenden territorialen Verwirrungen wird der langsame wirtschaftliche Niedergang der Stadt eingeleitet. Schleswig-Holstein bleibt in den folgenden Jahrhunderten ein Gebiet kriegerischer und politischer Auseinandersetzungen, Mitte des 19. Jahrhunderts wird es schließlich zur Provinz des Königreiches Preußen. Aber erst nach dem Ende des 1. Weltkrieges werden die Grenzen zwischen

Flensburg

Dänemark und Deutschland festgeschrieben. Flensburg wird zur Grenzstadt, der nördliche Teil Schleswigs geht an Dänemark. Kurz vor Beendigung des 2. Weltkrieges wird Flensburg überraschend und in einem kurzen Gastspiel zur Reichshauptstadt gemacht bis die letzte Regierung unter General Dönitz schließlich die Kapitulation erklärt.

Ein sicherlich überraschender Aspekt der Flensburger Geschichte handelt vom Hochprozentigen: Wie kommt der Rum nach Flensburg? Auch die Antwort auf diese Frage hat mit dem speziellen deutsch-dänischen Verhältnis zu tun. Um die Jahrhundertwende des 19. Jahrhunderts zählte man in Flensburg allein 200 Branntweinbrennereien, in denen zu diesem Zeitpunkt überwiegend Korn verarbeitet wurde. Für das Jahr 1767 ist die Einfuhr des ungenießbaren „Pure-Rums", den Dänemark aus Westindien nach Europa importierte, erstmalig in den Zollbüchern verzeichnet. Ihre Blütezeit erlebte die Rumindustrie um 1835. Es entstand eine Reihe von Rumhandelshäusern, die nach verschiedenen Rezepten den Rum teils mit Kartoffelschnaps oder Wasser verschnitten. So entstand der berühmt gewordene Flensburger Rumverschnitt.

Eine Anekdote über den englischen Admiral Edward Vernon gibt Auskunft über die Entstehung des Grogs, dem beliebten Rumgetränk für die kalten und feuchten Herbstabende. Den puren Rum der Antillen vertrugen nur die lästigen Seeräuber, seine eigene Mannschaft wurde dagegen durch den Genuss des puren Rums „außer Gefecht" gesetzt. Zur Prävention negativer Konsequenzen für die englische Seefahrt ordnete er an, der Rum möge nur mit Wasser verdünnt, mit Zucker gesüßt und *heiß getrunken werden. Seit dem nannte man den Admiral nur „Old Grog", so wie der Grog auch heute noch heißt. Über den Grog sagt man, dass „Rum sein muss, Zucker sein darf und Wasser sein mag". Die Geschichte des Rumhandels wird im Rum-Museum in originalgetreuem Interieur dokumentiert.*

Tipp: Flensburg ist Startpunkt des deutschen Ostseeküsten-Radwegs. Genauere Infos dazu finden Sie im ***bikeline*-Radtourenbuch Ostseeküsten-Radweg Teil 1**.

Von Flensburg nach Oeversee — 12,5 km

Tipp: ⚠ Die Hauptroute ist erst wieder ab der Waitzstraße kurz vor dem Flensburger Bahnhof mit dem Ochsenwegschild ausgeschildert, folgen Sie alternativ der Beschilderung von „Radrumum Flensburg" bis zum Bahnhof.

Rechts in die Straße **Schiffbrücke** ~ Verlängerung **Norderhofenden** ~ nach links unter den Eisenbrücken hindurch ~ an der Fußgängerampel rechts in die **Wilhelmstraße** ~ weiter auf der **Karlstraße** ~ rechts in

Süderfischerstraße in Flensburg

die **Süderfischerstraße** ~ geradeaus in die **Viktoriastraße** ⚠ Achtung, Sie fahren entgegengesetzt der Einbahnstraße, Kopfsteinpflaster ~ geradeaus in die **Waitzstraße** ~ am Kreisverkehr geradeaus ~ an der T-Kreuzung rechts in den **Mühlendamm** ~ in der Rechtskurve links bis zum Bahnhof von Flensburg

Tipp: Von rechts stößt die Variante durch die Fußgängerzone wieder auf die Hauptroute.

Vor dem Bahnhofsgebäude schwenken Sie nach rechts über den Bahnhofsvorplatz ~ geradeaus auf den Rad- und Fußweg zu ~ die **Serpentine** hinauf ⚠ Achtung Schiebestrecke ~ oben angekommen links in die **Schleswiger Straße** ~ links in die **Eckernförder Landstraße** ~ durch den Fahrradtunnel unter der Zufahrt zur Osttangente hindurch ~ am folgenden Abzweig rechts in den **Jarplunder Weg** Richtung Martinstift ~ auf Höhe der Zufahrt zum Martinsstift geradeaus in den Wirtschaftsweg, auf dem Sie nach Jarplund-Weding weiter fahren.

Jarplund-Weding

Vom **Tastruper Weg** kommend biegen Sie an der T-Kreuzung nach links ab ~ auf dem linksseitigen Radweg bis zum nächsten Abzweig ~ links in den **Heinrichweg** ~ Rechtsschwenk in den **Heidefelder Weg**, auf dem Sie bis in den Ort Munkwolstrup fahren.

Munkwolstrup

PLZ: 24988; Vorwahl: 04602

- **Gebietsgemeinschaft „Grünes Binnenland e.V."**, Stapelholmer Weg 13, 24963 Tarp, ✆ 04638/898404, www.tourismus-nord.de
- **Arnkielpark – Steingräberfeld**, Langgräber und ein Rundhügelgelgrab aus der Megalithzeit, Wanderpfad.

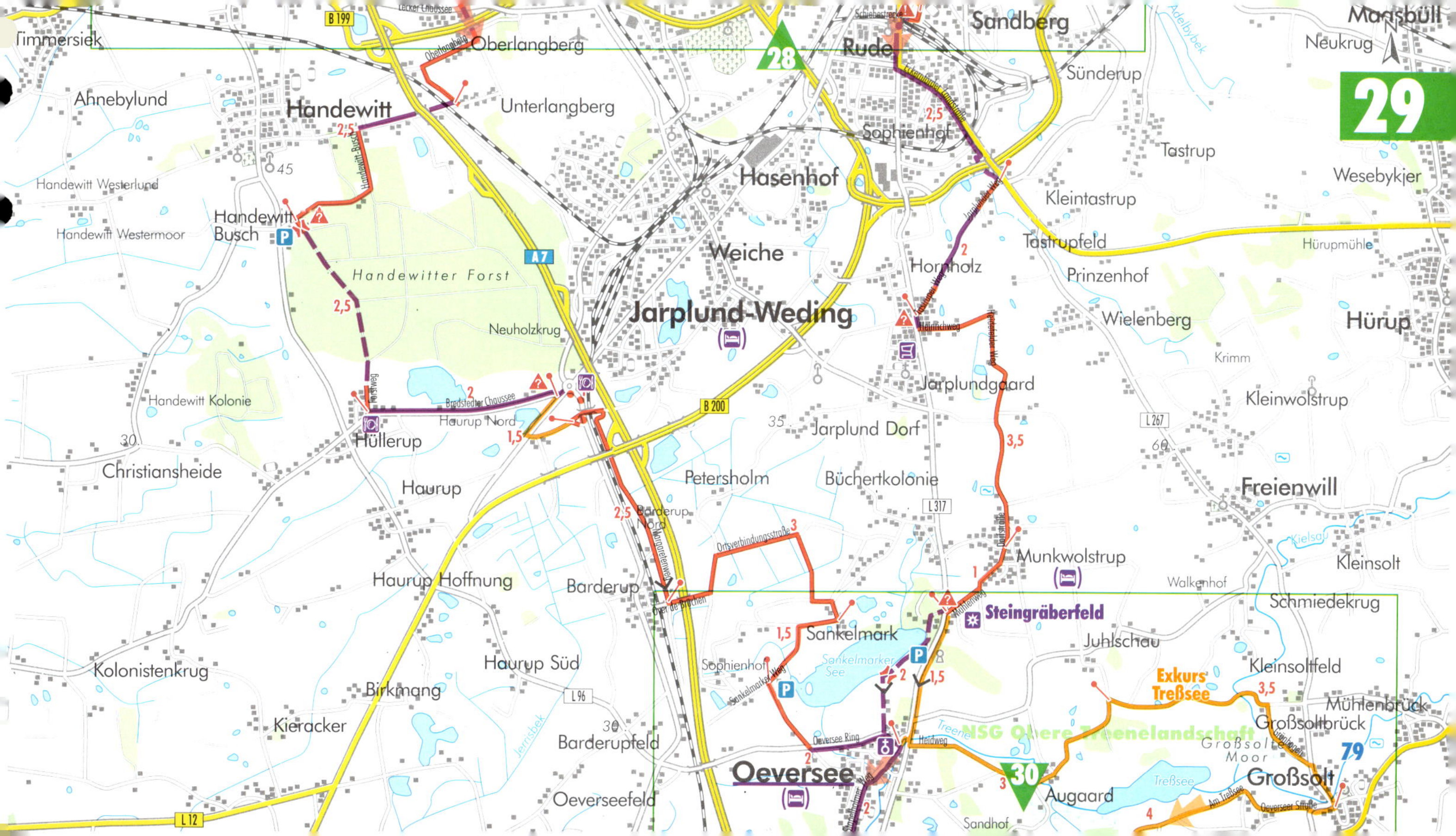
29
28
30
79
Timmersiek
B 199
Lecker Chaussee
Oberlangberg
Sandberg
Rude
Mansbüll
Neukrug
Sünderup
Ahnebylund
Handewitt
Unterlangberg
Sophienhof
Tastrup
Wesebykjer
Handewitt Westerlund
Hasenhof
Kleintastrup
Handewitt Busch
Handewitt Westermoor
A 7
Weiche
Tastrupfeld
Hürupmühle
Hornholz
Prinzenhof
Handewitter Forst
Jarplund-Weding
Wielenberg
Hürup
Neuholzkrug
Krimm
Jarplundgaard
Kleinwolstrup
Handewitt Kolonie
Bredstedter Chaussee
Haurup Nord
B 200
L 267
Hüllerup
Jarplund Dorf
Christiansheide
Petersholm
Büchertkolonie
Freienwill
Haurup
L 317
Barderup Nord
Munkwolstrup
Kleinsolt
Walkenhof
Haurup Hoffnung
Barderup
Schmiedekrug
Steingräberfeld
Sankelmark
Juhlschau
Sophienhof
Sankelmarker See
Kleinsoltfeld
Exkurs Treßsee
Kolonistenkrug
Haurup Süd
Birkmang
L 96
Mühlenbrück
Großsoltbrück
NSG Obere Treenelandschaft
Kieracker
Barderupfeld
Großsolter Moor
Treßsee
Großsolt
Oeversee
Augaard
Oeverseefeld
L 12
Sandhof

In Munkwolstrup wird seit einigen Jahren eines der größten archäologischen Denkmäler Schleswig-Holsteins rekonstruiert. Das Megalithsteingräberfeld – sechs Langgräber und ein Rundhügel – stammt aus der so genannten Bauernsteinzeit (etwa 3.500-2.500 v. Chr.), in der die Menschen sich in kleineren Gemeinschaften ansiedelten und Landwirtschaft und Viehzucht betrieben. Sie lebten in kammerartig aufgeteilten Langhäusern, nach deren Vorbild sie offenbar auch ihre Grabstätten gestalteten.

Die Grabkammern erreichten zum Teil eine imposante Größe: die Langgräber hatten eine Länge von bis zu 75 Metern, das Hügelgrab einen Durchmesser von 28 Metern. Die Gräber waren von mächtigen Steinen umgrenzt, der Eingang durch besonders auffallende Randsteine gekennzeichnet. Auf diesen Randsteinen hinterließen die Bauern und Angehörigen der Toten Opfergaben.

Die Steine fielen später dem mittelalterlichen Kirch- und Straßenbau zum Opfer, die Grabbeigaben wurden wahrscheinlich noch viel früher

Langbett im Arnkielpark

geplündert, so dass man in den 1970er Jahren – versteckt unter wilden Sträuchern – nur noch auf die Hügel stieß.

Im Zuge der Rekonstruktion wurden 140 Findlinge aus den umliegenden Kiesgruben herangeschafft und in Art und Weise der Jungsteinzeit wieder aufgestellt, so dass man heute eines der Langbetten in seiner ursprünglichen Form bestaunen und auch begehen kann.

An der Gabelung rechts halten ~ an der Dreieickskreuzung links in die Straße **Am Dorfteich** ~ sofort an der nächsten Weggabelung rechts in den **Mühlenweg** ~ Sie kommen am **Steingräberfeld** vorbei.

An der T-Kreuzung geradeaus über die Kreisstraße in den unbefestigten Weg, der links an der **Bushaltestelle** in den Wald hineinführt ~ folgen Sie zunächst dem Wegweiser Richtung Europäische Akademie Schleswig-Holstein e.V. Sankelmark ~ am Ufer des Sankelmaker Sees entlang ~ links den unbefestigten Weg hinauf ~ links in den **Oeversee-Ring** ~ rechts in den Stapelholmer Weg, hier treffen sich beide Varianten wieder.

Tipp: ⚠ Dieses Wegstück ist allerdings Radlern mit schwerem Gepäck und Anhänger sowie Rad fahrenden Kindern nicht zu empfehlen. Unsere Empfehlung: Fahren Sie ab der T-Kreuzung entlang der Kreisstraße auf dem linksseitigen Radweg bis nach Oeversee. Sie biegen rechts in den Stapelholmer Weg ab, wo Sie am Oeversee-Ring wieder auf den Ochsenweg stoßen.

Oeversee s.S: 82

Westroute via Handewitt 24 km

Padborg

Von Padborg nach Handewitt 11,5 km

Von der **Nørregade** biegen Sie rechts in den **Oksevej** ab ~ am Ende der Sackgasse geradeaus in den Rad- und Fußweg ~ Sie umfahren die ehemaligen **Grenzkontrollgebäude** ~ an der folgenden Kreuzung rechts in den **Ellunder Weg**, links geht es nach Harrislee ⚠ Achtung, verkehrsreiche Kreuzung ~ links in den **Wiesenweg** ~ an der Kreuzung nach der Links-/Rechtskurve links in den unbefestigten Weg ~ an der Querstraße links in den **Ihlseeweg** ~ rechts in den **Stadtweg** ~ an der querenden Lecker Chaussee geradeaus in den Rad- und Fußweg ~ nach der Autobahnunterführung rechts nach **Oberlangberg** hinein.

Am nächsten Abzweiger links ~ an der T-Kreuzung rechts ~ nach dem Bahnübergang auf dem Radweg weiter ~ an der Bushaltestelle links in die Straße **Handewitt-Busch**, geradeaus geht es in den Ort Handewitt.

Handewitt

Von Handewitt nach Oeversee 12,5 km

Wenige hundert Meter vor der Hauptstraße links ~ geradeaus über den **Parkplatz** ⚠ hier fehlt die Beschilderung ~ an der Schranke vorbei in den Wald hinein ~ der unbefestigte Weg geht nach einer weiteren Schranke in den asphaltierten **Forstweg** über ~ an der T-Kreuzung links in den Radweg ~ an der Querstraße links ~ am Kreisverkehr rechts ~ gleich nach der Brücke rechts ~ Rechtsschwenk über die Brücke.

Ochsenweg bei Handewitt

Tipp: Alternativ können Sie an der Querstraße auch nach rechts abbiegen und an der nächsten Straße links fahren. Auf dieser Alternative meiden Sie das verkehrsreiche Stück vom Kreisverkehr bis zur Brücke.

Nach der Brücke rechts in den **Margaretenweg** ~ an der T-Kreuzung nach links über die Autobahnbrücke, nach rechts geht's auf der Straße **Över de Brüchen** in den Ort **Barderup**.

An der T-Kreuzung links in die Straße **Petersholm** ~ nächste Straße rechts in die **Ortsverbindungsstraße** ~ an der Gabelung rechts Richtung Sankelmark ~ an der ersten T-Kreuzung links ~ an der zweiten rechts in den Ort Sankelmark hinein.

Sankelmark

Naturwanderpfad rund um den Sankelmarker See

Sie folgen dem Straßenverlauf ~ biegen an der Dreieckskreuzung links ab ~ links in den **Sankelmarker Weg** ~ parallel zum **Sankelmarker See** ~ links in den **Oeversee-Ring** ~ nach rechts bis zum **Stapelholmer Weg** in Oeversee, Sie haben das Ende der Variante über Handewitt erreicht.

Tipp: In der Rechtskurve des Oeversee-Rings treffen beide Varianten des Ochsenweges wieder aufeinander und es geht nun auf einer Trasse weiter.

Oeversee

PLZ:24988; Vorwahl: 04630

- **Gebietsgemeinschaft „Grünes Binnenland e.V."**, Stapelholmer Weg 13, 24963 Tarp, ✆ 04638/898404, www.tourismus-nord.de
- **St. Georg Dorfkirche** (12. Jh.), mit einem aus Feldsteinen gemauerten Rundturm und gotischem Deckengewölbe.
- **NSG „Mittlere und obere Treenelandschaft"**, Infos zum NSG, zu thematischen Rundwegen sowie zur Hüteschafherde erhalten Sie beim Naturschutzverein „Obere Treenelandschaft" e.V., Großsolter Weg 2a, ✆ 936096, s. auch Exkurs Treßsee.
- Der **Historische Krug** diente nach dem schicksalshaften Gefecht 1864 als Lazarett.
- **Denkmäler** zur Erinnerung an die Gefallen vom 6. Februar 1864.

Zwischen Sankelmark und Oeversee, direkt am Sankelmarker See, erinnern drei Denkmäler an eine der blutigsten Schlachten der deutsch-dänischen Kriege, das „Treffen von Oeversee".

Kirche Oeversee

Im Zuge des Erbfolgestreits um den dänischen Thron und der damit verbundenen ungeklärten Frage der Zugehörigkeit Schleswig-Holsteins, trafen hier am 6. Februar 1864 dänische und österreichische Truppen aufeinander. Die dänischen Soldaten befanden sich auf dem Rückzug nach Norden. Die eisige Witterung machte eine Verteidigung des Danewerks nicht mehr möglich, so dass die Dänen in Oeversee nur eine Nachhut beließen, die die nachrückenden österreichischen Truppen aufhalten sollten.

Ein letzter, verzweifelter Angriff der Dänen wurde schließlich blutig niedergeschlagen; beide Seiten hatten nach dem Gefecht viele Tote und Verletzte zu beklagen. Noch am nächsten Tag haben sich Bürger aus Flensburg aufgemacht, um die Verwundeten der Schlacht zu versorgen: ausgestattet mit Verbandszeug, Decken und warmer Suppe okkupierten sie den Dorfkrug, der zum Lazarett umfunktioniert worden war. Dieser Dorfkrug nennt sich heute „Historischer Krug" und erinnert mit vielen Bildern und Gegenständen an die Geschehnisse.

Außerdem organisiert eine Gruppe Flensburger Bürger noch heute jedes Jahr am 6. Februar eine Gedenkwanderung von Flensburg nach Oeversee, die mit Kranzniederlegungen und einem gemeinsamen Essen an die Verwundeten, Toten und die spontanen Hilfeleistungen erinnern soll.

Tipp: Entlang des Ochsenweges gibt es einige ausgeschilderte Exkurse, die Sie in besondere Naturräume und an historische interessante Orte Schleswig-Holsteins führen. Einer davon ist der Exkurs Treßsee, der in Oeversee beginnt.

Exkurs Treßsee 10,5 km

Vom **Oeversee-Ring** kommend links in den **Stapelholmer Weg** ~ an der T-Kreuzung rechts ~ gleich wieder links ~ an dem folgenden Abzweig geradeaus ⚠ das Schild ist nur aus der Gegenrichtung zu erkennen ~ in Augaard an der Dreieckskreuzung halten Sie sich rechts.

Augaard

Sie überqueren die **Treene** ~ an der Gabelung rechts halten ~ Sie folgen der Straße ~ nach der zweiten Linkskurve in einem spitzen Winkel rechts abbiegen ~ Sie fahren nun zunächst immer geradeaus.

NSG „Mittlere und obere Treenelandschaft“

Treßsee

Der Treßsee und die Binnendüne sind Bestandteile des Naturschutzgebietes „Mittlere und obere Treenelandschaft“, das von der Stiftung Naturschutz

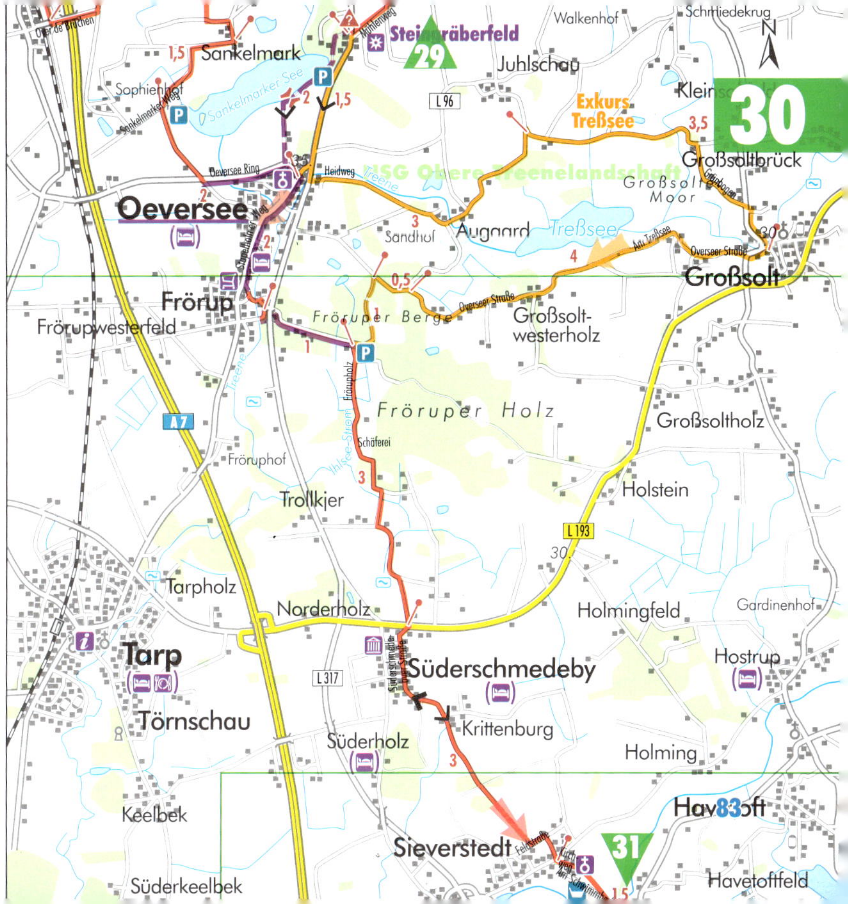

Schleswig-Holstein unter Naturschutz gestellt wurde. Weitere Gebiete sind das Treenetal, die Fröruper Berge, das Großsolter Moor sowie die Ihleseestrom-Niederung. Die eiszeitlich geprägte Landschaft besteht aus Stauchendmoränen, Sanderflächen und dem Tunneltal der Treene, Feuchtgebiete und trockene nährstoffarme Standorte wechseln sich ab.

Am idyllischen Flusslauf der Treene stößt man auf eine reiche Tier- und Pflanzenwelt. Im Wasser leben neben kleinen Flussmuscheln auch Steinbeißer und Bachneunaugen. Zu Lande faszinieren die vielfältige Pflanzenwelt der sandigen Hügel, die knorrigen Bäume, die blühende Heide der ausgedehnten Röhrichtbestände und Niedermoore.

Der Treßsee ist umgeben von Binnendünen, die von Wanderschafherden frei gehalten werden. Die Schäferei befindet sich im südlichen Teil des Naturschutzgebietes direkt am Ochsenweg.

Am Ende des Exkurses fahren Sie ein Stück durch die Fröruper Berge. In den 1920er Jahren wurde hier ausgiebig Kies gefördert, den man

für den Küstenschutz an der Nordsee sowie für den Bau des Hindenburgdammes nach Sylt benötigte. In den 1930er Jahren wurden die Fröruper Berge unter Naturschutz gestellt. Seit Ende der 90er Jahre wird hier der naturnahe Rückbau des Waldgebietes vorangetrieben. Im gesamten Gebiet des Naturschutzgebietes sind Wander- und Reitwege ausgewiesen, die zu ausgiebigen Entdeckungstouren einladen, Paddeln auf der Treene und idyllische Rast- und Grillplätze runden das Angebot ab.

Nach der Steinbrücke schwenkt die Straße nach rechts ~ in der Linkskurve biegen Sie rechts in den **Grünbogen** ab ~ rechts in die **Schleswiger Landstraße** ~ auf dem rechtsseitigen Radweg bis in den nächsten Ort.

Großsolt

Sie folgen dem Verlauf der Hauptstraße ~ in der Linkskurve geradeaus in die **Oeverseer Straße** ~ an der Gabelung rechts in die Straße **Am Treßsee**, die nach einem guten Kilometer wieder auf die **Oeverseer Straße** stößt.

Sie fahren an reetgedeckten Häusern durch **Großsoltwesterholt** ~ auf der neu asphaltierten Straße geht es durch den Wald ~ kurz vor Ende des Waldes links den unbefestigten Weg hinunter zur einstigen **Kiesgrube** ~ am **Parkplatz** nach rechts ~ auf dem Radweg bis zur Querstraße ~ hier links ~ Sie befinden sich nun wieder auf dem Ochsenweg.

Von Oeversee nach Sieverstedt — 9 km

Vom **Oeversee-Ring** biegen Sie nach rechts in den **Stapelholmer Weg** ab ~ links in die Straße **Am Mühlenteich**, für den Durchgangsverkehr gesperrt, Radfahrer frei ~ an der **Wassermühle** vorbei ~ links über die Treenebrücke ~ vor der Kreisstraße rechts in die Straße **Bäckerberg** ~ gleich links in den Rad- und Fußweg **An der Treene** ~ durch den Tunnel unter der Kreisstraße hindurch ~ geradeaus weiter ~ ein Stück auf dem rechtsseitigen Radweg ~ Sie folgen dem Straßenverlauf nach rechts.

Tipp: Geradeaus geht es zur einstigen Kiesgrube, einem Grill- und Parkplatz. Aus dieser Richtung stößt der Exkurs Treßsee auf die Hauptroute des Ochsenweges.

Weiter auf der Straße **Frörupholz** ~ Sie folgen der Straße bis zur **Schäferei** Obere Treenelandschaft ~ an dem Abzweig nach der Linkskurve rechts ~ an der T-Kreuzung links ~ am folgenden Abzweig rechts halten ~ geradeaus über die Landstraße ~ auf der **Schmedebyer Straße** in den Ort Süderschmedeby hinein, rechts geht es nach Tarp, wo Sie die Tourismusinformation Grünes Binnenland finden.

Süderschmedeby

PLZ: 24885; Vorwahl: 04638

- **Gebietsgemeinschaft „Grünes Binnenland e.V.“**, Stapelholmer Weg 13, 24963 Tarp, ✆ 04638/898404, www.tourismus-nord.de
- **Eisenzeitliche Sammlung Süderschmedeby**, Süderschmedebyer Str. 23, ✆ 7141 od. 7142, ÖZ: Mai-Sept. Fr 16-18 Uhr. Dokumentation der vorgeschichtlichen Eisengewinnung und -verarbeitung in der Region. Im Zentrum steht die Rekonstruktion einer prähistorischen Eisenverhüttungsanlage.

Süderschmedeby, heute würde man sagen „Schmiedeort“, kann auf eine bedeutende Rolle als römische Eisenhütte zurückblicken. Schon für die vorchristliche Eisenzeit konnte die Verwendung von Eisen für die Herstellung von Werkzeugen und Waffen in Schleswig-Holstein nachgewiesen werden, die Hochöfen von Süderschmedeby stammen nachweislich aus der Zeit des nachchristlichen römischen Reiches.

Fundstücke von 500-700 n.Chr. weisen auf die Bedeutung des Schmiedeplatzes hin. Verarbeitet wurden die örtlichen Vorkommen von Raseneisenerz und Sumpfeisenerz. Schon damals wurden für die Verhüttung große Mengen Holz benötigt, was die damalige Waldlandschaft schon bald in die heute so typisch schleswig-holsteinische Heide- und Wiesenlandschaft verwandelte.

Ochsenweg in Sieverstedt

Sie fahren weiter auf der **Schmedebyer Straße** bergab ~ an der T-Kreuzung links in die **Feldstraße** ~ gleich wieder rechts in die Straße **Hoshoy** in den Ort Sieverstedt hinein.

Sieverstedt

PLZ: 24885; Vorwahl: 04638

- **Gebietsgemeinschaft „Grünes Binnenland e.V.“**, Stapelholmer Weg 13, 24963 Tarp, ✆ 04638/898404, www.tourismus-nord.de
- **St. Petri Kirche** (12.Jh.), schöne Feldsteinkirche mit Holzturm (1744).
- zahlreiche **Grabhügel** in der näheren Umgebung
- **Ochsenweghörner** an der alten Weggabelung des Ochsenwe-

ges und des in Ost-West-Richtung verlaufenden Angelboweges. Die Hörner wurden 1998 von den Künstlern Thomas Jaspert und Michael Harder geschaffen, sie sollen nach und nach die historischen Orte entlang des Ochsenweges schmücken.

Freibad

In Sieverstedt und der näheren Umgebung stößt man immer wieder auf Spuren vorzeitlicher Besiedlung und regem wirtschaftlichem Treiben. Rund um Sieverstedt verteilen sich weit mehr als 100 Grabhügel, die bis in die Bronzezeit zurückdatiert werden können.

Von Sieverstedt nach Wilhelmslust 14 km

Rechts in die **Sieverstedter Straße** ~ gleich links in die Straße **Am Schwimmbad** ~ gleich links in den **Kirchenweg**, Pflasterweg ~ vor der Kirche rechts halten ~ in einem Links-Rechtsschwenk zurück zur Straße Am Schwimmbad ~ hier links ~ bis in den Ort **Stenderup** ~ an der Dreieckskreuzung links in den **Schmiedeweg** ~ geradeaus in die Straße **Oberdorf** ~ am folgenden Abzweig rechts in die Straße **Grönshoy**.

Tipp: Von Stenderup führt ein Exkurs durch den Staatsforst Schleswig Elmholz.

Exkurs Elmholz 3 km

Sie fahren an dem Abzweig immer geradeaus weiter ~ durch den Wald ~ bis Sie auf dem unbefestigten Weg an eine Holzschranke kommen.

Tipp: Hier haben Sie wieder Anschluss an den Ochsenweg.

Auf dem Ochsenweg zweigen Sie an der Kreuzung vor der größeren Landstraße links ab ~ parallel zu dieser weiter ~ an der T-Kreuzung links bis Poppholz.

Poppholz

„Kanzel" des Missionars Poppo, im Vorgarten des Hofes Poppholz.

Taufstein, Großsteingrab (Jungsteinzeit)

Jagdstein, Elmholz. Jagdsteine begrenzten Jagdreviere und verhinderten „Grenzverletzungen" durch Jäger.

Der Name des Ortes leitet sich von dem Namen des Missionars Poppo ab, der im 10. Jahrhundert die Wikinger zum christlichen Glauben bekehrte. Im Vorgarten des Hofes Poppholz ist eine Erhebung zu erkennen, die als ***„Kanzel"*** *Poppos bezeichnet wird.*

Gleich hinter Poppholz befindet sich westlich des Weges, der sog. Poppostein oder auch ***Taufstein****. Dabei handelt es sich um ein Großsteingrab aus der Jungsteinzeit, das besondere Berühmtheit erlangt hat. Man erzählt sich, dass hier der dänische Wikingerkönig Harald Blauzahn von dem Missionar Poppo getauft worden sein soll, dessen Geschichte Sie bereits im Museum in Jelling begegnet sind.*

Am Abzweig bei der großen Eiche rechts in die Straße **Elmholz** → an der T-Kreuzung links in den zweispurigen Waldweg → nach der Holzschranke rechts.

Tipp: Aus der Gegenrichtung kommend stößt der Exkurs Elmholz wieder auf den Ochsenweg.

Aus dem Wald hinaus → am **Jagdstein** vorbei → an der Gabelung rechts in die Straße **Elmholz** → Verlängerung **Grüner Weg** → am nächsten Abzweig rechts → an der Landstraße rechts → sofort wieder links, weiterhin **Grüner Weg** → an der Gabelung links in den **Röhmker Weg** → an allen drei Kreisverkehren in Idstedt geradeaus.

Idstedt

PLZ: 24879; Vorwahl: 04621

Gebietsgemeinschaft „Grünes Binnenland e.V.", Stapelholmer Weg 13, 24963 Tarp, ✆ 04638/898404, www.tourismus-nord.de

Idstedt Gedächtnishalle, ✆ 87352. Zur Erinnerung an die blutige Schlacht am 25.7.1850 im Zuge der deutsch-dänischen Erbfolgeauseinandersetzungen zwischen 1848 und 1850.

Hier an der **Kirche** war das Zentrum der großen Schlacht 1850.

Radwanderweg um den Idstedter und Langsee (ca. 22 km). Auf guten Wegen durch abwechslungsreiche Wald- und Wiesenlandschaft geht es entlang beider idyllischer Seen.

Feldherrenhügel, Grabhügel aus der Bronzezeit

Idstedter Räuberhöhle. Ganggrab aus der Jungsteinzeit.

Am 3. Kreisverkehr geradeaus in die **Dorfstraße** → nach dem Sportplatz rechts in die Straße **Schulberg** → am Abzweig links halten → geradeaus über die Dorfstraße Richtung **Kieswerk** → weiter auf dem unbefestigten Weg → links in den querenden schmaleren Weg → in der Linkskurve im Wald zweigt der Radweg an der Holzschranke rechts ab.

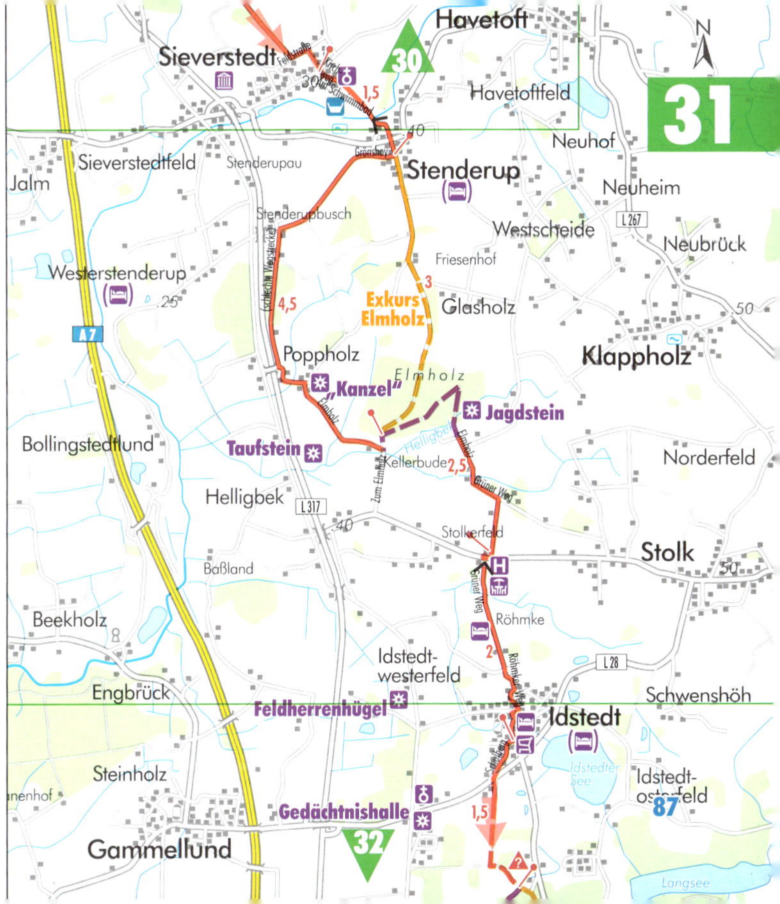

Tipp: ⚠ Südlich von Idstedt heißt es nun wieder, sich zwischen einer östlichen und einer westlichen Varianten des Ochsenweges zu entscheiden.

Die westliche führt Sie über **Schuby nach Dannewerk**, die östliche Strecke über die schöne Stadt **Schleswig nach Dannewerk**. Von Schleswig können Sie einen Abstecher zum Museum Haithabu unternehmen, wo sich einst die gleichnamige Wikingerstadt in einem Halbrund am Ufer des Haddebyer Noor erstreckte. Beide Varianten verlaufen knapp 3,5 Kilometer parallel und trennen sich an dem Abzweig bei Wilhelmslust im Wald östlich der Idstedter Räuberhöhle.

Tipp: Falls Sie einen längeren Aufenthalt in Schleswig eingeplant haben, dann können Sie die Varianten auch zu einer Rundtour um die Stadt an der Schlei kombinieren.

Idstedt - Schleswig - Dannewerk 21,5 km

Tipp: ⚠ Das folgende Wegstück ist recht schmal und unwegsam für Radwanderer mit Anhänger. Besser, Sie folgen der eingezeichneten Umfahrung.

Sie halten sich zunächst links ~ den schmalen Waldweg leicht bergauf ~ nach der Holzschranke rechts in die asphaltierte Straße ~ diese geht in einen breiten unbefestigten Waldweg über ~ Sie kommen an einen Abzweig nördlich von Wilhelmslust.

Wilhelmslust

Von Wilhelmslust nach Schleswig 8 km

Sie folgen der asphaltierten Straße in einem Links-Rechtsschwenk ~ am Abzweig am **Neuen Weg** vorbei ~ an der Straße Klosterreihe auf dem linksseitigen Radweg in den Ort Neuberend.

Neuberend

Am Abzweig geradeaus auf der Straße **Auf der Mühle** ~ nächste Straße rechts in die Straße **Kattenhund** ~ an der T-Kreuzung links ~ rechts in die Straße **Haferteich** ~ Sie überqueren auf dem Rad- und Fußgängersteg die Bundesstraße.

Durch die ersten Stadtteile von Schleswig ~ weiter auf der Straße **Ratsteich** ~ an der T-Kreuzung rechts in den **Kattenhunder Weg** ~ nach knapp 1,5 Kilometern beim **Stadtfeld** links ~ Sie fahren rechts um den Platz herum.

Nun geht es weiter auf der Straße **Polierteich** bis zum gleichnamigen Teich ~ an der Straßenverengung und nach dem Mühlenbach rechts in den schmalen Fuß- und Radweg ~ Sie kommen in die **Fußgängerzone** von Schleswig ~ Schiebestrecke ~ geradeaus über die Fußgängerzone durch den gegenüberliegenden **Torbogen** ~ an der Passage vorbei ~ am Kreisverkehr links halten ~ rechts um den **Kälberteich** ~ weiter auf dem **Domweg** ~ geradeaus über die **Königstraße** bis zum **Dom** von Schleswig.

Schleswig

PLZ: 24837; Vorwahl: 04621

- **Touristinformation Schleswig**, Plessenstr. 7, ✆ 981617 oder 01805/880007, www.schleswig.de
- **Bootsfahrten der Schleswiger Stadtwerke**, ✆ 801450 (Hafenmeister), ab Stadthafen zum Wikinger Museum in Haithabu, Mai-Sept. tägl.
- **Schloss Gottorf mit Landesmuseum für Kunst und Kulturgeschichte und Archäologischem Landesmuseum**, ✆ 813222, ÖZ: April-Okt. tägl. 10-18 Uhr, Nov-März Di-Fr 10-16 Uhr, Sa/So 10-17 Uhr. Die Kunstsammlung umfasst Werke Nordeuropas vom Mittelalter bis zur Moderne. Die archäologischen Stücke datieren bis in die frühe Steinzeit zurück, mit u.a. Werkzeugen und Waffen. Außerdem zahlreiche mittelalterliche Exponate, wie Grabfunde, Waffen, Alltagsgegenstände usw.
- **Volkskundemuseum Hesterberg**, Hesterberg, ✆ 96760, ÖZ: April-Okt. tägl. 10-18 Uhr, Nov.-März Di-Fr 10-16, Sa/So 10-17 Uhr. Kulturgeschichtliche Sammlung in einem ehemaligen Futter- und Proviantlager der preußischen Kavallerie.
- **Stadtmuseum mit Teddy Bär Haus**, Friedrichstr. 9-11, ✆ 936820, ÖZ: Di-So 10-17 Uhr. Umfassende Ausstellung zur Stadtgeschichte Schleswigs, computergesteuerte 3-D Simulationen laden zum Mitmachen ein; und natürlich eine Sammlung kuscheliger Teddy Bären.
- **Holmmuseum**, Süderholmstr. 2, ÖZ: tägl. 10-18 Uhr. Zeigt die historischen Veränderun-

gen in dem alten Fischerdorf Holm. Erste Besiedlungen sind aus dem 11. oder 12. Jh. bekannt.

Ostdeutsche Heimatstube, Stadtweg 55-57, ✆ 52345, ÖZ: Mi u. Fr 14.30-17 Uhr. Altag, Kultur und Brauchtum Ost- und Mitteldeutschlands vor 1945.

St.-Petri-Dom, Süderdomstr. 13, ✆ 9630-54, ÖZ: Okt.-April Mo-Fr 10-16 Uhr, So 13.30-16.00 Uhr, Mai-Sept. Mo-Fr 9-17 Uhr, So 13.30-17 Uhr. Romanische Basilika mit gotischer Optik. Im Inneren beeindruckt der geschnitzte Altar von 1521. Vom Turm kann man die Aussicht über Schleswig genießen.

St.Johanniskloster, ✆ 24236, Besichtigung auf Anfrage. Das ehemalige Benedektinerkloster ist heute ein Damenstift. Großer Park mit sehr altem Baumbestand.

Graukloster, Rathaus, ✆ 8140, ÖZ: 8.30-12.00 Uhr, eines der ältesten Gebäude Schleswigs, ursprünglich stand hier ein dänischer Königshof, der später zum Franziskaner Kloster umfunktioniert wurde. Sehenswert sind die mittelalterlichen Wandmalereien und ein Kreuzgang von 1300. 1794 wurde das Rathaus in klassizistischem Stil auf den Fundamenten der ehemaligen Klosterkirche angebaut. Hier sollte man sich besonders den Ständesaal mit seinem ausgemalten Spiegelgewölbe ansehen.

Haus Nr. 14, am Apothekergang in der Altstadt. In diesem

Schleswig an der Schlei

Backsteingebäude von 1517 war die erste Apotheke Schleswigs untergebracht, die außerdem als Konditorei, Weinhandlung und Feuerwerkerie fungierte.

Luisenbad an der Schlei, bewacht Juni-Aug.

Schwimm- und Saunazentrum Schleswig, Friedrich-Ebert-Str. 1, ✆ 801180, Solarium, Finnische Sauna, Dampfbad, Freilufthöfe, Außenliegewiese.

Fahrräder Radhaus GmbH, Michaelisstr. 5, ✆ 29585

Fahrradfachgeschäft Heinrich Voss, Friedrichstr. 50, ✆ 32176

Splettstößer, Bismarckstr. 13. ✆ 24102

Fahrradverleih Röhling, Friedrichstr. 53, ✆ 993030

Fahrrad- und Rollerverleih am Bahnhof, Bahnhofstr. 29, ✆ 33555

Schleswigs Wurzeln reichen weit zurück bis in die Wikingerzeit, die erste Erwähnung von „Sliasthorp" geht auf das Jahr 804 n.Chr. zurück. Direkt am Haddebyer Noor lag eines der wichtigsten Handelszentren der Wikinger, das legendäre Haithabu. Die Erweiterung der Siedlung am Nordufer der Schlei erfolgte etwa 1000 n.Chr. Erst nach der Zerstörung Haithabus im Jahre 1066 entwickelte sich die Siedlung auf dem Nordufer weiter und führte die Rolle als Hafen- und Handelsmetropole bis ins 13. Jahrhundert fort. Im Mittelalter wurde die Stadt zur Bischofsstadt und 1544 Residenz der Herzöge aus dem Hause Schleswig-Holstein-Gottorf.

Während der deutsch-dänischen Auseinandersetzungen im 18. und 19. Jahrhundert war Schleswig Zentrum der nationalen Bewegung, 1844 entstanden hier das Schleswig-Holstein Lied und die blau-weiß-rote Fahne. Nach Beendigung des Krieges und der Teilung des „unteilbaren" Schleswig-Holsteins wurde Schleswig dann 1868 zur Hauptstadt der preußischen Provinz.

Diese wechselhafte Geschichte – besonders aber die mittelalterlichen Wurzeln – kann man noch heute gut während eines Stadtspazierganges, z.B. durch die Fischersiedlung Holm, oder bei Besuchen in den gut ausgestatteten Museen, etwa in der archäologischen Sammlung oder im Stadtmuseum, nachverfolgen.

Ab 2005 sollte außerdem jeder einen Abstecher nach Schloss Gottorf machen. Denn dann wird der wiederhergestellte barocke „Neuwerk-Garten" wieder eröffnet. Auf dem abschüssigen Gelände wurde seit 1637 ein Terrassengarten nach italienischem Vorbild angelegt. Der Garten galt schon damals als eines der bedeutendsten Beispiele frühbarocker Gartenkunst außerhalb Italiens, der nun mit Hilfe historischer Pläne und Quellen naturgetreu nachgebaut wurde.

Ein ganz besonders aufregender Bestandteil des Gartens ist das rekonstruierte Globushaus. Der Gottorfer Globus war Mitte des 17. Jahrhunderts eines der fortschrittlichsten naturwissenschaftlichen und technischen Modelle, das für seine Besucher erlebbar war. Der Hofgelehrte Adam Olearius entwickelte einen Globus, der sowohl die Welt, wie sie zu diesem Zeitpunkt bekannt war, als auch den außerweltlichen Raum der Sterne darstellen sollte. Die Kugel hatte einen Durchmesser von drei Metern und war von Innen begehbar. Während auf der Außenseite die Weltkarte wiedergegeben war, „erstrahlte" im Inneren für die Besucher die Sternenwelt von den Wänden. Selbst die Erde fand sich in diesem Weltall an ihrer Stelle und wurde durch einen komplizierten

Mechanismus um die eigene Achse gedreht. Der Globus wurde Zar Peter d. Gr. als Geschenk überlassen und später in den Wirren der folgenden Kriege an verschiedene Orte 'verschleppt' und schwer beschädigt. Nach vielen Bemühungen und intensiven Studien ist es nun gelungen, den Nachbau des Globus zu realisieren. Er wird ab 2005 sicherlich zu einer der interessantesten Attraktionen Schleswigs zählen.

Fischersiedlung Holm - Süderholmstraße

Tipp: Der Ochsenweg macht nun noch einen ausgiebigen, auch landschaftlich schön geführten Bogen am St. Johanniskloster und der Fischersiedlung Holm vorbei, der nahe des Domes und der rechts von Ihnen in der Plaessenstraße liegenden Tourismusinformation endet. Deshalb bietet sich diese Stelle am Dom als Abkürzungsmöglichkeit an.

Der folgende Streckenabschnitt über Kloster und Fischersiedlung ist nicht durchgängig mit dem Logo des Ochsenweges ausgeschildert. Teilweise fehlt die Beschilderung, teilweise weisen allgemeine Radwegschilder die richtige Richtung. Bis auf die alte Kopfsteinpflasterstraße am Johanniskloster ist die Oberflächenbeschaffenheit in Ordnung.

Von Schleswig nach Dannewerk 10 km

Vor dem **Dom** links ~ links in die **Lange Straße** ~ rechts in die **Hunnenstraße** ~ am **Rathausmarkt** links ~ vor dem Rathaus links ~ an der T-Kreuzung geradeaus in den unbefestigten Fuß- und Radweg ~ am **Spielplatz**

Holmer Kirche

links in den unbefestigten Weg ~ nach der Brücke rechts ~ vom unbefestigten Weg geradeaus auf dem Pflasterweg ~ an der Querstraße rechts in den **Holmer Noorweg** ~ in der Rechtskurve links ~ rechts in die Straße **Am St.-Johanniskloster**.

St. Johanniskloster

Das ehemalige Benediktinerinnenkloster St- Johannis auf dem Holm gilt als der am besten erhaltene mittelalterliche Klosterkomplex Schleswig-Holsteins. Vermutlich zwischen

1200 und 1230 an diesem Ort erbaut, diente das Kloster seit der Reformation als Damenstift, in dem die unverheirateten Töchter des Schleswiger Adels ein lebenslanges Wohnrecht besaßen.

Am **St.Johanniskloster** vorbei ~ geradeaus in die **Fischersiedlung Holm** ~ auf der **Süderholmstraße** weiter ~ an dem kleinen **Kirchplatz** links halten ~ vorbei an den kleinen Häusern von Holm ~ links in die **Knud-Laward-Straße** ~ auf dem linksseitigen Radweg weiter ~ vor der **Tourismusinformation** auf Höhe der Süderdomstraße links in den Rad- und Fußweg, **Wiesendamm** ~ Richtung **Schloss Gottorf.**

An der Kreuzung beim Schloss biegen Sie links ab ~ sofort wieder links ~ gleich wieder rechts ~ Sie unterqueren eine Brücke auf einem unbefestigten Weg ~ an der Gabelung rechts halten ~ an der Querstraße links ~ nächste Straße rechts am **Stadtmuseum** vorbei ~ am **Supermarkt** geradeaus in den unbefestigten Weg ~ geradeaus in den **Georg-Pfingsten-Weg** bis zur querenden Straße **Zum Öhr**.

Tipp: An dieser Stelle sei Ihnen ein Besuch des Museums Haithabu ans Herz gelegt, in dem Sie Interessantes über die Wikinger und die legendäre Siedlung am Haddebyer Noor erfahren können.

Exkurs Wikinger Museum Haithabu — 4 km

Sie fahren weiter auf dem asphaltierten Fußweg, Radfahrer frei ~ gleich links in den unbefestigten Weg abbiegen ~ Sie durchfahren einen **Fußgängertunnel** ~ danach gleich rechts ~ an der Landstraße links ~ auf dem linksseitigen Radweg bis zur **Ansgarkirche** ~ an der **Fußgängerampel** überqueren Sie

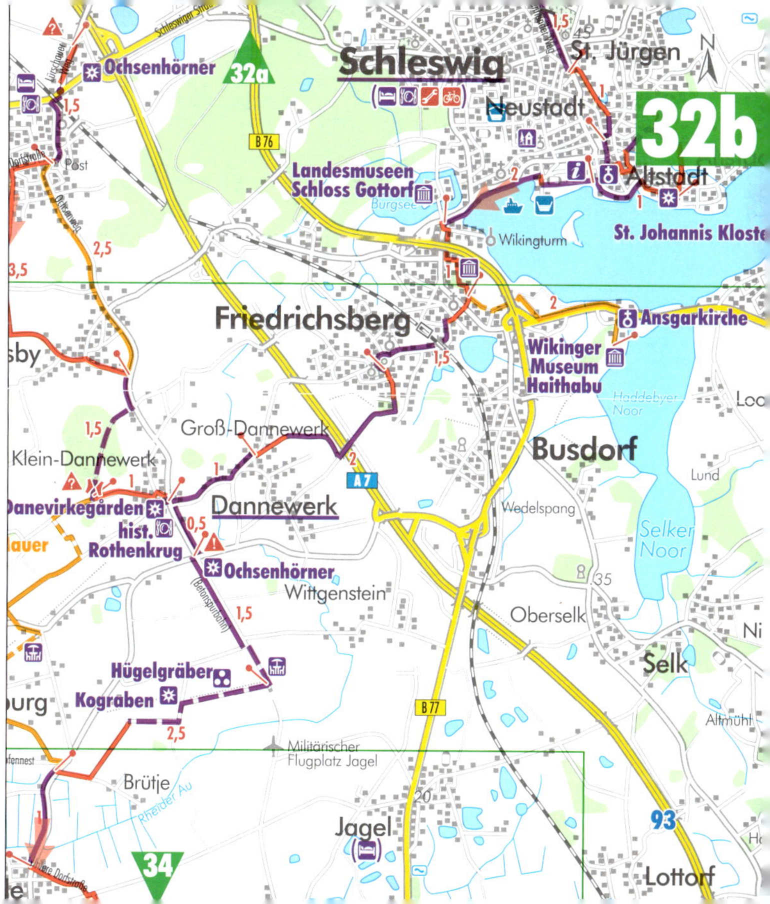

die Straße und folgen dem Fußweg bis zum Museum Haithabu.

Haddeby

PLZ: 24837; Vorwahl: 04621

Touristinformation Schleswig, Plessenstr. 7, ☎ 9816-16 o. -17, www.schleswig.de

Ansgarkirche (um 850), benannt nach dem Missionar und Bischof von Bremen Ansgar.

Wikinger Museum Haithabu, Haddeby bei Schleswig, ☎ 813222, ÖZ: April-Okt. tägl. 9-17 Uhr, Nov.-März Di-So 10-16 Uhr.

*Die **Ansgarkirche** ist nach einem der wichtigsten Missionare des frühen Mittelalters und späteren Erzbischofs von Bremen benannt. Ansgar stammte aus dem Benediktinerkloster an der Some in Frankreich, war ab 823 zunächst Schulleiter im karolingischen Reichskloster Corvey an der Weser, bevor er im Auftrage des Kaiser und Papstes 826 gemeinsam mit dem in Mainz getauften dänischen König Harald Klak gen Norden auf Missionsreise ging. Wie andere Missionare auch begab er sich von Haithabu aus nach Dänemark und Schweden. 830 erreichte er das schwedische Birka am Mälarsee,*

Wikingerfest Haithabui

einer der damals wichtigsten Handelsplätze, um dort eine Missionsstaion aufzubauen. Bereits ein Jahr später wurde Ansgar Erzbischof zunächst in Hamburg, dann, nach dessen Zerstörung durch die Wikinger, in Bremen. Der „Apostel des Nordens", Ansgar auch genannt wurde, starb am 3.2.865 in Bremen.

Ansgar ließ die Kirche am Haddebyer Noor vermutlich 849 n.Chr. errichten, zunächst ein kleiner Holzbau. Sie gilt als erste Kirche im „alten Dänemark". Auf der Rückreise von seiner zweiten Reise nach Schweden 856 erhielt er die Erlaubnis von König Horich die Kirche mit einer Glocke auszustatten.

*Seit 1900 haben archäologische Grabungen nach und nach die Überreste der alten **Wikingersiedlung Haithabu** zu Tage gebracht. An einer Kreuzung wichtiger Fernhandelswege war eine der bedeutendsten Siedlungen Nordeuropas entstanden. Die Wikinger bauten hier Schiffslandeplätze, die als „Nordseehäfen" genutzt wurden. Aufgrund der schmalen Landstrecke zwischen Nord- und Ostsee konnten von hier Waren, die über die Nordsee ankamen auf dem Landwege an die Ostsee transportiert und dann weiter über die See zu den östlichen Handelsplätzen geliefert werden.*

Haithabu war aufgrund seiner Rolle als Warenumschlagsplatz eine hoch entwickelte Siedlung mit der Infrastruktur einer mittelalterlichen Stadt. Das Museum veranschaulicht mit Hilfe der umfangreichen archäologischen Funde und modellhaften Nachbauten das alltägliche Leben in Haithabu sowie die Handelsgeschäfte oder religiöse Zeremonien. In der großen Schiffshalle kann man die Nachbauten eines Langschiffes verfolgen. Ab Mitte 2005 wird das erste von mehreren wikingerzeitlichen Häusern

Grabhügel Tweebargen

im historischen Halbkreiswall nachgebaut.

Auf dem Ochsenweg geht es nach rechts auf der Straße **Zum Öhr** weiter ~ geradeaus in die Straße **Husumer Baum**, geradeaus geht es zum **Bahnhof** von Schleswig ~ Sie biegen nach links Richtung Dannewerk ab ~ an dem Kreisverkehr auf Höhe der Kirche links ⚠ Beschilderung fehlt, nur allgemeiner Radwegweiser ~ auf dem Rad- und Fußweg geradewegs in das Wäldchen hinein ⚠ Beschilderung fehlt ~ rechts in die Asphaltstraße ~ nach der Autobahn rechts ~ in Dannewerk links ~ Sie folgen dem rechtsseitigen Rad- und Fußweg bis zum Museum am Dannewerk.

Tipp: An dieser Stelle treffen die östliche und westliche Variante des Ochsenweges wieder aufeinander.

Dannewerk

PLZ: 24867; Vorwahl: 04621

- **Danevirke Museum**, Ochsenweg 5, ✆ 37814, ÖZ: 15. Feb.-25. März u. 26. Okt-30. Nov Di-So 10-16 Uhr, 26. MärZ-25. Okt. Di-Fr 9-17 Uhr, Sa/So 10-17 Uhr. Anschauliche Darstellung zur Geschichte des Danewerk, Aufbau und Funktion des Schutzwalls von der Eisenzeit bis zur Gegenwart.
- **historischer Rothekrug**, neben dem Museum
- **Kograben**, südlich von Dannewerk
- **Grabhügel Tweebargen**, auch „Danhøje" genannt, nahe dem Kograben. Beide Hügel haben einen Durchmesser von 35m und eine Höhe von 4,20 bzw. 4,40m. Der Sage nach soll in einer der Grabkammern König Dan auf seinem Königsstuhl sitzend zusammen mit seinem gesattelten Pferd begraben sein.

Quer über die Landenge zwischen Hollingstedt und Haithabu erhebt sich eine 30 Kilometer lange Wallanlage, die zu einem der ältesten archäologischen Zeugnissen der schleswig-holsteinischen Geschichte zählt – das ***Danewerk****.*

Das Danewerk wurde in mehreren Ausbauphasen von etwa 650 n.Chr. bis 1200 n.Chr. aufgeschüttet, befestigt und zum Teil sogar gemauert. Die Wälle wurden offenbar als südliche Verteidigungsbarriere Dänemarks gebaut. Bemerkenswert für diese Zeit ist dabei die geradlinige Bauweise, die quasi eine Trennungslinie zwischen Nord und Süd setzte – damalige Verteidigungsanlagen hatten üblicherweise die Form von runden Burgwällen, aus denen heraus Angriffe abgewehrt wurden.

Insgesamt setzt sich das Abwehrsystem des Danewerks aus mehreren frontalen Sperrlinien zusammen, die in etwa neun Bauphasen entstanden sind. Die Ausbauphasen entsprachen den jeweiligen politischen Situationen in der Region – der Wall wurde immer dann verstärkt, wenn eine neue Bedrohung auftrat. Auch veränderten sich entsprechend die Bauweise der Wälle, so waren die ersten noch einfach durch Aufschüttungen von Erdmassen und Böschungen entstanden, später wurden diese durch hölzerne Palisaden verstärkt und zuletzt hatte man begonnen gemauerte Wände aufzubauen. Insgesamt waren die Wälle bis zu 30 Meter breit bei einer Höhe von sechs Metern.

Im 13. Jahrhundert verlor das Danewerk seine Funktion und wurde nach und nach der Natur überlassen. Dennoch spielte es in späteren kriegerischen Auseinandersetzungen immer wieder eine mehr oder weniger bedeutende Rolle. Selbst während des zweiten Weltkrieges wurden hier noch Panzersperren aufgestellt, so dass

1948 nur noch ein Fünftel der Wälle in ihrem ursprünglichen Umfang erhalten waren. Seit 1958 steht das Danewerk unter Denkmalschutz, es zählt zu den bedeutendsten archäologischen Zeugnissen Nordeuropas.

Südlich von Dannewerk verläuft der Radweg auf einer teils noch erhaltenen Trassen des alten Ochsenweges. Kurz vor dem Militärflughafen Jagel schneidet er einen schnurgerade verlaufenden Wall mit vorgelagerten Graben, dem sogenannten **Kograben***. Bei diesem Verteidigungswall, der sich vom Selker Noor bis nahe an die Niederungen der Rheiderau bei Klein Rheide erstreckte, handelte es sich um einen mit Frontpalisaden abgestützten Erdwall. Diesem war ein Spitzwall in einem Abstand von zwei Metern vorgelagert. Ursprünglich gehörte auch noch ein „kurzer Kograben" zu der Wallanlage. Dieser sowie die historische Trasse des Ochsenweges bis Mielberg wurden beim Bau des Flugplatzes beseitigt.*

Idstedt - Schuby - Dannewerk — 15,5 km

Tipp: ⚠ Das folgende Wegstück ist recht schmal und unwegsam für Radwanderer mit Anhänger. Besser, Sie folgen der eingezeichneten Umfahrung.

Sie halten sich zunächst links ~ den schmalen Waldweg leicht bergauf ~ nach der Holzschranke rechts in die asphaltierte Straße ~ diese geht in einen breiten unbefestigten Waldweg über ~ Sie kommen an einen Abzweig nördlich von Wilhelmslust.

Wilhelmslust

Von Wilhelmslust nach Dannewerk — 12 km

An der Gabelung rechts halten ~ an der Querstraße links ~ so-

fort rechts ~ Sie folgen dem rechtsseitigen Radweg durch **Seeberg** bis in den Ort **Lürschau** ~ dann **Schubyer Weg** ~ nach der Autobahn rechts in den **Lürschauer Weg** ~ an der Ampel überqueren Sie die **Schleswiger Straße,** auf dem linksseitigen Radweg ~ nach dem Bahnübergang links in den Ort Schuby.

Hauptwall Danewerk

Schuby

Vom Ochsenweg rechts in die **Dorfstraße** ~ nach dem Löschteich links in die **Dellenstraße** ~ an der T-Kreuzung links in die **Hüsbyfelder Straße** ~ auf der **Dorfstraße** in den Ort Hüsby.

Hüsby

Im Ort geht es auf der **Bergstraße** weiter ~ rechts in den Radweg entlang der Straße **Ochsenweg** ~ nach wenigen hundert Metern bei dem Bauernhof rechts in den unbefestigten Weg ~ Sie fahren zunächst durch ein Wäldchen ~ nach dem Gatter links in die Asphaltstraße abbiegen.

Tipp: ⚠ Von hier führt der Exkurs Waldemars Mauer nach links weiter.

Dieser Exkurs führt an Dannewerk vorbei, falls Sie einen Besuch des dortigen Museums eingeplant haben, müssen Sie noch einmal knapp 2,5 Kilometer auf dem Ochsenweg oder auf einer der eingezeichneten Alternativstrecken zurück nach Dannewerk fahren.

Tipp: Auf dem Exkurs Waldemars Mauer fahren Sie ein Stück entlang des gemauerten Hauptwalls des legendären Danewerks, über das Sie auf Seite 96 mehr erfahren können.

Exkurs Waldemars Mauer 4,5 km

Sie biegen nach dem Gatter rechts ab ~ nach wenigen hundert Metern links in den zweispurigen von Hecken bestandenen Sandweg ~ an der T-Kreuzung rechts ~ kurz vor der Kreisstraße links ~ am Rastplatz vor der Linkskurve rechts in den zweispurigen Wiesenweg ~ ein Stück parallel zum **Hauptwall** ~ links in die querende Asphaltstraße ~ an der T-Kreuzung links in die Straße **Zum Schnepfennest** ~ an der Querstraße rechts bis Klein Rheide ~ Sie befinden sich nun wieder auf dem Ochsenweg.

Auf dem Ochsenweg geht es auf dem **Lindenweg** nach Dannewerk hinein ~ links in die Straße **Am Wall** ~ an der Dreieckskreuzung rechts ~ an der T-Kreuzung rechts in den **Ochsenweg** bis zum Museum am Danewerk.

Dannewerk

Tipp: An dieser Stelle treffen die östliche und westliche Variante des Ochsenweges wieder aufeinander.

Von Dannewerk bis Kropp 12,5 km

Vom Museum in Dannewerk wenden Sie sich auf dem Ochsenweg nach rechts ~ geradeaus über die Querstraße ~ an den

Ochsenweg-Hörner in Kropp

Ochsenhörnern vorbei ~ am Zaun des **Militärflugplatz Jagel** rechts, links befindct sich eine Informationstafel zum **Kograben**.

Vor dem Gelände des **Militärflughafens Jagel** nach rechts in den zweispurigen Wiesenweg ~ am nächsten Abzweig links ~ gleich rechts ~ dann nach links in die Asphaltstraße ~ an der T-Kreuzung rechts ~ an der Kreisstraße links bis nach Klein Rheide.

Klein Rheide

Im Ort links in die **Untere Dorf-**

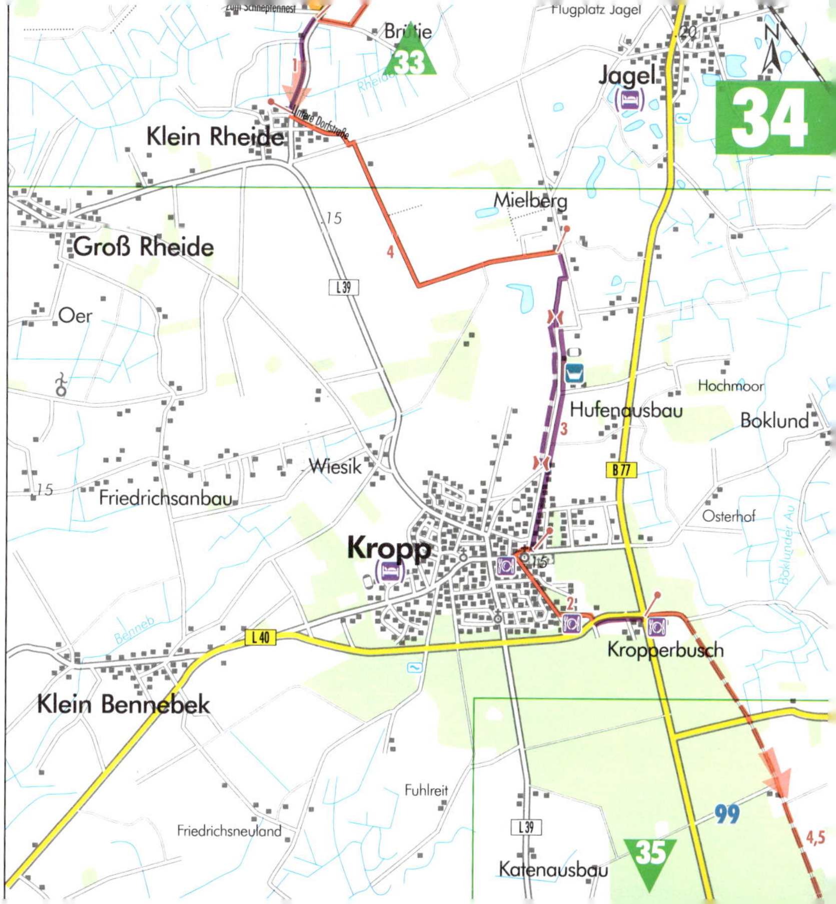

straße ~ an der T-Kreuzung links ~ sofort wieder rechts ~ an der T-Kreuzung rechts in den plattierten Wanderweg ~ nach wenigen Metern wieder rechts ~ sofort links ~ an der asphaltierten Straße geht es auf dem linksseitigen Radweg weiter ~ auf dem Ochsenweg kommen Sie in den Ort Kropp hinein.

Kropp

Von Kropp nach Rendsburg 21,5 km

Rechts in die Straße **An der Kirche** ~ um die Kirche herum ~ links in die **Johannesallee** ~ links in die **Gertrud-Koch-Straße** ~ in der Rechtskurve hinter der Bushaltestelle links in die Sackgasse ~ rechts in den unbefestigten Weg ~ an der Querstraße links ~ geradeaus über die Bundesstraße ~ in der Linkskurve geradeaus in den unbefestigten Weg.

Tipp: Sie fahren nun auf einem Stück des historischen Ochsenweges, auf das ein braunfarbenes Schild aufmerksam macht. Der Weg ist unbefestigt und sandig. Stellen Sie sich gerade auf dem letzten Stück auf schlechte Wegverhältnisse ein. Spätestens nach einem heftigen Regen kann man sich vorstellen, wie es gewesen sein muss, als die Straßen noch nicht befestigt waren.

Sie fahren ca. 4,5 Kilometer fast schnurgeradeaus ~ folgen dann an einer Gabelung dem Weg nach rechts ~ an einem Café vorbei ~ nach 1,5 Kilometern kommen Sie an den Abzweig zum Exkurs Sorgwohld.

Tipp: Vor dem Abzweig können Sie an dem Rastplatz mit den Ochsenhörnern erst einmal verschnaufen. Dann kann es gestärkt zu einem Ausflug in eines der wenigen Binnendünengebiete Deutschlands gehen.

Exkurs Sorgwohld 6,5 km

Sie folgen der zweispurigen Betonspur Richtung Betonwerk ~ ab der Querstraße auf der Asphaltstraße weiter ~ am Neuland-Bauernhof in **Sorgwohld** links Richtung Betonwerk ~ an dem Abzweig geradeaus in den zweispurigen Betonplattenweg ~ nach den Hochspannungsleitungen links ~ weiter geradeaus auf der asphaltierten Straße bis Sorgwohld ~ von dort zurück zum Ausgangspunkt am Ochsenweg.

Binnendünen von Sorgwohld

In Sorgwohld haben sich vor etwa 12.000 Jahren durch Erosionen und Sandverwehungen große Binnendünen gebildet. Die Gegend war seitdem aufgrund der Nährstoffarmut des Bodens völlig vegetationsfrei.

Erst 1.000 n.Chr. haben die Menschen begonnen, das Gelände nutzbar zu machen. Jedoch konnte sich als beständige Vegetation nur die Sandheide durchsetzen, da das Gebiet durch menschliche Eingriffe oder auch die durchziehenden Ochsenherden über die Jahrhunderte immer wieder stark beansprucht wurde. Es gab Versuche, die Dünenbildung durch das Aussäen von Strandhafer einzudämmen, doch noch um 1800 befanden sich hier weiße Sanddünen.

Heute sind die Dünen weitestgehend aufgeforstet, die ausgedehnte Heidevegetation wird intensiv gepflegt, so dass der Naturfreund auf eine Vielfalt von typischen Pflanzenarten und

Radweg bei Sorgwohld

eine reiche Insektenwelt stößt. Die Sorgwohlder Binnendünen sind seit 1936 Naturschutzgebiet.

Auf dem Ochsenweg fahren Sie geradeaus weiter ~ nach dem Bauernhof links in den linksseitigen Radweg ~ sofort wieder rechts ~ am Gasthaus vorbei ~ in einem Linksschwenk durch den Ort **Sorgbrück** ~ am Parkplatz links ~ rechts in den unbefestigten Waldweg.

Tipp: Alternativ zum unbefestigten Waldweg können Sie auch auf asphaltierten ruhigen Nebenstraßen und Radwegen über den kleinen Ort Lohe weiterfahren.

Nach der **Schranke** links in die Asphaltstraße ~ an der nächsten Kreuzung rechts auf den linksseitigen Radweg ~ nach knapp hundert Metern links in den unbefestigten Weg ~ geradeaus in die Straße **Zum Kratt** ~ geradeaus in den Rad- und Fußweg ~ weiter auf dem **Friedhofsweg** ~ an der Ampel-Kreuzung rechts auf den linksseitigen Radweg ~ Sie befinden sich nun in Fockbek.

Fockbek

Freibad

Fockbeker See

Bei der Straßenuhr sofort links ~ gleich wieder links in die Straße **Stadttor** ~ rechts in die Sackgasse **Am See** ~ um den **Fockbeker See** herum ~ nach der Holzschranke rechts ~ gleich rechts in die Straße **Mühlenredder** ~ links in den **Klinter Weg** ~ auf dem Radweg bis zum Friedhof ~ rechts in die Straße **Klint** ~ an der Dreieckskreuzung links halten ~ am Reiterhof vorbei ~ nach der Straßenunterführung geradeaus über den **Mühlenbach**, rechts geht's auf einer Alternativstrecke über die **Untereider** hinüber nach Rendsburg hinein ~ Sie fahren geradeaus entlang des nördlichen Eiderufers auf dem unbefestigten Weg weiter.

Tipp: Der Ochsenweg führt immer geradeaus am Parkplatz vorbei, um zum Radweg oberhalb der Straße zu kommen, müssten Sie über eine Treppe hinauf. Deshalb unser Vorschlag, noch vor dem Parkplatz links in den schmalen Weg hinauf zum Klinter Weg abzubiegen.

Hinauf zum **Klinter Weg** ~ rechts in die **Hollesenstraße** ~ an der Ampel nach rechts über die Brücke ~ dann auf dem Radweg hinunter durch den Rad- und Fußgängertunnel ~ danach gleich rechts in die **Holsteiner Straße** ~ geradeaus über die Straße **Schleuskuhle** bis zum **Schiffbrückenplatz** ~ Sie befinden sich nun in der Altstadt von Rendsburg und haben das Ziel des dritten Abschnittes erreicht.

Glockenspiel am Alten Rathaus

Rendsburg

PLZ: 24768; Vorwahl: 04331

Tourist-Information Nord-Ostsee-Kanal (TINOK), Altstädter Markt 1, ✆ 21120, www.tinok.de

Schwebefähre, Infos beim Wasser- und Schifffartsamt Kiel-Holtenau, Schleuseninsel 2, 24159 Kiel, 0431/3603-0, Fährzeiten: tägl. zwischen 5 und 23 Uhr, von der Süd- zur Nordseite immer zur vollen Stunde und dann im Vierteltakt, letzte Fähre 22.45 Uhr, von der Nord- zur Südseite jeweils um 07, 22, 37 & 52 einer Stunde, letzte Fähre: 22:52 Uhr, Infos beim Wasser- und Schifffahrtsamt Kiel-Holtenau, Außenbezirk Rendsburg,

Historisches Museum und **Druckmuseum**, Kulturzentrum Hohes Arsenal, Arsenalstr. 2-10, ✆ 206632, ÖZ: ganzjährig Di-Fr 10-12 Uhr u. 15-18 Uhr, Sa/So 10-13 Uhr u. 14-17 Uhr, Stadtbücherei nebenan. Das historische Museum zeigt Objekte zur Stadt- und Altstadtgeschichte. Das Druckzentrum zeigt Maschinen, Werkzeuge und Dokumente zur Druckgeschichte unter Berücksichtigung des Wandels der Arbeitswelt in den vergangenen Jahrhunderten im Druckereigewerbe.

Jüdisches Museum, Prinzessinstraße 7-8, ✆ 25262, ÖZ: Di-So 12-17 Uhr. Ehemalige Synagoge, Gebäude von 1844. Kulturzentrum mit wechselnden Ausstellungen, Konzerten und Le-

36
35
37
47
Lohe
Fockbeker Moor
Ahrenstedt
Knüll
Bultvieh
Duten
Rickert
Diekshof
Borgstedter Enge
Borgstedt
Rade
Königsbach
Langenbrook
Marienhof
Reuthen
Büdelsdorf
Audorfer See
Ostenfeld
Schacht-Audorf
Die Enge
Grellkamp
Nobiskrug
Ober-Eider
Gärlbek
Fockenbekfeld
Fockbeker See
Mühlenbach
Altes Rathaus
Rendsburg
Schülldorfer See
Fockbek
Baken
Klinter Weg
Klint
Eisenbahn-Hochbrücke
Moorkate
Schülldorf
Hohenberg
Ringelsberg
Schwebefähre
Fußgängertunnel
Osterrönfeld
Dorfstraße
Schulstraße
Posthof
Barris
Norderfeld
Neuwerker Gärten
Auhof
Ohe
Buhrhorst
Eggershof
Wittenmoor
Ernsttal
Eichtal
Lurup
Gehege Osterhamm
Wittkamp
Westerrönfeld
Thiesberg
Aspelweg
Neuenhof
Linnhof
Wittenkamp
Exkurs Wildes Moor
Heidkrug
Nübbel
Bössel
Moholz
Eisfeld
Schülp
Ohland
Nord-Ostsee-Kanal
(schlechte Wegstrecke)
Branden
Wehrau
Winkel
Elsdorf
B 77
B 202
B 203
A 7
A 210
L 47
L 255
B 202
0,5
3
1
2
1,5
2,5
3,5

Stadttheater Rendsburg

sungen sowie Museum zur Geschichte der Juden in Schleswig-Holstein.

- **Elektromuseum**, Schleswag AG, Kieler Str. 19, ✆ 182465, ÖZ: Di-Fr 10-12 Uhr u. 13-17 Uhr. Im Mittelpunkt steht die Energiegewinnung und -nutzung, die Entwicklung der Elektrogeräte seit 1890 sowie Informationen über die Lebensbedingungen vor dem „Stromzeitalter".
- **St. Marien-Kirche,** An der Marienkirche. Erbaut 1287, dreischiffige Backsteinkirche mit viereckigem Chor, spätgotischen Kapellen; der Westturm stammt aus dem Jahre 1454; im Innern: Kanzel und Altar aus dem 17. Jh., reich ausgestattet mit Gemälden und Kunstwerken aus verschiedenen Jahrhunderten.
- **Christkirche**, Kirchenstraße, 1694-1700, ehemalige Garnisonskirche; im Inneren ist Platz für eine komplette Garnison (2.000 Personen), den Raum überspannt ein hölzernes Tonnengewölbe, in Inneren ein reich verzierter, geschnitzter Königsstuhl.
- **sehenswerte Altstadt** zwischen **Schiffbrückenlatz** und dem **Alten Rathaus** am **Altstädter Markt**. Das Rathaus stammt ursprünglich aus dem 16. Jh., umfangreiche Restaurierungen wurden in der ersten Hälfte des 20. Jhs. durchgeführt. Das geschnitzte Haupttor mit dem Rendsburger Wappen ist von 1609.
- **Eisenbahnhochbrücke und Schwebefähre über den Nord-Ostsee-Kanal** (1911-1913). Die Brücke, 2,5 km lang und 42 m hoch, ist das Wahrzeichen Rendburgs. Zwischen den Ufern pendelt die unter Denkmalschutz stehende Schwebefähre für den Auto-, Rad- und Fußgängerverkehr. **Führungen zur Aussichtsplattform** auf der Eisenbahnhochbrücke Rendsburg, Mai-Sept., So 14 u. 15 Uhr, Treffpunkt Schwebefähre Nordseite am Info-Schild, Anmeldung über die TINOK, ✆ 21120.
- **Schiffsbegrüßungsanlage „Rendburg Ahoi"**, direkt neben der Schwebefähre. Alle Schiffe, die zwischen 10 und 20 Uhr den Kanal hier passieren, werden mit dem Hissen der Landesflagge und dem Abspielen der Nationalhymne begrüßt, begleitet von Hinweisen zu Abgangs- und Zielhafen des Schiffes.

Schwebefähre über den Nord-Ostsee-Kanal

- Durch den **Fußgängertunnel** gelangen Fußgänger und Radfahrer trockenen Fußes auf die andere Seite des Nord-Ostsee-Kanals. Erbaut wurde die 130 m lange und 4,5 m breite Röhre 1962/65. Je zwei Rolltreppen und je ein Fahrstuhl auf der Nord- als auch Südseite führen hinunter zu einem Gehweg, der 21,47 m unter Normalnull liegt.
- **Krügers Whiskygalerie**, Holsteiner Straße 18-20, ✆ 5 65 64, ÖZ: Sa 10.00-13.00 Uhr u.n.V. Umfangreiche Whiskysammlung erzählt die Geschichte des Whiskys; Whiskysorten aus über 80 Ländern
- **„Blue Line"**. Auf 3,2 km durchzieht eine auf das Pflaster gemalte blaue Linie die Innenstadt. Entlang dieser Linie kann man die wichtigsten Sehenswürdigkeiten der Stadt entdecken.

- Die 1,5-stündigen **Stadtführungen** finden jeden Samstag um 10.30 Uhr statt, Treffpunkt: Altes Rathaus, Altstädter Markt.
- **Schwimmzentrum Rendsburg**, An der Untereider, ✆ 209600, Schwimmen, Springen, Rutschen, Plantschen, Liegen und Entspannen. Rosa der Hollestr.
- ~~**Neuwerker Fahrradhaus**, Jungfernstieg 25, ✆ 55040~~ 27 04331-31210
- **Fahrradstand am Bahnhof**, ✆ 55835.

In Mitten der Eider auf einer Insel wurde 1100 eine Burg errichtet, um die herum nach und nach eine größere Ansiedlung entstand. 1199 wurde Rendsburg das erste Mal urkundlich erwähnt, die Stadtrechte erhielt es 1252.

Rendsburg entwickelte sich zunächst als Handelsstadt: Waren wurden über die Eider zwischen Nord- und Ostsee hin und her verschoben und auch der Nord-Südverkehr auf dem Ochsenweg trug zu einem raschen Wohlstand der Stadt bei.

Rendsburg spielte aufgrund seiner schon vorhandenen Befestigungen und der strategisch günstigen Lage ab dem 16. Jahrhundert aber auch eine zunehmend bedeutendere Rolle als militärischer Stützpunkt. Mitte des 17. Jahrhunderts begann dann der systematische Ausbau der Stadt zur Garnisonsstadt. Auf beiden Eiderufern entstanden ausgedehnte Befestigungsanlagen, südlich der Altstadt wurde außerdem das neue, barockgeprägte Viertel „Neuwerk" ausgebaut, das neben der mittelalterlichen Altstadt zum neuen Zentrum der Stadt wurde.

Zahlreiche kriegerische Auseinandersetzungen spielten sich rund um die städtischen Befestigungen ab, Rendsburg wurde

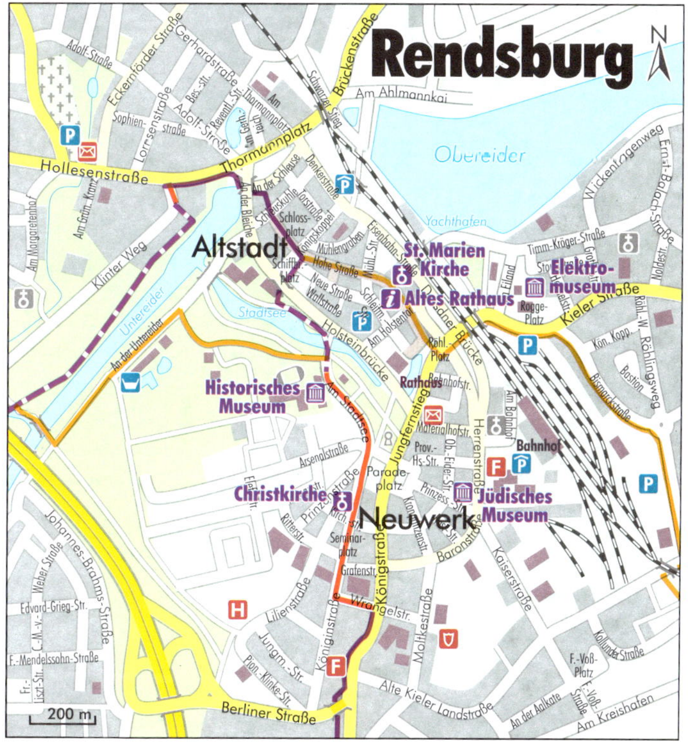

während der dänischen Erbfolgekriege zeitweise sogar zum Sitz einer provisorischen Regierung Schleswig-Holsteins. Erst Ende des 19. Jahrhunderts, mit der endgültigen Niederlage gegen die Dänen, wurden die mächtigen Befestigungen nach und nach abgebaut bzw. dem Verfall überlassen.

Die Stadt nutzte diese Entwicklung als Möglichkeit, sich wieder auf seine gewerblichen Traditionen zu besinnen und die lange vernachlässigten Handelsstrukturen wieder auszubauen. Besonderes Gewicht hatte hierbei der Ausbau des Nord-Ostsee-Kanals, der Rendsburg zu einer Hafenstadt machte. Der Nord-Ostsee-Kanal wurde 1895 nach achtjähriger Bauzeit von Kaiser Wilhelm II. feierlich für den Verkehr freigegeben. Die knapp 100 km zwischen Nord- und Ostsee verkürzten den Handelsverkehr zwischen den Meeren erheblich. Nach einer Erweiterung des Kanals wurde schließlich der Bau einer Eisenbahnbrücke zur Überquerung notwendig. Dabei entstand das heutige Wahrzeichen der Stadt: die imposante, in luftiger Höhe schwebende Stahlbrücke sowie die Schwebefähre über den Kanal.

Tipp: Weiter südlich der Eider sind wieder zwei Varianten des Ochsenweges ausgeschildert. Bei der Beschilderung wurde berücksichtigt, dass sich der historische Ochsenweg in zwei Haupttrassen teilte. Eine Trasse verlief auf einer westlichen Strecke über Hohenwestedt – Itzehoe – Elmshorn nach Wedel, die andere auf einer östlichen Route über Nortorf – Neumünster – Bad Bramstedt nach Wedel.

Die beiden Varianten des Radwanderweges Ochsenweg sind mit 146 bzw. 146,5 Kilometern wesentlich länger als die bereits in diesem Abschnitt beschriebenen Varianten bei Padborg und Idstedt. Aus diesem Grund und der Übersichtlichkeit halber ist jede Variante bereits ab Rendsburg bis Wedel in einem eigenen Abschnitt beschrieben.

Es ist schwer zu sagen, welche Variante empfehlenswerter ist. Beide Routen sind gut zu befahren und bieten einen ausgewogenen Wechsel von Stadt und Land an. Nicht einmal die Länge der Varianten ist mit einem Unterschied von einem knappen Kilometer eine wirkliche Entscheidungshilfe – die Qual der Wahl liegt bei Ihnen.

Wer beide Routen kennenlernen möchte, kann beide Varianten zu einer großen Rundreise mit Ausgangspunkt in Rendsburg kombinieren, um dann schließlich mit dem Zug von Rendsburg nach Hamburg zu fahren, wo das Ziel der in diesem Radtourenbuch beschriebenen Radwanderroute erreicht wird.

Von Rendsburg über Itzehoe nach Wedel 146,5 km

In Rendsburg gelangen Sie durch einen Fußgängertunnel auf die andere Seite des Nord-Ostsee-Kanals und schon bald ist von dem Stadtgetümmel nichts mehr zu spüren. Die Westvariante des Ochsenweges führt Sie über Hohenwestedt bis nach Itzehoe durch sehr kleine Dörfer, Wälder und das saftig grüne Marschland. Interessante Ochsenweg-Exkurse führen Sie auf geologische Pfade zu den Kalkgruben bei Lägerfeld und in das NSG Liether Kalkgrube sowie zum einstigen Ochsenmarkt in Horst. Endstation des Ochsenweges ist die Stadt Wedel, in der es im Mittelalter den größten Ochsenmarkt gegeben hat. Das Rolandstandbild, als Zeichen der Marktgerechtigkeit, erinnert noch heute an diese Zeit.

Der Ochsenweg verläuft nun verstärkt auf Wirtschaftswegen, die häufig mit Betonspurplatten befestigt sind, auf unbefestigten Wald- und Wiesenwegen sowie auf ruhigen Nebenstraßen. Es gibt keine nennenswerten Steigungen.

Von Rendsburg nach Jevenstedt 11 km

Vom **Schiffbrückenplatz** wenden Sie sich vor der Hohen Straße nach rechts unterqueren die Straße **An der Bleiche** links in den Rad- und Fußweg entlang des Stadtsees geradeaus in die Straße **Am Stadtsee** bis zum **Paradeplatz** auf der **Königinnenstraße** weiter links in die **Wrangelstraße** rechts in die **Berliner Straße** auf dem Radweg in der Rechtskurve unter der Berliner Straße hindurch links rechts in die **Hindenburgstraße** Sie folgen der „**Blue Line**" bis zum Fußgängertunnel, dessen Zugang sich in einem gelben Klinkergebäude befindet.

Tipp: Auf Rolltreppen und in Aufzügen geht es mehrere Meter tief hinunter zum Fußgängertunnel, durch den Sie den Nord-Ostsee-Kanal unterqueren.

Auf der Südseite des Nord-Ostsee-Kanals wenden Sie sich geradeaus in die Straße **Am Alten Schützenhof** links in die **Itzehoer Chaussee** rechts in den **Marienweg** am

Freibad vorbei links in die Straße **Am Tunnel** rechts über die **Danziger Brücke** an der querenden Straße **Över de Heid** geradeaus in den unbefestigten Rad- und Fußweg Sie halten sich immer rechts und kommen an der Straße **Am Kindergarten** heraus.

Am Glockenturm links in die **Eichenallee** bis zum **Kreisverkehr** an der Jeverstedter Straße hier geradeaus in den **Lagenweg**, ⚠ vom Kreisverkehr bis zur Gabelung im Bramkamp fehlt die Beschilderung nach 1,5 Kilometern kommen Sie an einem Rastplatz vorbei, rechts geht es in den Ort Schülp.

Schülp

An allen Abzweigen zunächst geradeaus an der Gabelung in Bramkamp rechts halten an der T-Kreuzung rechts rechts in die **Itzehoer Chaussee** und bis ins Zentrum von Jevenstedt.

Jevenstedt

Von Jevenstedt nach Stafstedt 11 km

An der Tankstelle rechts in die **Dorfstraße** vor der Kirche links in die **Meiereistraße** rechts wieder in die **Itzehoer Chaussee** auf dem linksseitigen Radweg bis zur Bundesstraße an der Fußgängerampel die Straßenseite wechseln schräg rechts in den Rad- und Fußweg an den Pfosten vorbei in die **Nienkattbeker Straße** rechts in die Straße **Pollhorn** bis in den gleichnamigen kleinen Ort.

Pollhorn

Tipp: Hier trennt sich der Ochsenweg bis Uetersen kurz vor Wedel in die zwei bereits erwähnten Haupttrassen.

37
Fockbek
Baken
B 203
Klint
Klinter Weg
Mühlenbach
Altes Rathaus
36
Rendsburg
Eisenbahn-Hochbrücke
Schwebefähre
Fußgängertunnel
Moorkate
Schülldorfer See
Schülldorf
Augustenhof
Ringelsberg
Hohenberg
Höbeck
A 210
A 7
Haßmoor
Osterrönfeld
Neuwerker Gärten
L 255
Posthof
Barris
Norderfeld
B 202
Auhof
Ohe
Dickendörn
Buhrhorst
Eggershof
Großmoor
Aspelweg
Neuenhof
Linnhof
Wittenkamp
Rümlandteich
Westerrönfeld
Thiesberg
Exkurs Wildes Moor
Ohland
Heidkrug
Nordmoor
B 77
Wittkamp
Nübbel
Bössel
Eisfeld
Schülp
Stadtmoor
(schlechte Wegstrecke)
Branden
Wehrau
Nord-Ostsee-Kanal
Plirup
Bramkamp
Hasenkrug
Bockelholm
Kamerun
Wildes Moor
(Betonspurbahn)
Schwabe
Reidsbek
Eider
Papenkamp
Am Molkenstein
Schönwisch
Am Rüsterbergen
Jevenau
Kleinvollstedt
Bockhorst Berg
Jevenstedt
Fischteiche
Schäferkate
Bockelholder Weg
109
Jevenberg
38
48
Altenkattbek
Brammer Au

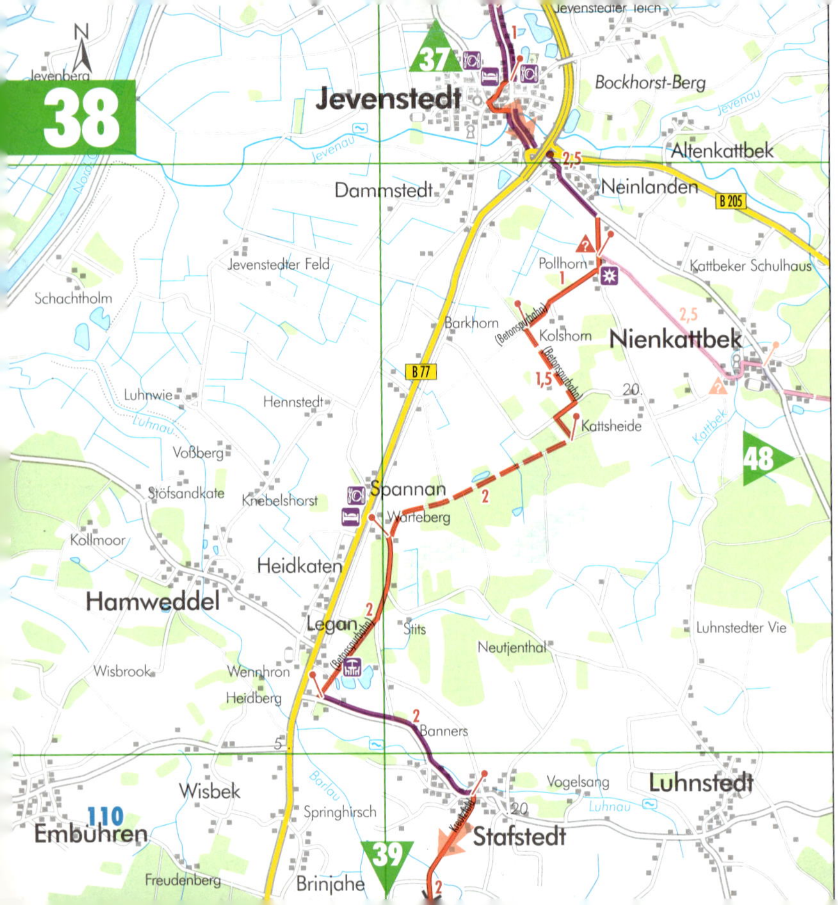

Auf der **Westvariante** fahren Sie an der Gabelung rechts, links geht es auf der Ostvariante weiter ~ auf Höhe des **Teddystübchens** rechts halten ~ geradeaus in die zweispurige Betonspurbahn ~ links in den unbefestigten Weg ~ an der T-Kreuzung rechts ~ Sie folgen dem Links-Rechtsschwenk des Weges ~ weiter auf dem unbefestigten Weg, schlechte Wegstrecke ~ Sie kommen an eine T-Kreuzung, rechts geht's zum historischen Ochsenwegg-asthaus **Hotel Spannan.**

Sie biegen links in die Asphaltstraße ab, ausgeschilderter Teil des **historischen Ochsenweges** ~ am folgenden Abzweig geradeaus in den **Betonplattenweg** ~ an der T-Kreuzung links ~ auf dem linksseitigen Radweg bis in den Ort Stafstedt.

Stafstedt

Von Stafstedt nach Hohenwestedt 15,5 km

Im Ort rechts in die Straße **Kreutzfeld** ~ an der Gabelung im Ortsteil **Wiesengrund** links ~ in der Rechtskurve geradeaus, zweispuriger Betonspurweg ~ an der Kreuzung geradeaus, zweispurige Betonspurbahn ~ am nächsten Abzweig geradeaus in die Asphaltstraße, auf der Sie in den kleinen Ort Nindorf gelangen.

Nindorf

Links in die **Dorfstraße** ~ sofort wieder rechts in die Straße **Door** ~ links in den **Mittelweg** ~ am nächsten Abzweig rechts ~ gleich links in den unbefestigten Weg ~ an der T-Kreuzung rechts in den Radweg ~ gleich links bis zum **Sportplatz** in Tappendorf.

Ochsenbrunnen in Hohenwestedt

Tappendorf

An der Gabelung rechts halten ~ an der T-Kreuzung ebenfalls rechts ~ nach einem Kilometer an der **Bushaltestelle** links in den Betonplattenweg ⚠ Beschilderung nur für eine Richtung vorhanden ~ am folgenden Abzweig rechts, kurzes Stück unbefestigter Weg ~ an der T-Kreuzung in Hohenwestedt rechts in die Straße **Vaasbüttel** ~ links in die **Kieler Straße** ~ nach der Ampel zweite Straße rechts in die **Mühlenstraße** ~ von der **Friedrichstraße** nach dem Heimatmuseum links ~ links in die **Lindenstraße**, die Hauptgeschäftsstraße von Hohenwestedt.

Hohenwestedt

PLZ: 24594; Vorwahl: 04871

Tourismusbüro Naturpark Aukrug, Bargfelderstr. 10, ✆ 0700/87528284, 24613 Aukrug, www.naturpark-aukrug.de

Heimatmuseum Hohenwestedt, im Burmesterhaus, Friedrichstraße 11, ✆ 2229, ÖZ: Di-Fr, So 14-17 Uhr, Sonderausstellungen zur Regionalgeschichte sowie zu moderner regionaler Kunst. Gegenstände und historische Inszenierungen zum alltäglichen Leben in einem mittelholsteinischen Kirchdorf.

Fahrradshop, Barmbek 4, ✆ 2141

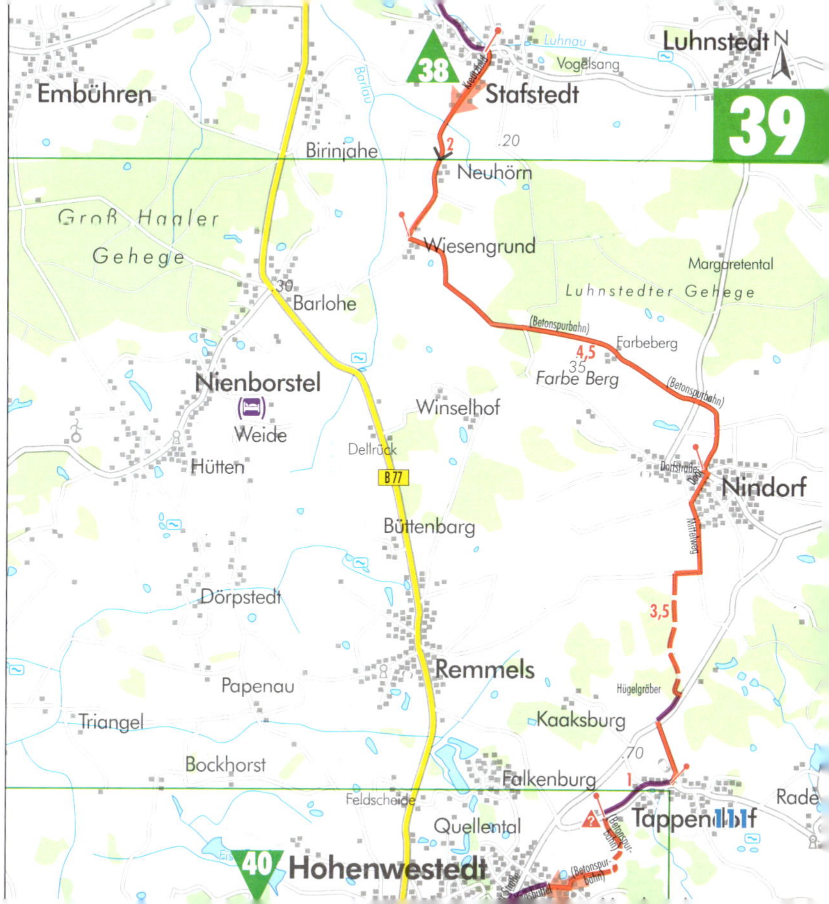

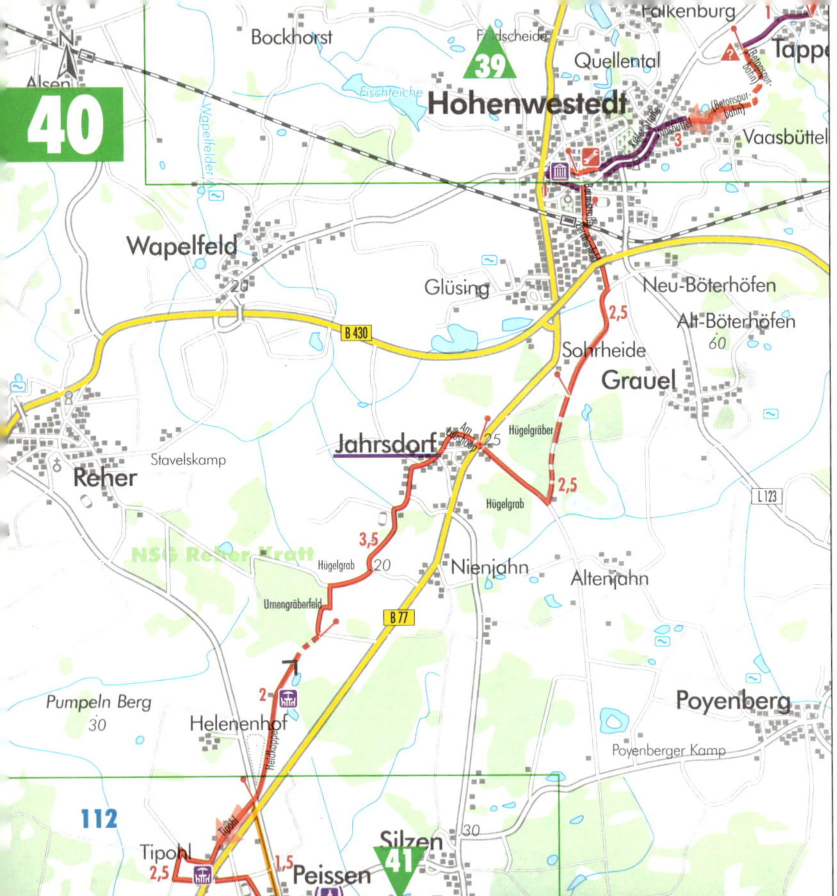

- Fahrrad-Rathje, Mühlenstr. 8, ✆ 84 23
- Freibad Hohenwestedt, Freibad Aukrug

Hügelgrab bei Jahrsdorf

Von Hohenwestedt nach Peissen 14 km

Von der **Lindenstraße** rechts in die **Barmstraße** ab ~ an der T-Kreuzung links, rechts liegt der Bahnhof ~ nach dem **Bahnübergang** folgen Sie der linksabknickenden Vorfahrtstraße ~ auf der Straße **Lerchefeld** unterqueren Sie die Bundesstraße ~ an der T-Kreuzung rechts ~ an der Gabelung geradeaus in den unbefestigten Weg ~ rechts in die querende Asphaltstraße ⚠ über die verkehrsreiche Bundesstraße geradeaus in die Straße **Am Luushoop**.

Jahrsdorf

- Der Ochsenweg führt über eine alte **Pflasterstraße**, zu sehen ist auch noch eine **Viehtränke**.

An der Kreuzung rechts in die **Dorfstraße** ~ am **Sportplatz** vorbei Richtung Reher ~ am Abzweig nach Reher links, rechts geht es zum **Naturschutzgebiet Reher Kratt**.

Naturschutzgebiet Reher Kratt

Das Reher Kratt ist eines der letzten erhaltenen Eichenkrattwälder Schleswig-Holsteins. Krattwälder sind Niederwaldgebiete, die durch eine plantagenartige Form der Waldwirtschaft entstanden sind und früher gerade in Gegenden mit sandigen und unfruchtbaren Böden typisch waren, wie sie in Schleswig-Holstein und Jütland häufig vorkommen.

Bei dieser Art der Waldwirtschaft wurden vor allen Dingen Baumarten, zum Beispiel Eichen und Birken, verwand, die zu sogenannten Stockausschlägen fähig waren, d.h. die sich nach Abschlagung bis auf den Wurzelstock wieder regenerierten. Durch das Abschlagen wurde Holz „geerntet" oder Laub zur Fütterung des Weideviehs gesammelt. Das Abschlagen bis auf den Wurzelstock führt dazu, dass die Bäume verkrüppelt und „knorrig" weiter wachsen und von kleinem Wuchs bleiben.

An dem Birkenwäldchen im spitzen Winkel rechts abbiegen ~ an der Gabelung rechts halten ~ am **Rastplatz** vorbei, Sie befinden sich auf der Staße **Heidkoppel** ~ an der T-Kreuzung links ~ sofort wieder rechts in die Straße **Tipohl**, Sackgasse ~ am Abzweig in Tipohl rechts, gegenüber befindet sich ein **Rastplatz** ~ zweimal links ~ durch die Unterführung hindurch ~ nach dem **Sportplatz** in Peissen rechts.

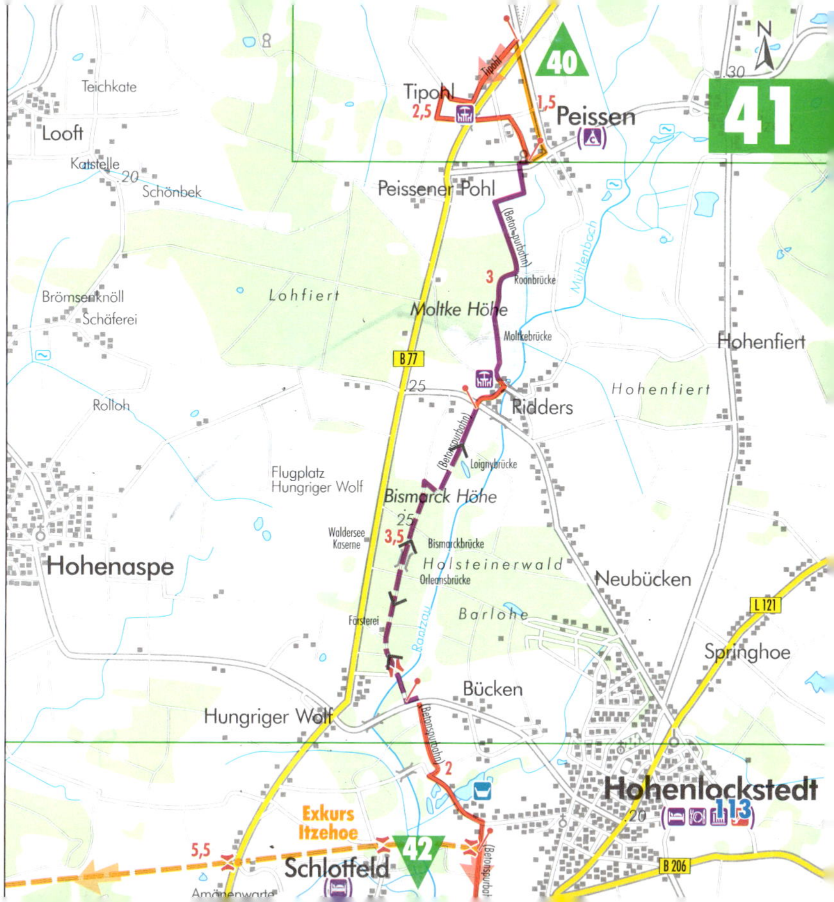

Peissen

Von Peissen nach Hohenlockstedt 8,5 km

An der T-Kreuzung rechts ~ sofort wieder links in den **Wirtschaftsweg** ~ Sie folgen der zweispurigen Betonplattenbahn bis nach **Ridders** ~ vorbei an dem Rastplatz ~ links in die Asphaltstraße ~ vor der **Rantzau** rechts ~ geradeaus über die Kreisstraße in den Wirtschaftsweg ~ am Waldrand rechts an der Schranke vorbei in den unbefestigten Waldweg ~ immer geradeaus über die **Bismarckhöhe** bis zum **Forsthaus** ~ an der Schranke vorbei, dann links halten ~ am Ende des Waldweges an der Schranke geradeaus in den querenden unbefestigten Weg ~ an der Kreisstraße links ~ gleich wieder rechts ~ an der nächsten T-Kreuzung rechts ~ gleich wieder links ~ am **Naturbad** von Hohenlockstedt vorbei ~ an der folgenden Kreuzung rechts auf die Spurbahn, geradeaus geht es nach Hohenlockstedt.

Hohenlockstedt

PLZ: 25551; Vorwahl:04826

- **Touristik Süd-West-Holstein**, Viktoriastr. 14, ☎ 69472, 25524 Itzehoe, www.touristik-sued-west-holstein.de
- **Museum zur Darstellung der Ortsgeschichte Hohenlockstedts und der Geschichte des Königlich Preußischen Jägerbataillons 27 – der Finnischen Jäger**, Am Wasserturm, ☎ 1483, ÖZ: So 14-17 Uhr.
- **KunstHaus Boskamp**, Breite Straße 18, ☎ 59170, ÖZ: Mi u.Sa 15-19 Uhr, So 13-18 Uhr; wechselnde Kunstausstellungen sowie Literatur- und Musikveranstaltungen
- Nachbildung der **historischen Lageruhr** auf dem Marktplatz
- **Naturbad** Hohenlockstedt, Lohmühlenteich Lohmühle
- **Zweiradsporthaus Timm**, Birkenallee 24, ☎ 2519
- **Fahrradhandlung Armin Friedrich**, ☎ 3340

Die Geschichte Hohenlockstedts ist eng mit militärischen Einheiten verbunden, ohne dass der Ort je im Mittelpunkt kriegerischer Auseinandersetzungen stand. Von der Lockstedter Heide ist seit Mitte des 13. Jahrhunderts bekannt, dass hier politische Versammlungen und Tingtreffen stattfanden. 1625 versammelte dann Christian IV. von Dänemark auf den Heideflächen seine Truppen zur Heerschau, in den 1840er Jahren unterhielten die Dänen hier ein großes Zeltlager, bis das Lager 1866 schließlich in preußische Hand überging. Während des deutsch-französischen Krieges nutzten die Preußen das Lager zur Unterbringung französischer Kriegsgefangener; 1872 begann der Ausbau des Gebietes zum Truppenübungsplatz. Erst nach Beendigung des ersten Weltkrieges wurde der Truppenübungsplatz aufgegeben und die Bewohner begannen das Gelände für zivile Zwecke, etwa landwirtschaftlicher Art, nutzbar zu machen.

Dennoch erhielt der Ort 1927 den Namen „Lockstedter Lager", der dann erst 1956 in Hohenlockstedt umgewandelt wurde. Eine ganz besondere 'Lagergeschichte' begründet eine noch heute eifrig gepflegte deutsch-finnische Freundschaft: 1915 traf eine kleine Gruppe finnischer Freiwilliger im Lockstedter Lager ein, die hier auf den heimatlichen Kampf gegen Russland vorbereitet wurden. Noch heute wird am 25. Februar jeden Jahres der Ankunft der finnischen Jäger gedacht; ein Freundschaftsvertrag mit der finnischen Gemeinde Lapua hat seit den 1970er Jahren zu einem regen

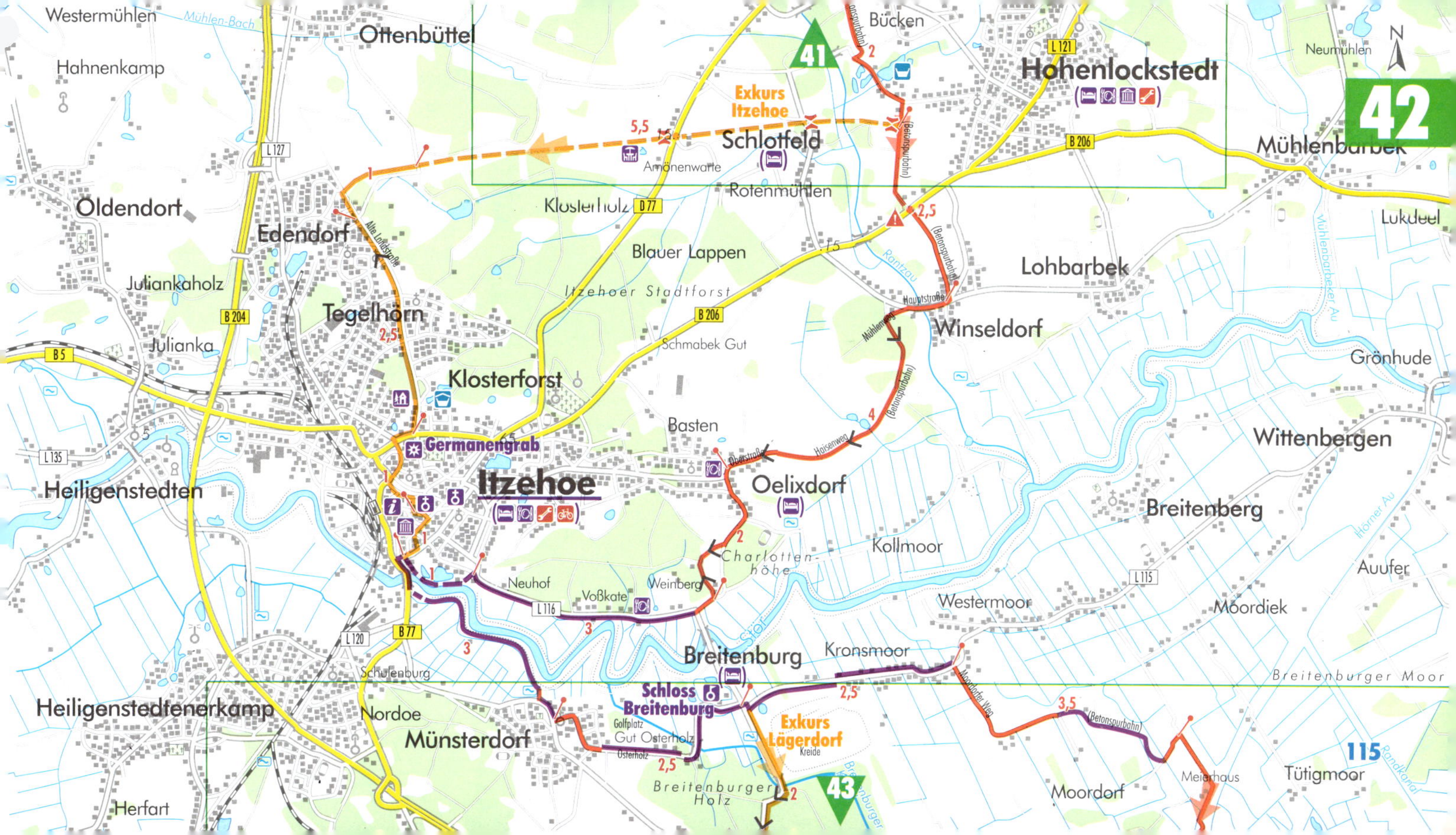
42
41
43
Westermühlen
Mühlen-Bach
Ottenbüttel
Hahnenkamp
Bücken
Hohenlockstedt
L 121
Neumühlen
Exkurs Itzehoe
5,5
Schlotfeld
Amönenwarte
Rotenmühlen
Mühlenbarbek
B 206
L 127
Oldendorf
Edendorf
Klosterholz
D 77
2,5
(Betonspurbahn)
Lukdeel
Alte Landstraße
Blauer Lappen
Rantzau
Lohbarbek
Juliankaholz
Itzehoer Stadtforst
Hauptstraße
Tegelhörn
B 204
B 206
Mühlenweg
Winseldorf
Julianka
B 5
Schmabek Gut
Grönhude
Mühlenbarbeker Au
Klosterforst
4
Basten
Haisenweg
Oberstraße
Wittenbergen
Germanengrab
L 135
Heiligenstedten
Itzehoe
Oelixdorf
Breitenberg
Kollmoor
Charlotten-höhe
Hörner Au
Neuhof
Voßkate
Weinberg
L 115
Auufer
L 116
Westermoor
Moordiek
L 120
B 77
3
Stör
Breitenburg
Kronsmoor
Schulenburg
Breitenburger Moor
Schloss Breitenburg
2,5
Heiligenstedtenerkamp
Nordoe
Golfplatz
Gut Osterholz
Exkurs Lägerdorf
Kreide
Moordorfer Weg
3,5
Münsterdorf
Osterholz
115
Randkanal
Meierhaus
Tütigmoor
Breitenburger Holz
Moordorf
Herfart

deutsch-finnischen Austausch geführt und schließlich zur Eröffnung einer ständigen Ausstellung dieser besonderen Geschichte im ehemaligen Maschinenhaus des Wasserturms. Hier findet jeder Besucher die Antwort auf die Frage, warum gerade Hohenlockstedt als „Wiege der finnischen Demokratie" bezeichnet wird.

Tipp: Von Hohenlockstedt gibt es zwei Möglichkeiten nach Itzehoe weiterzufahren: auf der Hauptroute oder auf dem Exkurs, der nachfolgend beschrieben ist.

Exkurs Itzehoe 11 km

Nach dem Abzweig auf die Spurbahn rechts an den Schranken vorbei in den querenden unbefestigten Weg ~ nun geht es 5,5 Kilometer immer auf diesem Weg geradeaus ~ an der querenden Asphaltstraße geradeaus ~ an der Gabelung links halten, geradeaus geht es in einen Rad- und Fußweg ~ links in die **Alte Landstraße** ~ ca. 2,5 Kilometer auf dem straßenbegleitenden Radweg Richtung Itzehoer Innenstadt.

Klosterhof Itzehoe

An der **Kreuzung Juliengardeweg/ Langer Peter** rechts ~ an der nächsten Ampelkreuzung links in die **Timm-Kröger-Straße** ~ an der Gabelung links halten, **Fahrradstraße**, Anliegerverkehr frei.

Von der Fahrradstraße links in die Straße **Feldschmiede, Fußgängerzone** ~ links in die **Kirchenstraße** ~ rechts in die **Breite Straße** ~ nach der **Breitenburger Straße** links in den unbefestigten Rad- und Fußweg ~ nach dem **Rastplatz** links über die Brücke ~ am **Parkplatz** gleich wieder rechts ~ an der Querstraße rechts ~ gleich wieder links.

Itzehoe s.S. 117

Tipp: Kurz vor der Stör treffen Sie wieder auf die Hauptroute des Ochsenweges, der von links kommt und hinauf zur Brücke weiterverläuft.

Auf der Hauptroute des Ochsenweges fahren Sie nach dem Abzweig auf die Spurbahn geradeaus weiter ⚠ verkehrsreiche Bundesstraße ~ geradeaus bis zu den drei Eichen im Ort Winseldorf.

Winseldorf

Rechts in die **Hauptstraße** ~ nach der Ratzau links in die Betonspurbahn ~ an der nächsten Kreuzung links ~ nach der Linkskurve rechts ~ Sie fahren nun zirka 3,5 Kilometer bis Oelixdorf.

Oelixdorf

Sie fahren auf der **Oberstraße** ~ links in die **Unterstraße** ~ auf dieser verlassen Sie die Ortsdurchgangsstraße geradeaus ~ in der Linkskurve rechts ~ am **Forsthaus** links ~ rechts in die Querstraße ~ geradeaus in die abknickende Landstraße, linksseitiger Radweg ~ in der Rechtskurve nach 3 Kilometern links

Itzehoe, Rathaus

~ am **Landgericht Itzehoe** vorbei ~ weiter auf dem unbefestigten Radweg entlang der Stör.

Tipp: Von rechts stößt der Exkurs aus dem Zentrum Itzehoes kommend auf die Hauptroute.

Itzehoe

PLZ: 25524; Vorwahl: 04821

- **Touristik Süd-West-Holstein**, Viktoriastr. 14, ✆ 69472, www.touristik-sued-west-holstein.de
- **Kreismuseum Prinzeßhof**, Kirchenstr. 20, ✆ 64068, ÖZ: Di-So 10-12 Uhr u. 15-17.30 Uhr. Kulturgeschichtliche Dauerausstellung, wechselnde Sonderausstellungen im ältesten Profangebäude Itzehoes (1556).
- **Wenzel-Hablik-Museum**, Reichenstr. 21, ✆ 603377, ÖZ: Di-Fr 14-17 Uhr, Sa 14-18 Uhr, So 11-18 Uhr. Umfassende Sammlung des vielseitigen Künstlers: Gemälde, Architekturentwürfe, Möbel, Kunsthandwerk
- **Kulturhof Itzehoe**, Dorfstr. 4, ✆ 94170. Vielseitiges, wechselndes Kulturprogramm
- **St. Laurentii-Kirche**, Kirchenstr. 8, ✆ 676210, ÖZ: April-Okt u. Dez. Mo-Fr 15.30-17.30 Uhr, Sa 09.30-12.30 Uhr. Barocker Wiederaufbau (1716-18) der zerstörten gotischen Kirche, schöne Orgel von 1720.
- **St.-Jürgen-Kapelle**, Sandberg 82, ✆ 5122, ÖZ: Di 14.30-16 Uhr. Spätbarocker Fachwerkbau von 1661, im Inneren sehenswert das hölzerne Tonnengewölbe.
- **Theater Itzehoe**, Theodor-Heuss-Platz 1, ✆ 888004.
- **historisches Rathaus** (1695-97), Markt 1
- **Ständehaus** (1834/35), Markt 3; klassizistischer Bau, in dem die ersten Ständeversammlungen Holsteins stattfanden.
- **Äbtissinnenhaus**, Klosterhof 7 (1696), Haupthaus des Klosterhofs, Konventsaal (1723) mit üppigem Rokokostuck.
- **Germanengrab am Galgenberg**, Timm-Kröger-Straße, bronzezeitlicher Grabhügel, der im Mittelalter als Richtstätte diente.
- **Bismarck-Säule** (1905) im Itzehoer Stadtforst

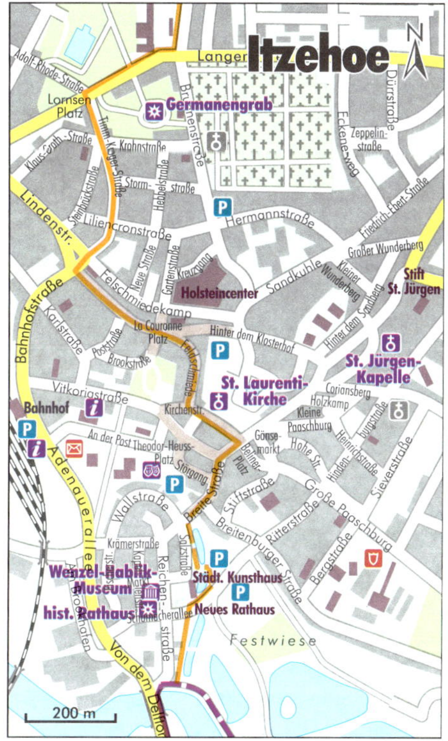

Schwimmzentrum Itzehoe, Hallen und Freibad, Am Klosterbrunnen 4, ✆ 774444, Sportbecken, Warmwasserbecken, Sprunganlage, Großwasserrutsche (91m), Liegewiese.

Fahrrad Richter, Sieversstraße 32, ✆ 952512

Fahrradreperatur Wilfried Lohse, Kamper Weg 57a, ✆ 84950

Zweirad Center Kaina KG, Helenenstraße 2a, ✆ 5991

Voss Spezialrad GmbH, Obere Dorfstr. 1, ✆ 78023

Fahrradstation Itzehoe, Bahnhofstraße, ✆ 2726, auch Fahrradverleih, wettergeschützte Stellplätze.

Schloss Breitenburg

Itzehoe war im Mittelalter ein wichtiger Knotenpunkt mehrer Viehtriften: einer von der Westküste kommenden, einer Nord-Süd und einer Ost-West verlaufenden Trift. So entwickelte sich Itzehoe zu einem wichtigen Umschlagplatz für Ochsen. Hier wurden die Ochsen zunächst auf den fetten Marschwiesen gemästet und so gut erholt von der anstrengenden Trift aus Jütland und anderen Gebieten nach Hamburg und in noch weiter entfernte Städte weiter verkauft.

Die Stadt Itzehoe selbst hat sich historisch aus vier unterschiedlichen Siedlungen entwickelt: einem ländlichen Dorf rund um die St. Laurentii Kirche (die heutige „Altstadt"), einem mächtigen Burgwall am Ufer der Stör, der 1180 zu einer steinernen Burg ausgebaut worden war, dem kaufmännisch geprägten Viertel (die spätere „Neustadt") nahe der Burg, das seit 1238 mit dem Lübecker Stadtrecht ausgestattet war und schließlich dem Zisterzienserinnenkloster, das 1256 von Ivenfleth an die Stör in Itzehoe umgesiedelt worden war. Diese „Vierfältigkeit" bestand noch bis ins 19. Jahrhundert in Form von vier eigenständigen Rechtsbezirken weiter und ist noch heute im Stadtbild erkennbar. An historisch interessanten Gebäude sind informative Tafeln angebracht, sodass Sie auf einem eigenen Streifzug durch die Stadt viel Interessantes über Itzehoe erfahren.

Von Itzehoe nach Horst-Harzhoe 22,5 km

Vom Ufer der Stör fahren Sie hinauf zur Brücke ~ überqueren diese ~ auf dem Rad- und Fußweg entlang des Deiches bis ins gut 2 Kilometer entfernte Münsterdorf.

Münsterdorf

Links in die **Deichstraße** ~ vor der Kirche links in die **Kalandstraße** ~ rechts in die Straße **Am Brunnen** ~ Sie folgen dem Straßenverlauf nach links, linksseitiger Radweg ~ nach dem **Gut Osterholz** wechselt der Radweg auf die andere Straßenseite ~ rechts in die Straße **Am Schloss**, links von Ihnen liegt das altehrwürdige Schloss Breitenburg.

Breitenburg

PLZ: 25524; Vorwahl: 04828

Touristik Süd-West-Holstein, Viktoriastr. 14, 25524 Itzehoe, ✆ 04821/69472, www.touristik-sued-west-holstein.de

Schloss Breitenburg, ✆ 293, ÖZ: April-Sept. n.V.. Schloss Breitenburg stellt eine der bedeutendsten Sehenswürdigkeiten der Region dar. Zum Schloss gehört eine Kapelle, ein Brunnen mit einer schmiedeeisernen Krone versehen sowie ein Spiegel- und Rittersaal und die Thorwaldsen-Galerie.

Tipp: Ab der folgenden Kreuzung zweigt der Exkurs Lägerdorf nach rechts ab, der Sie durch die erdgeschichtliche Vergangenheit der Region rund um Lägerdorf führt.

Tipp: Der Exkurs stößt bei Heisterende wieder auf den Ochsenweg und kann auch als Abkürzung gefahren werden.

Exkurs Lägerdorf 13 km

Sie fahren auf dem linksseitigen Radweg bis nach Lägerdorf.

Lägerdorf

PLZ: 25566; Vorwahl: 04828

Touristik Süd-West-Holstein, Viktoriastr. 14, 25524 Itzehoe, ✆ 04821/69472, www.touristik-sued-west-holstein.de

Heimatmuseum Lägerdorf, Haus am Kamp, Bergstr. 2, ✆ 6461, ÖZ: 1.Sa im Monat 14.00-17.00 Uhr. Ostdeutsche Heimatstube, Mineralien und Fossilien sowie kreide- und steinzeitliche Funde.

Zementfabrik Lägerdorf (Firma Holcim) und **Kreidegruben** nördlich und westlich von Lägerdorf.

An zwei Stellen entlang des Ochsenweges können Sie in die erdgeschichtliche Vergangenheit Schleswig-Holsteins blicken: die Liether Grube, weiter südlich von hier zwischen Elmshorn und Uetersen, die Sie auch auf einem Exkurs besuchen können, und die Kreidegruben rund um Lägerdorf.

Das Besondere ist das seltene Phänomen der Salztektonik, das die Gesteine des Erdaltertums durch die Ablagerungen der jüngeren Erdschichten der Eiszeit aufsteigen ließ. Kurz gesagt geraten Salzlagerstätten durch Auflagerungsdruck mächtiger darüber lagernder Schichten und die dadurch verursachte Temperaturerhöhung in Bewegung und steigen an Schwächezonen bis nah an die Oberfläche auf.

In den Erdschichten rund um Lägerdorf befinden sich mächtige Kalkablagerungen. Der Kreidekalk wurde zunächst als Malerkreide und Düngekalk verkauft, ab 1862 dann industriell abgebaut und in einer von einem Iren und Engländer gegründeten Zementfabrik verarbeitet. Noch heute wird dieser Rohstoff mit großen Baggern gewonnen und in der Zementfabrik in Lägerdorf verarbeitet.

Von der **Breitenburger Straße** rechts in die **Norderstraße** ~ geradeaus in die **Heidestraße** ~ links in die Straße **Am Jahnsportplatz** ~ rechts in die **Dorfstraße** ~ nach dem unbeschrankten Bahnübergang links in den **Sandweg** ~ nach den Gleisen links in die Straße **Moorburg** ~ rechts in die **Rethwischer Straße** ~ es geht nun 4 Kilometer durch das Straßendorf Rethwisch schnurgeradeaus ~ an der dann folgenden Kreuzung links und Sie kommen auf der Dorfstraße in den Ort Hohenfelde hinein.

Hohenfelde

Vor der Kirche rechts ~ aus Hohenfelde hinaus ~ weiter auf der Straße **Kirchmoor-**

wiese ~ nach der **Steenbrockbrücke** links ~ dann schnurgeradeaus durch die Felder ~ an der T-Kreuzung rechts ~ sofort wieder links ~ an der nächsten Querstraße fahren Sie geradeaus und treffen in **Heisterende** wieder auf den Ochsenweg.

Auf der Hauptroute biegen Sie an der T-Kreuzung in Breitenburg rechts ab ~ gleich wieder links ~ bis in den Ort **Kronsmoor** ~ vor der Linkskurve bei der Bushaltestelle rechts in den **Moordorfer Weg** ~ im Rechtsknick der Straße fahren Sie geradeaus, Betonspurbahn ~ an der T-Kreuzung links ~ nächste Straße rechts ~ vor dem Deich entlang der **Hörner Au** rechts ~ über den **Breitenburger Kanal** ~ schnurgerade durch das **Winselmoor** ~ an der Dreieckskreuzung rechts ~ links in die **Florastraße** ~ an der T-Kreuzung rechts ~ an der Kreuzung links in die Straße **Halenbrock** ~ geradeaus bis zur Landstraße, Betonspurbahn ~ rechts ~ nächste Straße links **Na de Hörn** bis zur nächsten Kreuzung, wo Sie einen einladenden Rastplatz finden.

Auf der Bank an der Straßenkreuzung steht die Aufschrift: „Se tt di dol, verpust di mol". Was so viel heißt: "Setz Dich doch, verschnauf einmal„. Klingt auf Platt natürlich viel schöner.

Sie biegen rechts ab ~ am nächsten Abzweig links bis zur T-Kreuzung in Heisterende.

Tipp: Hier trifft der Exkurs Lägerdorf von rechts kommend auf den Ochsenweg.

Heisterende

Sie biegen an der T-Kreuzung links ab ~ nach dem Bahnübergang rechts in die Straße **Hainholz** ~ Verlängerung Milchweg ~ durch die Unterführung hindurch nach Horst-Harzhoe.

Horst-Harzhoe

Tipp: Der Ochsenweg zweigt nach links ab, geradeaus geht es auf dem Exkurs Horst in den gleichnamigen Ort, in dem es im Mittelalter einen Ochsenrastplatz gab.

Exkurs Horst 5,5 km

Nach dem Bahnübergang gleich links in die Straße **Am Bahnhof** ~ rechts **Bahnhofstraße**, Kopfsteinpflaster ~ an der Dreieckskreuzung links ~ an der T-Kreuzung rechts bis zur Kirche in Horst.

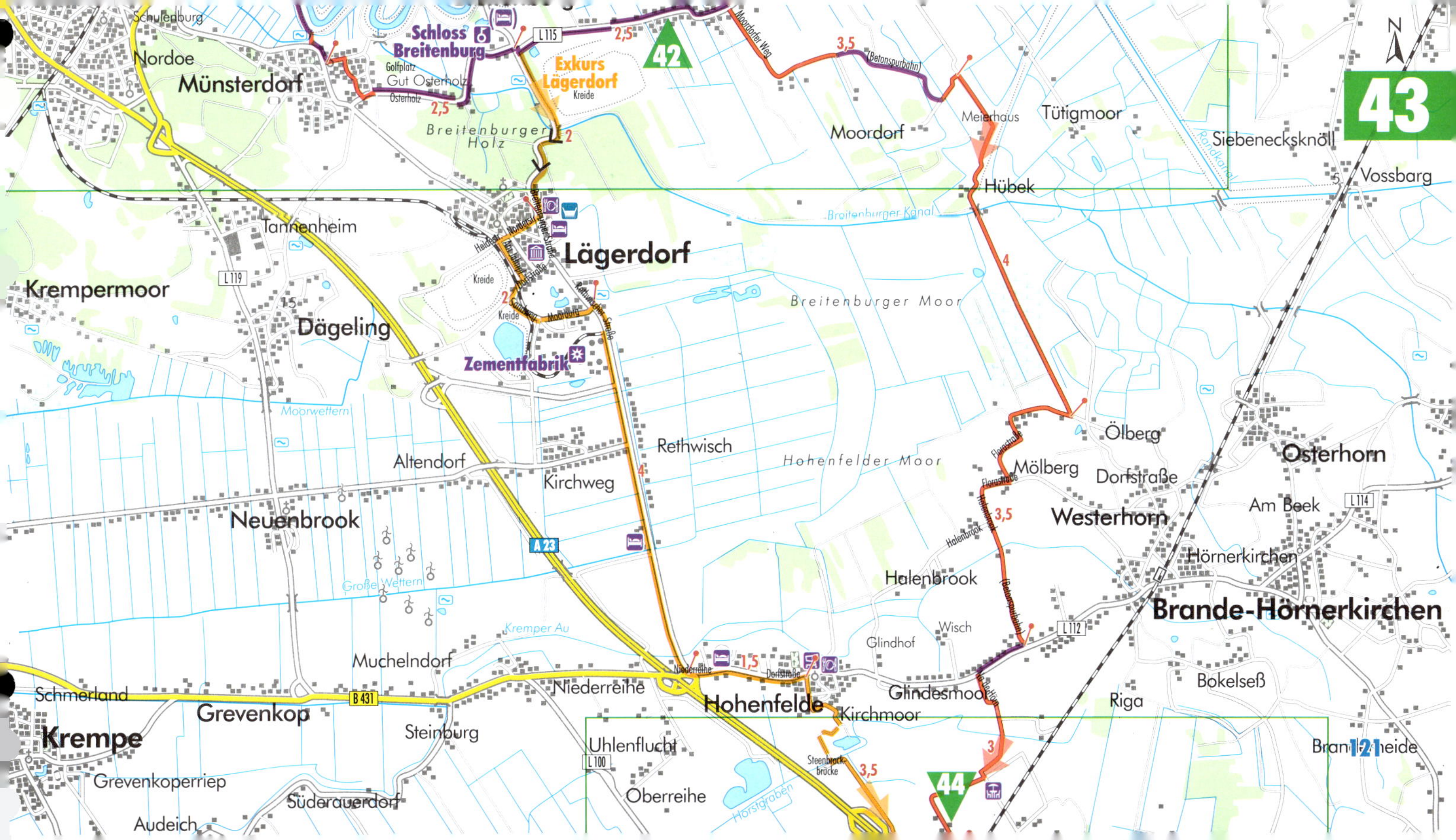
43
42
44
Schulenburg
Nordoe
Münsterdorf
Schloss Breitenburg
Golfplatz
Gut Osterholz
Osterholz
L 115
2,5
2,5
Exkurs Lägerdorf
Kreide
Breitenburger Holz
2
Moordorfer Weg
3,5
(Betonspurbahn)
Moordorf
Meierhaus
Tütigmoor
Siebenecksknöll
Randkanal
Vossbarg
Hübek
Breitenburger Kanal
Tannenheim
Lägerdorf
L 119
Krempermoor
Kreide
2
Kreide
Moordorf
Breitenburger Moor
4
Dägeling
Zementfabrik
Moorwettern
Rethwisch
Hohenfelder Moor
Ölberg
Osterhorn
Mölberg
Dorfstraße
Altendorf
Kirchweg
4
Neuenbrook
Westerhorn
Am Beek
L 114
3,5
Hörnerkirchen
Halenbrook
A 23
Große Wettern
Halenbrook
Brande-Hörnerkirchen
Wisch
Glindhof
Kremper Au
L 112
Muchelndorf
1,5
Niederreihe
Dorfstraße
Glindesmoor
Bokelseß
Schmerland
B 431
Niederreihe
Hohenfelde
Riga
Grevenkop
Kirchmoor
Krempe
Steinburg
Uhlenflucht
3
Brandsheide
L 100
Steenbrock-brücke
3,5
Grevenkoperriep
Oberreihe
Süderauerdorf
Horstgraben
Audeich

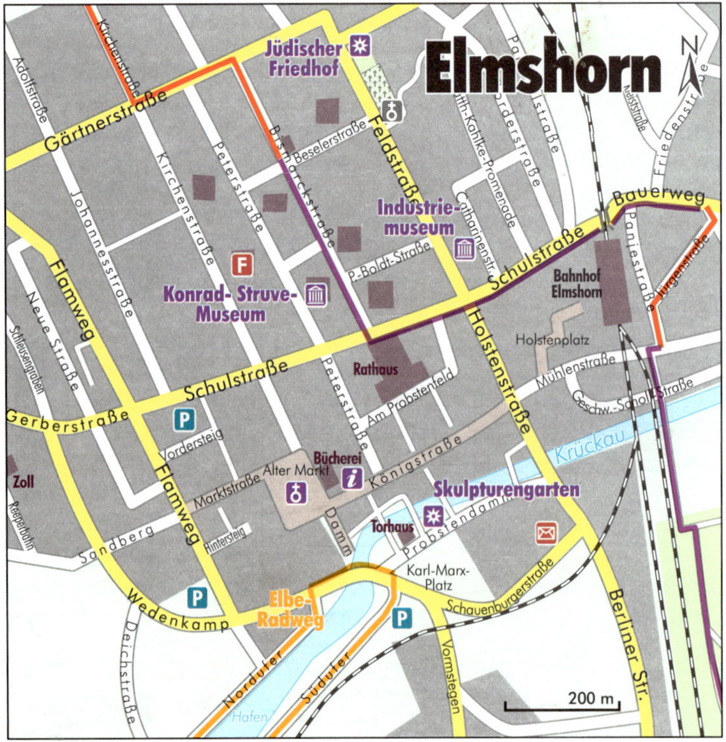

Horst

♁ **Kirche Horst** (18.Jh.), im Stil des Barock erbaut, mit Walmdach und interessanten Deckengemälden.

✲ ehemaliger **Ochsenrastplatz** südlich der Kirche

Links in die **Elmshorner Straße** ~ vor dem Supermarkt links in die Straße **Schlottbohm,** zunächst unbefestigt, dann Betonplattenweg ~ an der T-Kreuzung links ~ über den Bahnübergang ~ bis zum nächsten Abzweig ~ hier stoßen Sie auf die Hauptroute und fahren weiter geradeaus auf dem Ochsenweg.

Von Horst-Harzhoe nach Elmshorn — 10 km

Auf dem Ochsenweg noch vor der T-Kreuzung beim Bahnhof Horst nach links in den **Ziegeleiweg**, Betonspurbahn ~ an der T-Kreuzung rechts ~ nächster Abzweig links ~ gleich wieder rechts ~ geradeaus über den **Horstheider Weg** ~ an der T-Kreuzung links.

Tipp: Von rechts stößt der Exkurs Horst auf den Ochsenweg.

In einem spitzen Winkel rechts in den **Grenzweg,** zweispurige Betonspurbahn ~ an dem Abzweig geradeaus in die Asphaltstraße ~ nach dem Bahnübergang links, zweispurige Betonspurbahn ~ über die **Wittenberger Straße** hinüber weiter auf dem **Grenzweg** ~ weiter auf dem **Gerlingweg** ~ links in die Straße **Papenhöhe** ~ links in die Straße **Kaltenhof** ~ rechts über den Bahnübergang ~ links in die **Rudolf-Diesel-Straße** ~ links in den **Lönsweg** → sofort rechts in die **Kirchenstraße** → links in die **Gärtnerstraße** → geradeaus über das Schulgelände → rechts in die **Bismarckstraße** → links in die **Schulstraße**, Fußgängerampel → rechts von Ihnen liegt die Innenstadt, geradeaus vor Ihnen der Bahnhof von Elmshorn.

Elmshorn

PLZ: 25335; Vorwahl: 04121

- **Stadtmarketing**, Königstr. 17, ✆ 266074 od. Verkehrs- und Bürgerverein, Im Torhaus, ✆ 268832.
- **Industriemuseum**, Catharinenstr. 1, ✆ 268870, ÖZ: Di, Fr, Sa 14-17 Uhr, Mi, So 10-12 Uhr u.14-17 Uhr, Do 14-19 Uhr. In dem alten Fabriksgebäude (1895) befindet sich eine Dokumentation über Leben und Arbeit in der Industriezeit.
- **Konrad-Struve-Museum – Haus der Ortsgeschichte**, Bismarckstraße 1, ÖZ: Mi 16-18, So 10-12, heimatkundliche Ausstellungen, z.B. Geschichte der Elmshorner Walfänger sowie Stücke aus der Vor- und Frühgeschichte, Geologie Schleswig-Holsteins.
- **Nikolai-Kirche**, mit Tonnengewölbe und Arp-Schnittger-Orgel
- **Jüdischer Friedhof**, Feldstraße 42
- Der **Skulpturengarten**, zwischen Wedenkampbrücke und Berliner Straße entlang der Krückau, wurde im Mai 2000 eingeweiht und 2003 um das **kinetische Objekt „Brücken-Tor“** von Bernd Wilhelm Blank erweitert. Zu sehen sind Objekte namhafter Künstler: Walter Arno, KarlHeinz Boyke, Thomas Karp u.a.
- **Die Fahrradbörse**, Langelohe 65, ✆ 76463
- **Fahrrad-Fachgeschäft Kay Burmeister e. K.**, Schulstr. 47, ✆ 20511
- **Freilauf Fahrradservice**, Bauerweg 3, ✆ 870833

Von Elmshorn nach Uetersen — *16 km*

Auf dem Ochsenweg geht es durch die Unterführung hindurch → weiter auf dem **Bauerweg** → rechts in die **Lindenstraße** → sofort wieder rechts in die **Jürgenstraße**,

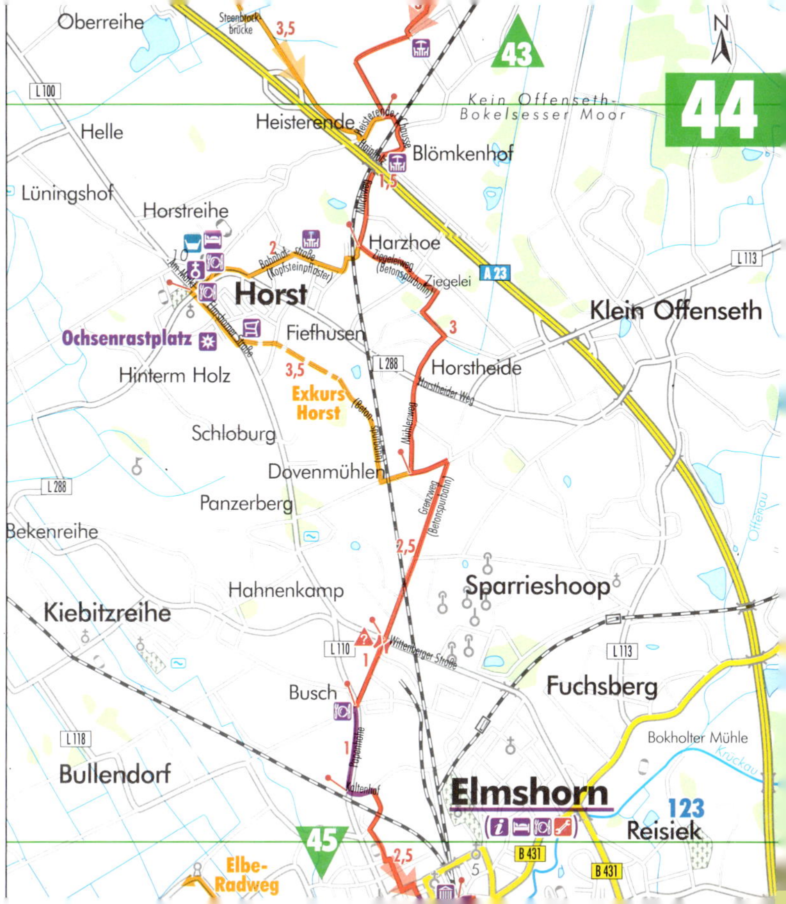

Sackgasse ⚠ nächste Straße links, entgegengesetzt der Einbahnstraße ~ dann rechts durch den Fußgängertunnel, Schiebestrecke ~ danach gleich rechts ~ links in den Fuß- und Radweg ~ Sie überqueren die Krückau ~ geradeaus durch den **Steindammpark** ~ an der Ampelkreuzung geradeaus.

Tipp: Vom Steindammpark bietet sich ein Exkurs zum NSG Liether Grube an, wo Sie rote Salztonschichten und seltene Fauna und Flora sehen können.

Tipp: Der Exkurs ist 5 Kilometer kürzer als der Ochsenweg auf der Strecke zwischen Elmshorn und Uetersen.

Exkurs NSG Liether Grube 10 km

An der Ampel auf der gegenüberliegen Straßenseite nach links in die **Hamburger Straße** ~ gleich rechts an der **P.-Dohrmann-Schule** vorbei ~ in der Sackgasse weiter in den Rad- und Fußweg, **Dohrmannweg** ~ bei der Seniorentagesstätte auf dem Rad- und Fußweg an der Schranke vorbei ~ über das Gelände der Tagesstätte, an Kleingärten vorbei ~ Sie

Liether Kalkgrube

überqueren an der Fußgängerampel die **Wasserstraße** ~ geradeaus in die **Holunderstraße** ~ links in die Straße **Hainholz** ~ gleich wieder rechts in den **Hainholzer Damm** ~ unter dem **Adenauer Damm** hindurch ~ weiter auf der **Ollerlohstraße** ~ geradeaus in die Sackgasse, für Kraftfahrzeuge gesperrt, Radfahrer frei ~ weiter auf der **Ollenlohstraße** ~ an der Querstraße rechts in die Straße **Liether Moor** ~ an der Kreuzung nach dem ⚠ unbeschrankten Bahnübergang links ~ Sie folgen dem Straßenverlauf bis zum NSG Liether Grube, die in der folgenden Rechtskurve geradeaus vor Ihnen liegt.

NSG Liether Grube

Der Abstecher in das Idyll der Liether Grube lohnt sich nicht nur für Naturfreunde sondern ist auch für Hobbygeologen ein ‚Muss' auf dem Tourenplan.

Bei Arbeiten an der Eisenbahnstrecke Kiel – Altona gegen Ende des 19. Jahrhunderts stieß man auf einen geologischen Schatz, der wie rund um Lägerdorf mittels Salztektonik durch die Schichten der Eiszeit emporgestiegen war: rote Tonsalze und Zechsteinkalke. Sogleich begann der Abbau des Tons zur Ziegelherstellung, des Zechsteinkalks zur Herstellung von Mineraldünger, und schließlich wurden noch Gipsvorkommen entdeckt. Die wirtschaftliche Ausbeutung der Grube endete 1986.

Seit 1991 ist die Liether Grube ein ausgewiesenes Naturschutzgebiet. Denn hier haben sich über hundert verschiedene Pflanzenarten – auch sehr seltene und vom Aussterben bedrohte Pflanzen – sowie viele seltene, und interessante Tierarten angesiedelt. Darüber hinaus hat die „Gemeinschaft zur Erhaltung von

Kulturgut in Tornesch" im Naturschutzgebiet einen geologischen Pfad angelegt, entlang dessen man sich anhand von Schautafeln über die Besonderheiten der Liether Grube informieren kann.

Sie folgen der Straße vor der Zufahrt zur Grube nach rechts ~ an der folgenden Kreuzung in die Straße **Lusbarg** ~ an der T-Kreuzung rechts ~ sofort wieder links in den **Birkenweg** ~ geradeaus über die Landstraße in die Straße **Sandberg** ⚠ verkehrsreiche Landstraße.

An der folgenden Querstraße links in den **Groß Nordender Weg** ~ rechts in die **Waldstraße** ~ links in die Straße **Voßberg**, unbefestigter Weg ~ am **Kinderheim** links halten ~ gleich rechts an den Schranken vorbei in den unbefestigten Weg ~ Sie befinden sich nun schon am Stadtrand von Uetersen ~ an **Langes Mühle** und dem Museum Langes Tannen vorbei, wo ein Café Sie zu einer Rast einlädt.

Auf der Kopfsteinpflasterstraße am Café vorbei ~ weiter auf der **Kastanienallee** ~ rechts in die **Heidgrabener Straße** ~ Verlängerung **Tantaus Allee** ~ an der **Ampelkreuzung** links in die **Schanzenallee** ~ rechts in die **Berliner Straße** ~ am **Rosarium** vorbei ~ links in die **Wassermühlenstraße** ~ links in den Rad- und Fußweg, rechts geht es in die Fußgängerzone und zum Marktplatz von Uetersen.

Tipp: Sie haben das Ende des Exkurses erreicht. Der Ochsenweg aus Richtung Elmshorn kommt nun von rechts und führt nach links in den Rad- und Fußweg weiter, der in die Straße Am Mühlenteich übergeht.

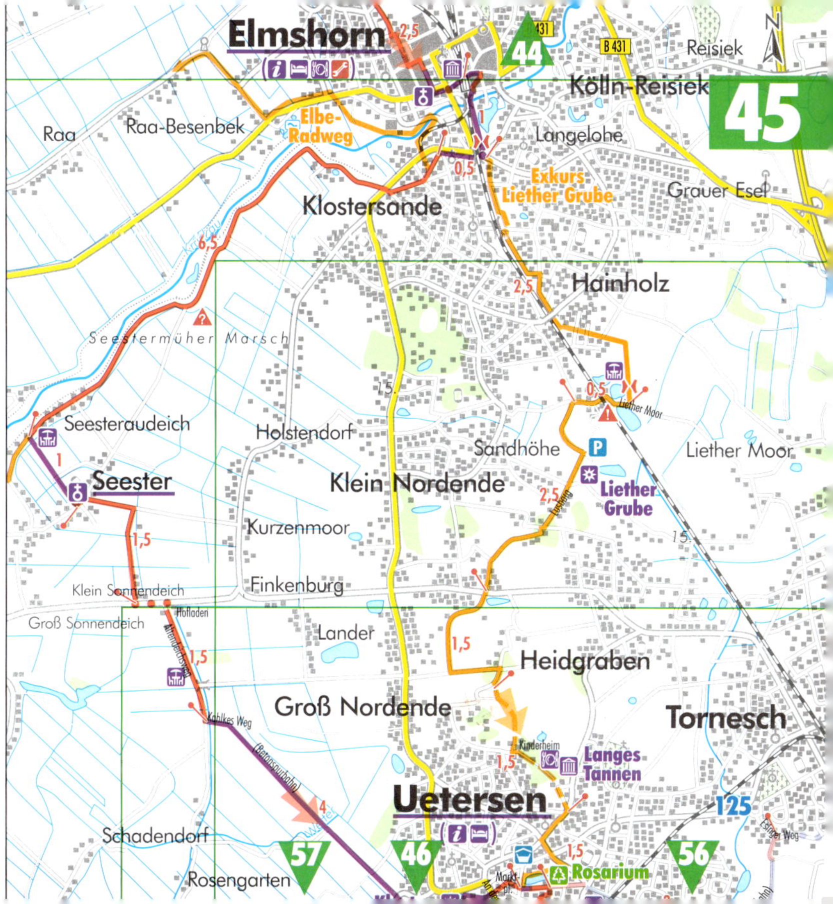

Lesen Sie weiter ab Uetersen auf Seite 127, um auf dem Ochsenweg Richtung Wedel weiterzufahren.

Auf dem Ochsenweg überqueren Sie in **Elmshorn** nach dem Steindammpark die Ampelkreuzung an der **Reichenstraße** ~ auf dem linksseitigen Radweg weiter ~ zweite Straße links ~ gleich rechts in die Straße **Klostersande** ~ rechts in die **Blücherstraße** ~ an der Kreuzung geradeaus ~ links in den Rad- und Fußweg.

Ochsenweg bei Seesteraudeich

Tipp: Sie befinden sich nun bis Seester Audeich auf dem Elbe-Radweg, über den Sie im *bikeline*-**Radtourebuch „Elbe-Radweg 2"** mehr erfahren können.

Parallel zum **Deich an der Krückau** bis nach **Seesteraudeich** ~ am Rastplatz links in den Radweg bis Seester.

Tipp: Der Elbe-Radweg verläuft weiter geradeaus.

Seester

Krückau-Fähre Kronsnest - Seesteraudeich, Mai-Okt., Sa, So/Fei 9-13 u. 14-18 Uhr.

St Johanneskirche (15.Jh.)

sehenswertes **Marschdorf**

Gutshof Seestermühe, südwestlich von Seester am Elbe-Radweg, Herrenhaus mit teilweise zugänglichem Park und Gartenpavillon. Das Wohnhaus neben dem Herrenhaus war einst ein Armenhaus (1653)

An der **Kirche** vorbei ~ an der T-Kreuzung links ~ zweite Straße rechts ~ vor dem nächsten Graben rechts, Betonspurbahn ~ in **Kleinsonnendeich** links ~ ca. 500 Meter auf der stärker befahrenen Kreisstraße ~ beim Hofladen rechts in den **Altendeichsweg** ~ links in den **Kahlkes Weg**, zweispurige Betonspurbahn ~ an dem Abzweig links ~ an der T-Kreuzung rechts ~ sofort wieder links ~ beim Autohändler vorbei ~ auf dem schmalen Weg weiter ~ in einer Linkskurve rechts ~ an der **Klosterkirche** und am **Weiher** vorbei ~ geradaus über die Straße **An der Klosterkoppel** und weiter bis in die Fußgängerzone von Uetersen ~ am **Marktplatz** rechts.

Uetersen

PLZ: 25436; Vorwahl: 04122

Stadtverwaltung Uetersen, Wassermühlenstr. 7, ✆ 714-216, www.uetersen.de

Museum Langes Tannen, Heidgrabener Straße, ✆ 979106, ÖZ: Mi, Sa, So 10-18 Uhr, denkmalgeschütztes Gebäudeensemble und weitläufige Wald- und Parkanlagen, Museum zur bürgerlichen Wohnkultur des 19. und 20. Jhs. im Herrenhaus, wechselnde Kunst- und Kulturveranstaltungen in der Scheune und gemütliches Café im Mühlenstumpf.

Stadtgeschichtliches Heimatmuseum, Parkstr. 1c, ✆ 41919, ÖZ: So 14-17 Uhr, Geschichten zu Uetersener Handwerk, Rosenzucht, Eisenbahn, Werften usw. sowie Sammlung von Motoren des ILO Werkes Pinneberg

Kloster Uetersen, Zisterzienserinnenkloster mit gut erhaltener Anlage, u.a. das älteste Haus der Stadt (1664) und die augenfällige Klosterkirche aus dem Spätbarock (1748/49).

Rosarium Uetersen, auf sieben Hektar Fläche kann man ca. 800 verschiedene Rosensorten bewundern.

Jürgen Frenzel Schwimmhalle, Kleiner Sand, ✆ 489287

Gutshaus Langes Tannen

Ritter Heinrich von Barmstede gründete 1234 in unmittelbarer Nachbarschaft zu seiner Burg ein Zisterzienserinnenkloster. Die Ansiedlung wuchs rasch zu einem größeren Ort, dessen Entwicklung auch die kriegerischen Kämpfe in der Region sowie Missernten und Hochwasser nicht viel anhaben konnte.

Schon Mitte des 16. Jahrhunderts gehörte das Kloster zu den größten Flächensiedlungen zwischen Neumünster und Hamburg. Selbst die Reformation und die Umwandlung des Klosters in ein Stift für die adligen Damen des schleswig-holsteinischen Adels waren kein Hemmnis für das stetige Aufstreben zur Stadt Uetersen, wasmit Erteilung der Stadtrechte 1870 vollendet war. Die klösterliche Vergangenheit prägt noch heute das Stadtbild, zusammen mit den weiteren Attraktionen Uetersens: dem Rosarium im Zentrum der Stadt und den Anlagen des Museums Langes Tannen.

Das Rosarium wurde 1934 – zum 700-jährigen Jubiläum der Stadt – eröffnet. Mit der Anlage des Rosariums in den 30er Jahren knüpfte man an die lange Tradition der Rosenzucht in der Umgebung an. Ein weiteres Beispiel dafür, dass Tradition in Uetersen groß geschrieben wird, ist „Langes Tannen“. Seit Mitte des 18. Jahrhunderts waren das Wohnhaus, die Mühle, die Bäckerei und andere Wirtschaftsgebäude sowie das weitläufige Mühlengelände im Besitz der Familie Lange, deren letzter Nachkomme, Werner Lange (1917-1979), das gesamte Anwesen der Stadt Uetersen vererbte – mit der Auflage Gebäude und Park zu erhalten und für die Öffentlichkeit zugänglich zu machen.

Von Uetersen nach Wedel 25,5 km

Sie biegen links in die **Töpferstraße** ab ~ am folgenden Abzweig links halten ~ links in die Straße **Großer Sand** ~ vor der nächsten Kreuzung nach rechts über den Parkplatz in den Radweg ~ an der Kreuzung geradeaus in die **Pinnauallee** ~ an der Gabelung rechts ~ sofort wieder rechts in den **Werftweg** ⚠ Beschilderung fehlt ~ in die Sackgasse ~ bei den Pfosten geradeaus ~ an der T-Kreuzung rechts ~ in Moorrege am Schloss Düneck vorbei.

Moorrege

PLZ: 25436; Vorwahl: 04122

- **Bienen- und Imkereimuseum**, Klinkerstr. 82, ✆ 45454, ÖZ: Mai-Okt. jeden 2. und 4. Sonntag im Monat 14-18 Uhr. Allerlei Wissenswertes über Bienen, Honig und Imkerei.
- **Schloss Düneck** wurde 1871 nach Entwürfen von Detlef Lienau, amerikanischer Architekt und Bruder des Bauherrn Michael Lienau, im amerikanischen Stil erbaut. Das Landhaus steht seit 1980 unter Denkmalschutz. Liebevoll und mit hohem Aufwand wurde das bereits zum Abriss freigegebene Gebäude in den Originalzustand zurückversetzt.

Rechts in die **Kastanienallee** ~ an der T-Kreuzung links ~ an der nächsten T-Kreuzung rechts, zweispurige Betonspurbahn ~ rechts in die querende Asphaltstraße ~ sofort wieder links, zweispurige Betonspurbahn ~ an der T-Kreuzung links ~ nächste Straße links in den Ort Heist.

Heist

An der T-Kreuzung rechts ~ nach 120 Metern links in den Wischweg ~ dann links ~ an der Bundesstraße rechts ~ nach 500 Metern links ~ Sie folgen der Betonspurstraße nach rechts ~ links in den **Bredhornweg** durch das Gewerbegebiet von Holm ~ ⚠ Beschilderung fehlt ~ geradeaus in den Kreuzweg ~ Sie folgen der zweispurigen Betonspurbahn ~ links in die Asphaltstraße ~ am Parkplatz in der folgenden Rechtskurve links an der Schranke vorbei in den unbefestigten Weg, geradeaus geht es in den Ort Holm hinein.

Holm

PLZ: 25488; Vorwahl: 04103

- **Heimatmuseum Holm**, Hauptstraße, ✆ 2223, ÖZ: Mai-Okt. n. V. Ehrenamtlich betriebenes Museum mit liebevoll zusammengetragenen Exponaten zur Arbeits- und Alltagswelt der Holmer, vorwiegend 19./20. Jh.
- **Agrarhistorische Sammlung Kleinwort**, Schulstr. 1, ✆ 88454 od. 0179/4690036, ÖZ: Mai-Okt. n. V. Private Sammlung landwirtschaftlicher Geräte des 19./20. Jhs.
- **Sammlung Vor- und Frühgeschichte in Holm**, Hauenweg 12, ✆ 84185, ÖZ: n. V. Exponate aus der Stein- und Bronzezeit, z.B. Werkzeuge, Schmuck.
- **NSG Holmer Sandberge.** Die Holmer Sandberge sind ein weitgehend erhaltenes Binnendünengelände. Die Dünen sind Überbleibsel der Eiszeit, die Schleswig-Holstein mit Gletschern bedeckt hatte. Sie sind heute teilweise als noch wandernde Sandflächen vorhanden. Das Naturschutzgebiet der Holmer Sandberge zeichnet sich durch eine eigene Mischung von Kiefern, Heide- und Moorflächen aus.

Sie fahren auf dem **Katastrophenweg** durch das **NSG Holmer Sandberge** ~ an der Kreuzung geradeaus, zweispurige Betonspurbahn ~ am nächsten Abzweig rechts in die Asphaltstraße ~ geradeaus über die Bundesstraße in die **Helgolandstraße**, links geht es auf dem Radweg entlang der Bundesstraße direkt bis zum Marktplatz in Wedel ~ in einem spitzen Winkel rechts Richtung **Fähr-**

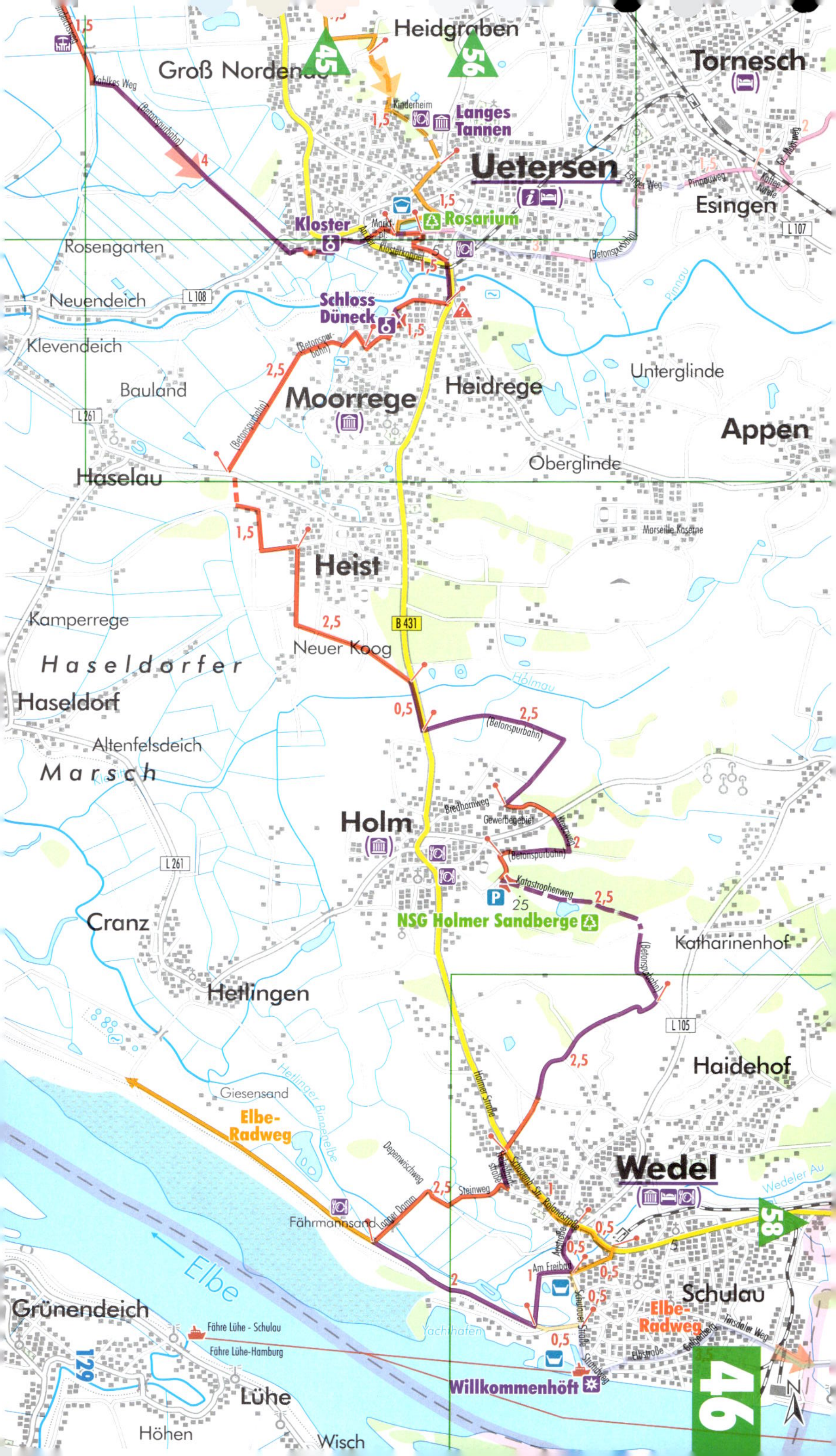

Heidgraben
Groß Nordende
Tornesch
Langes Tannen
Kinderheim
Uetersen
Esingen
Rosarium
Kloster
Rosengarten
Neuendeich
Schloss Düneck
Klevendeich
Bauland
Moorrege
Heidrege
Unterglinde
Appen
Oberglinde
Haselau
Marseille Kaserne
Heist
Kamperrege
Neuer Koog
Haseldorfer
Haseldorf
Altenfelsdeich
Marsch
Holm
Bredhornweg
Gewerbegebiet
Katastrophenweg
NSG Holmer Sandberge
Katharinenhof
Cranz
Hetlingen
Haidehof
Giesensand
Hetlinger Binnenelbe
Elbe-Radweg
Depenwischweg
Steinweg
Holmer Straße
Wedel
Wedeler Au
Fährmannssand
Langer Damm
Elbe
Schulau
Schulauer Straße
Tinsdaler Weg
Elbstraße
Yachthafen
Willkommenhöft
Grünendeich
Fähre Lühe - Schulau
Fähre Lühe-Hamburg
Lühe
Höhen
Wisch
Kahlkes Weg
(Betonspurbahn)
B 431
L 107
L 108
L 261
L 105
45
56
58
46
129

mannssand ~ am nächsten Abzweig links in den **Langen Damm** bis zum Elbdeich ~ hier wenden Sie sich an dem Gatter vorbei hinauf zum Elbdeich Richtung Wedel.

Tipp: Sie folgen nun dem Elbe-Radweg ca. 2 Kilometer.

Dann links in den Rad- und Fußweg ~ am **Freizeitpark Elbmarschen** vorbei ~ an der Ampel links in die **Schulauer Straße** und von dort bis zum Marktplatz von Wedel.

Wedel

PLZ: 22880; Vorwahl: 04103

- **Wedel Marketing e.V.**, Rathausplatz 3-5, ✆ 707-707, www.wedel.de
- **Fähre Lühe-Schulau**: Kapitän Thorlef Hoffmann, Fährstr. 12, 21720 Grünendeich, ✆ 04142/4375, Fährzeiten: Mo-Fr 7-18 Uhr, Sa/So/Fei 10-17 Uhr.
- **Heimatmuseum Wedel**, Küsterstr. 5, ✆ 13202, ÖZ: Do-So 14-17 Uhr, So auch 10-12 Uhr, Museum in einem ehem. Schulgebäude (1829), Stadtgeschichte, wechselnde Ausstellungen sowie Projekte mit und für Kinder.
- **Ernst-Barlach-Museum**, Mühlenstr. 1, ✆ 918291, ÖZ: Di-So 11-17 Uhr, Geburtshaus des Expressionisten Barlach, umfangreiche Sammlung aus seinem Werk.

Schulauer Fährhaus

- **Buddelschiff- und Muschelmuseum**, Schulauer Fährhaus, Parnaßstr. 29, ✆ 920016, ÖZ: 16. März-15. Okt. tägl. 10-18 Uhr.
- Batavia-**Theaterschiff**, Brooksdamm, ✆85836, auf der Wedeler Au vor Anker liegendes, 100jähriges Schiff, vielseitiges kulturelles Programm mit Theater, Kindertheater, Cabaret, Kleinkunst, Freiluftkino und Lifemusik sowie Kulinarisches aus der schiffseigenen Kombüse, im Sommer auch mit Biergarten.
- Galeriecafé am Makrtplatz, Kunstaustellungen, musikalische Darbietungen.
- **Reepschlägerhaus**, Schauenburger Str. 4, ✆ 85057, ÖZ: Di-Fr 16.30-22 Uhr, Sa/So 15-22 Uhr, Teestube, Konzerte und wechselnde Ausstellungen im ältesten Haus Wedels, einem typischen niederdeutschen Fachhallenhaus (1758), in dem die Diele im Mittelpunkt als Arbeits- und Lebensraum stand. Von Kennern wird der dänische Apfelkuchen empfohlen.
- Die **Rolandsfigur (1558)** auf dem alten Marktplatz ist eines der beiden bekannten Wahrzeichen der Stadt.
- Schiffsbegrüßungsanlage „Willkomm-Höft", Schulauer Fährhaus, Parnaßstr. 29, ✆ 83094, Betrieb: März-Okt. tägl. 8 Uhr bis Sonnenuntergang, Sommermonate: 8-20 Uhr, Nov.-Feb., Mo Ruhetag, das zweite Wahrzeichen der Stadt, jedes Schiff von mehr als 500 BRT wird mit Abspielen der jeweiligen Nationalhymne sowie mit Dippen der Nationalflagge begrüßt.
- Auf dem einzigen **Planetenlehrpfad Schleswig-Holsteins, zwischen dem tidenunabhängigen Hamburger Yachthafen und Fährmannsand, sind die Gestirne unseres Sonnensystems als Modelle im jeweiligen Maßstab zueinander dargestellt, Infos zu den Planeten auch in Blindenschrift auf den Bronzetafeln.**
- **Wedeler Marsch, Infos im Hermann-Kroll-Haus des NABU**
- **Freibad**, Am Freibad, ab 2006 Kombibad „Badebucht"
- **Hallenbad**, Mühlenweg

Mit gutem Grund bildet Wedel den Abschluss des Ochsen-Radweges: Hier fand im Mittelalter einer der bedeutendsten Ochsenmärkte Jütlands und Schleswig-

Holsteins statt, der Anfang des 17. Jahrhunderts seine Blütezeit hatte und Wedel zu großem Wohlstand verhalf. Von Dänemark und Nordschleswig kommend, wurden auf dem Ochsenpfad alljährlich im Frühjahr bis zu 50.000 Ochsen nach Wedel getrieben, wo sie auf dem Markt unter der acht Meter hohen Roland-Statue – Symbol des Marktfriedens und der Marktgerechtigkeit sowie Wahrzeichen der Stadt – per Handschlag den Besitzer wechselten, um dann von Fährmannsand über die Elbe gesetzt und weiter in Richtung Süden getrieben zu werden. Der Ochsenbrunnen in unmittelbarer Nähe des Rolands sowie der alljährlich am dritten Mittwoch im April in Wedel veranstaltete Ochsenmarkt erinnern noch heute an diese Zeit.

In der Altstadt von Wedel ist ein Besuch des Ernst-Barlach-Museums im Geburtshaus des bildenden Künstlers und Literaten zu empfehlen, das sich mit seinen wechselnden Kunstausstellungen überregional einen Namen gemacht hat. Das Haus beherbergt eine repräsentative Sammlung von Skulpturen, Zeichnungen, Holzschnitten, Lithographien, Briefen und Manuskripten des Künstlers, welche einen interessanten Überblick in die Vielfältigkeit seines Schaffens bieten. Am bekanntesten sind sicherlich seine ausdrucksstarken Bildhauerarbeiten, die wir nach Barlachs eigenen Worten seiner Mutter zu verdanken haben. Sie soll gesagt haben, er habe keinerlei Farbsinn – weswegen er sich entschloss Bildhauer zu werden. Seine bildnerischen Arbeiten, wie

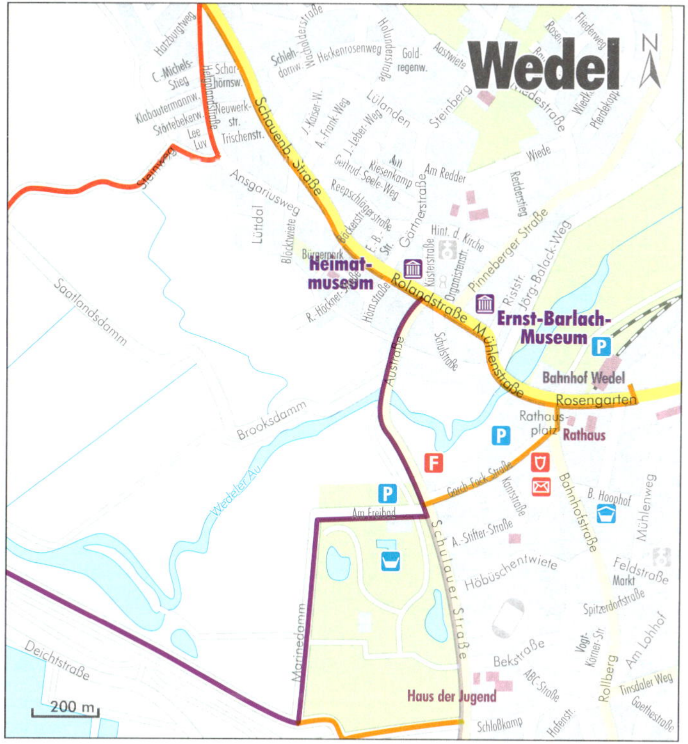

auch seine Erzählungen und Dramen, waren immer auch Ausdruck seines politischen und sozialen Gewissens. Verschiedene Ehrenmäler, die er nach dem Ende des Ersten Weltkrieges entwarfen hatte, wurden deshalb von den Nationalsozialisten stark kritisiert und nach Kriegsbeginn 1939 abgerissen. Der Künstler wurde mit einem Ausstellungsverbot belegt, seine Werke beschlagnahmt und teilweise in der Ausstellung „Entartete Kunst" gezeigt.

Weitere kulturelle Anziehungspunkte in der Altstadt sind das Wedeler Heimatmuseum, das Galeriecafé und das Reepschlägerhaus, die mit ihrem bunten Programm aus Kunst und Musik Ihren kulturellen Streifzug durch die Stadt abrunden.

Neben der Kultur ist die einzigartige Natur der Marschlandschaft ein Anziehungspunkt für Erholungssuchende und vogelkundlich Interessierte. Ganz besonders interessant sind die Frühjahrs- und Herbstmonate an der Niederelbe, die als „Rast- und Nahrungsstätte" für 200 Vogelarten auf ihrem Zug aus und nach Skandinavien und Nordrussland dient. Neben den Freizeitwegen für Radfahrer, Inlineskater und Spaziergänger laden auch originelle gastronomische Anlaufpunkte zum Verweilen ein, so direkt am Deich der Gasthof Fährmannsand, das Galerie-Café Winterros auf dem Obsthof oder auf dem kleinen Flüsschen Wedeler Au das fest vor Anker liegende, legendäre Batavia-Theaterschiff.

Tipp: In Wedel haben Sie das Ziel des Heer- bzw. Ochsen-Radweges erreicht. Hinter Ihnen liegen mehrere hundert Kilometer durch die wunderschöne Natur und die interessanten Städte Jütlands und Schleswig-Holsteins. Wir hoffen, es hat Ihnen gefallen, und sind gespannt auf Ihre Eindrücke und Erfahrungen.

Tipp: Von Wedel geht es nun auf dem Elbe-Radweg bis nach Hamburg. Die Routenbeschreibung finden Sie im letzten Abschnitt dieses ***bikeline*-Radtourenbuches**.

Zwischen Wedel und Hamburg besteht eine sehr gute S-Bahn-Verbindung (s. Einleitung), die Sie alternativ benutzen können, um in die Hansestadt zu kommen.

Von Rendsburg über Neumünster nach Wedel 147 km

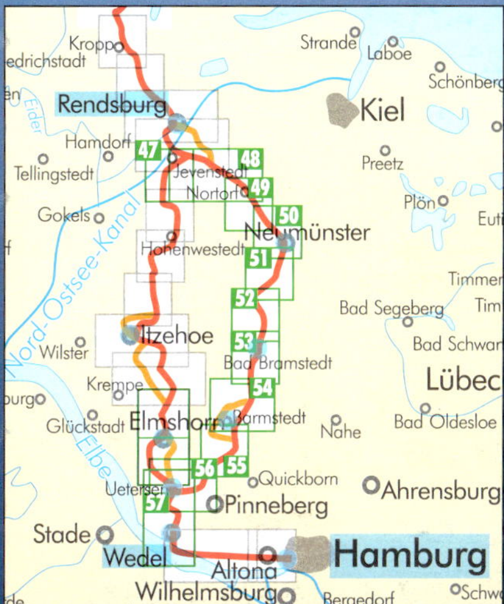

Die Ostvariante des Ochsenweges führt Sie vorbei am KinderKunstpfad in Bokel und dem Skulturenpark in Nortorf bis in die Stadt Neumünster. Die viertgrößte Stadt Schleswig-Holsteins verlassen Sie auf einem idyllischen Radweg entlang der Schwale und gelangen dann über Bad Bramstedt nach Uetersen, wo Sie das Mühlencafé Langes Tannen mit köstlichem Kuchen und gutem Kaffee erwartet. Auf den beiden Exkursen lernen Sie die Tonstichlandschaft im Landschaftsschutzgebiet Wildes Moor kennen und machen einen Ausflug ins Schloss Rantzau in Barmstedt. Endstation des Ochsenweges ist die Stadt Wedel, in der es im Mittelalter den größten Ochsenmarkt gegeben hat.

Sie fahren auf ruhigen, teils abseits gelegenen Nebenstraßen, im Bereich der Ortschaften auf straßenbegleitenden Radwegen. Die Oberflächen sind überwiegend asphaltiert, selten mit Betonspurplatten befestigt oder unbefestigt. Auch in diesem Abschnitt gibt es keine nennenswerten Steigungen.

Tipp: Von Rendsburg aus führt ein Exkurs durch das Landschaftsschutzgebiet Wildes Moor, eine alte Torfstichflächenlandschaft. Dieser Exkurs, als Alternative oder Abkürzung gewählt, trifft in Bökel auf die Ostvariante des Ochsenweges.

Exkurs Wildes Moor 18,5 km

Vom **Schiffbrückenplatz** geradeaus in die Hohe Straße, Sie müssen ihr Fahrrad schieben ~ am **Alten Rathaus** vorbei ~ weiter auf der Straße **Stegen** bis zum **Jungfernstieg** ⚠ Beschilderung fehlt ~ auf dem Radweg nach links zum **Röhlingsplatz** ~ vor dem Pavillon rechts halten ~ links unter der Eisenbahnbrücke hindurch, rechts geht's zum Bahnhof von Rendsburg ~ nach dem Tunnel rechts in die **Kieler Straße** ~ rechts in die **Bismarckstraße** ~ am Kreisverkehr rechts in den **Röhlingsweg** ~ rechts in die **Alte Kieler Straße** ~ nach der Eisenbahnhochbrücke gleich links in den Radweg, der an der **Sonderbruger Allee** endet ~ in diese geradeaus ~ am Hafen links hinunter zum Anleger der **Schwebefähre** unter der Eisenbahnhochbrücke.

Tipp: Die Schwebefähre über den Nord-Ostsee-Kanal ist ein Erlebnis. Vor allen Dingen, wenn die gemächlich vorbeiziehenden, Hochhaus hohen Schiffe die Schwebefähre winzig klein erscheinen lassen.

Die Fähre verkehrt täglich zwischen 5 und 23 Uhr. Von der Süd zur Nord-Seite immer zur vollen, viertel, halben und dreiviertel Stunde, letzte Fähre: 22:45. In umgekehrter Richtung verkehrt sie jeweils um 07, 22, 37 & 52, letzte Fähre 22:52.

Von der Schwebefähre geradeaus auf dem Radweg längs der imposanten Hochbrücke nach Osterrönfeld.

Osterrönfeld

Links in die **Dorfstraße** ~ rechts in die **Schulstraße** ~ rechts in die Straße **Achterkamp** ~ auf dem Rad- und Fußweg am **Sportplatz** vorbei ~ an der T-Kreuzung rechts unter der Hochbrücke hindurch ~ nach 3,5 Kilometern biegen Sie vor dem kleinen Wäldchen rechts in den unbefestigten Weg ab ~ ein Stück auf Asphalt ~ gleich links in den unbefestigten, zweispurigen Weg, Sie befinden sich nun im **Landschaftsschutzgebiet Wildes Moor** ~ an der folgenden T-Kreuzung links ~ an der dann folgenden rechts, Betonspurbahn, bis in das **Moorkolonistendorf Kamerun** ~ hier rechts ~ nach dem Wäldchen rechts in die Asphaltstraße ~ an der Kreuzung geradeaus in den **Bokelfelder Weg** ~ nach der Linkskurve rechts, Bokelfelder Weg ~ an der T-Kreuzung link bis Bokel.

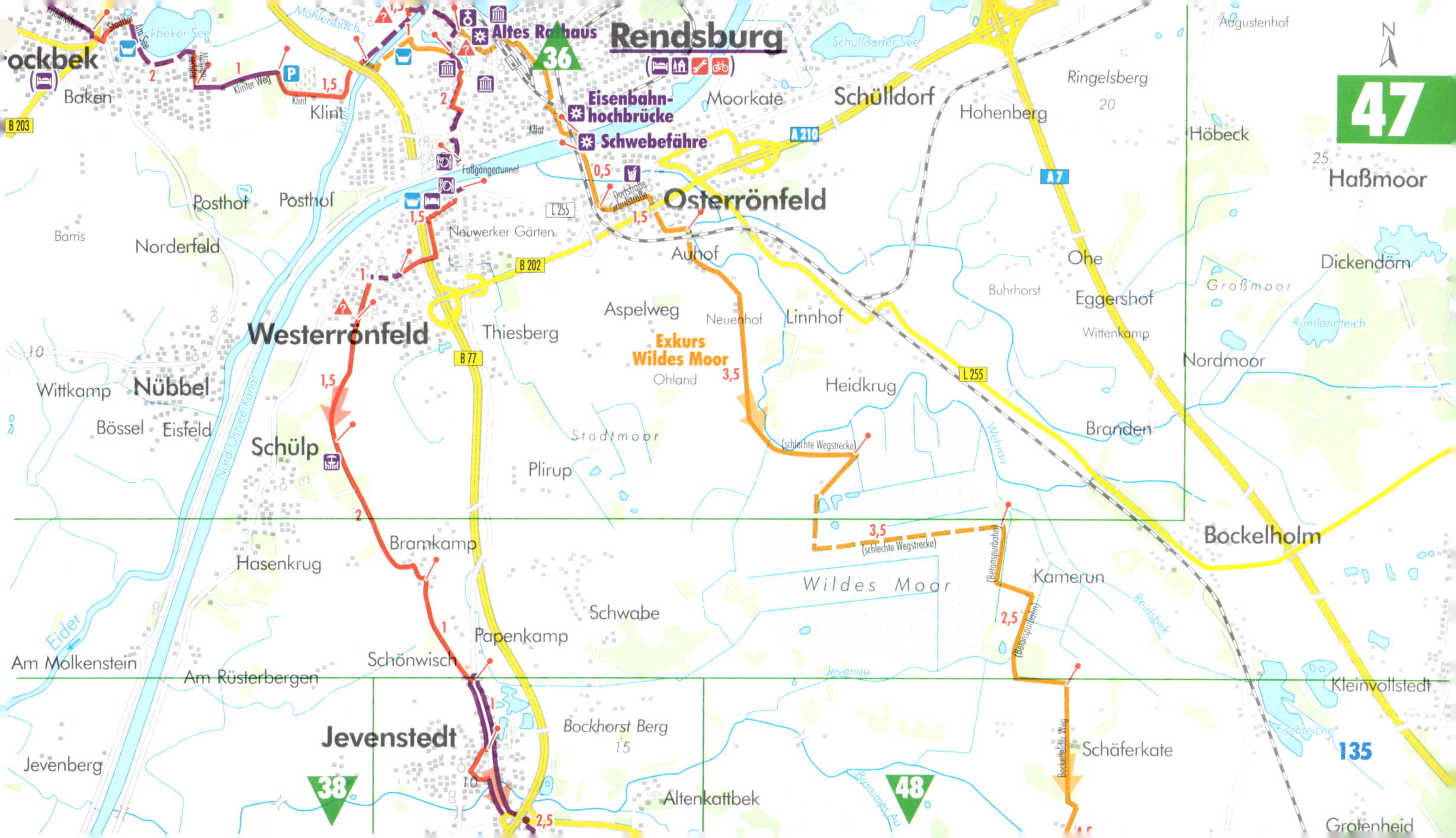

Rendsburg
Altes Rathaus
36
Eisenbahn-hochbrücke
Schwebefähre
Fußgängertunnel
Moorkate
Schülldorf
Schülldorfer See
Hohenberg
Ringelsberg
Augustenhof
Höbeck
Haßmoor
47
A 210
A 7
B 203
B 202
B 77
L 255
Baken
Klint
Klinter Weg
Mühlenbach
Eider
Posthof
Barris
Norderfeld
Neuwerker Gärten
Osterrönfeld
Dorfstraße
Schulstraße
Auhof
Aspelweg
Neuenhof
Linnhof
Exkurs Wildes Moor
Ohland
Westerrönfeld
Thiesberg
Wittkamp
Nübbel
Bössel
Eisfeld
Schülp
Nord-Ostsee-Kanal
Heidkrug
Stadtmoor
Plirup
(schlechte Wegstrecke)
Ohe
Eggershof
Buhrhorst
Wittenkamp
Großmoor
Rumlandteich
Dickendörn
Nordmoor
Branden
Wehrau
Bockelholm
Bramkamp
Hasenkrug
Wildes Moor
(Betonspurbahn)
Kamerun
Reidsbek
Schwabe
Papenkamp
Schönwisch
Am Molkenstein
Am Rüsterbergen
Jevenau
Kleinvollstedt
Fischteiche
Jevenstedt
Bockhorst Berg
Jevenberg
38
48
Altenkattbek
Brammer Au
Schäferkate
Bockelfelder Weg
135
Grotenheid

Bokel s.S. 138

Sie fahren auf dem **Mühlenweg** durch den Ort hindurch und stoßen nach dem Mühlenteich wieder auf den Ochsenweg.

Von Rendsburg nach Jevenstedt *11 km*

Vom **Schiffbrückenplatz** wenden Sie sich vor der Hohen Straße nach rechts ~ unterqueren die Straße **An der Bleiche** ~ links in den Rad- und Fußweg entlang des Stadtsees ~ geradeaus in die Straße **Am Stadtsee** bis zum **Paradeplatz** ~ auf der **Königinnenstraße** weiter ~ links in die **Wrangelstraße** ~ rechts in die **Berliner Straße** ~ auf dem Radweg in der Rechtskurve unter der Berliner Straße hindurch ~ links ~ rechts in die **Hindenburgstraße** ~ Sie folgen der **„Blue Line"** bis zum Fußgängertunnel, dessen Zugang sich in einem gelben Klinkergebäude befindet.

Tipp: Auf Rolltreppen und in Aufzügen geht es mehrere Meter tief hinunter zum Fußgängertunnel, durch den Sie den Nord-Ostsee-Kanal unterqueren.

Auf der Südseite des Nord-Ostsee-Kanals wenden Sie sich geradeaus in die Straße **Am Alten Schützenhof** ~ links in die **Itzehoer Chaussee** ~ rechts in den **Marienweg** ~ am Freibad vorbei ~ links in die Straße **Am Tunnel** ~ rechts über die **Danziger Brücke** ~ an der querenden Straße **Över de Heid** geradeaus in den unbefestigten Rad- und Fußweg ~ Sie halten sich immer rechts bis zur Straße **Am Kindergarten**.

Am Glockenturm links in die **Eichenallee** bis zum **Kreisverkehr** an der Jeverstedter Straße ~ hier geradeaus in den **Lagenweg** ⚠ vom Kreisverkehr bis zur Gabelung im Bramkamp fehlt die Beschilderung ~ nach 1,5 Kilometern kommen Sie an einem Rastplatz vorbei, rechts geht es in den Ort Schülp.

Schülp

An allen Abzweigen zunächst geradeaus ~ an der Gabelung in Bramkamp rechts halten ~ an der T-Kreuzung rechts ~ rechts in die **Itzehoer Chaussee** und bis ins Zentrum von Jevenstedt.

Jevenstedt

Von Jevenstedt nach Nortorf *21,5 km*

An der Tankstelle rechts in die **Dorfstraße** ~ vor der Kirche links in die **Meiereistraße** ~ rechts wieder in die **Itzehoer Chaussee** ~ auf dem Radweg bis zur Bundesstraße halten Sie sich links ~ nach der Brücke überqueren Sie die Straße an einer Fußgängerampel ~ schräg rechts in den Rad- und Fußweg ~ geradeaus an den Pfosten vorbei in die **Nienkattbeker Straße** ~ rechts in die Straße **Pollhorn** bis in den gleichnamigen kleinen Ort.

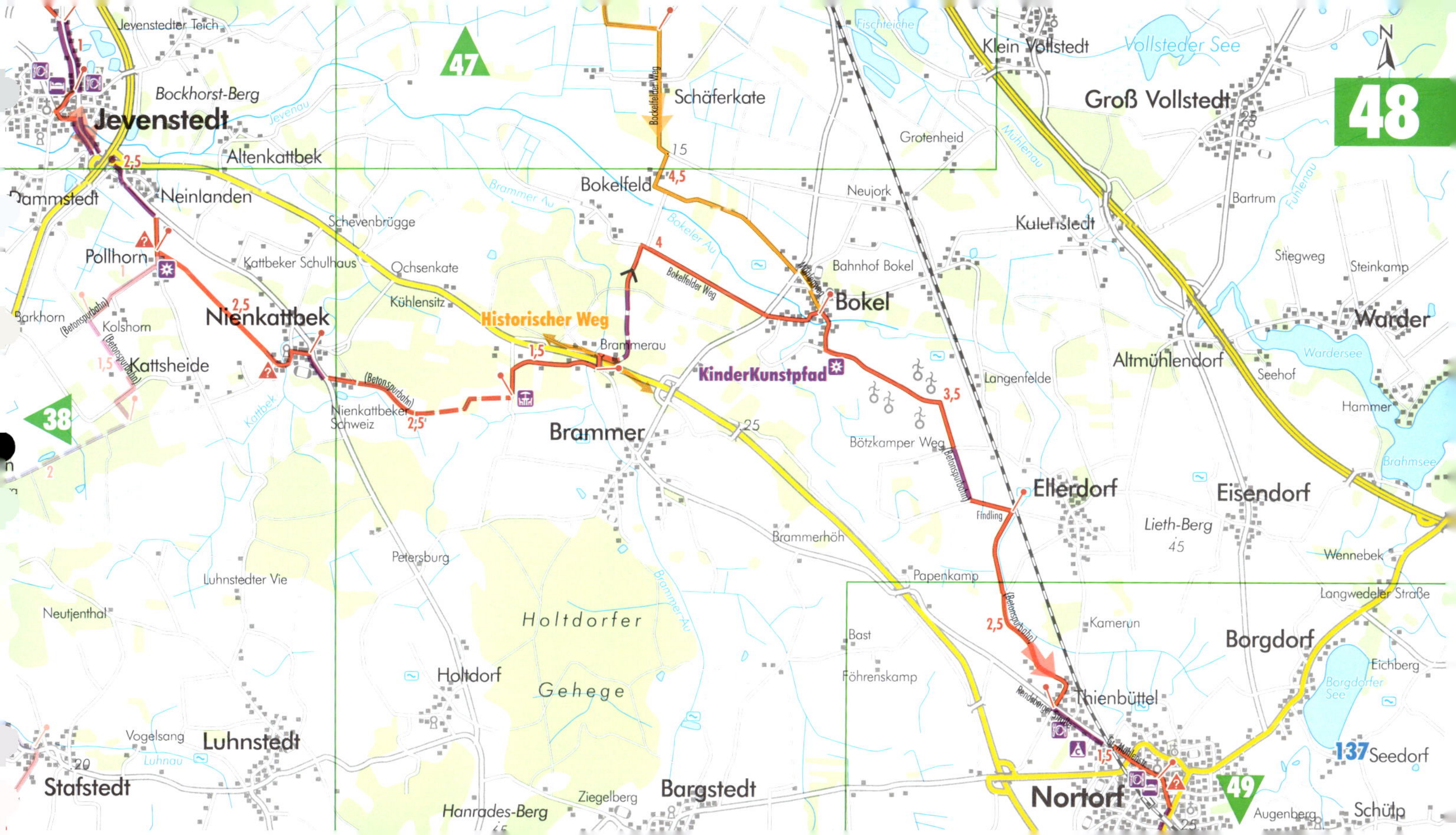
48
47
38
49
137
Jevenstedter Teich
Bockhorst-Berg
Jevenstedt
Jevenau
Altenkattbek
Dammstedt
Neinlanden
Schevenbrügge
Pollhorn
Kattbeker Schulhaus
Ochsenkate
Kühlensitz
Historischer Weg
Barkhorn
Kolshorn
Nienkattbek
Kattsheide
Nienkattbeker Schweiz
Kattbek
Brammerau
Brammer
Bokelfeld
Brammer Au
Schäferkate
Bokelfelder Weg
Bokeler Au
Neujork
Bahnhof Bokel
Bokel
KinderKunstpfad
Langenfelde
Bötzkamper Weg
Fischteiche
Klein Vollstedt
Vollsteder See
Groß Vollstedt
Grotenheid
Mühlenau
Kulenstedt
Bartrum
Fuhlenau
Stiegweg
Steinkamp
Warder
Wardersee
Altmühlendorf
Seehof
Hammer
Brahmsee
Ellerdorf
Findling
Eisendorf
Lieth-Berg
Wennebek
Brammerhöh
Papenkamp
Langwedeler Straße
Kamerun
Borgdorf
Eichberg
Borgdorfer See
Bast
Föhrenskamp
Thienbüttel
Rendsburger Straße
Seedorf
Nortorf
Augenberg
Schülp
Petersburg
Luhnstedter Vie
Neutjenthal
Holtdorfer Gehege
Holtdorf
Vogelsang
Luhnstedt
Luhnau
Stafstedt
Ziegelberg
Bargstedt
Hanrades-Berg
(Betonspurbahn)

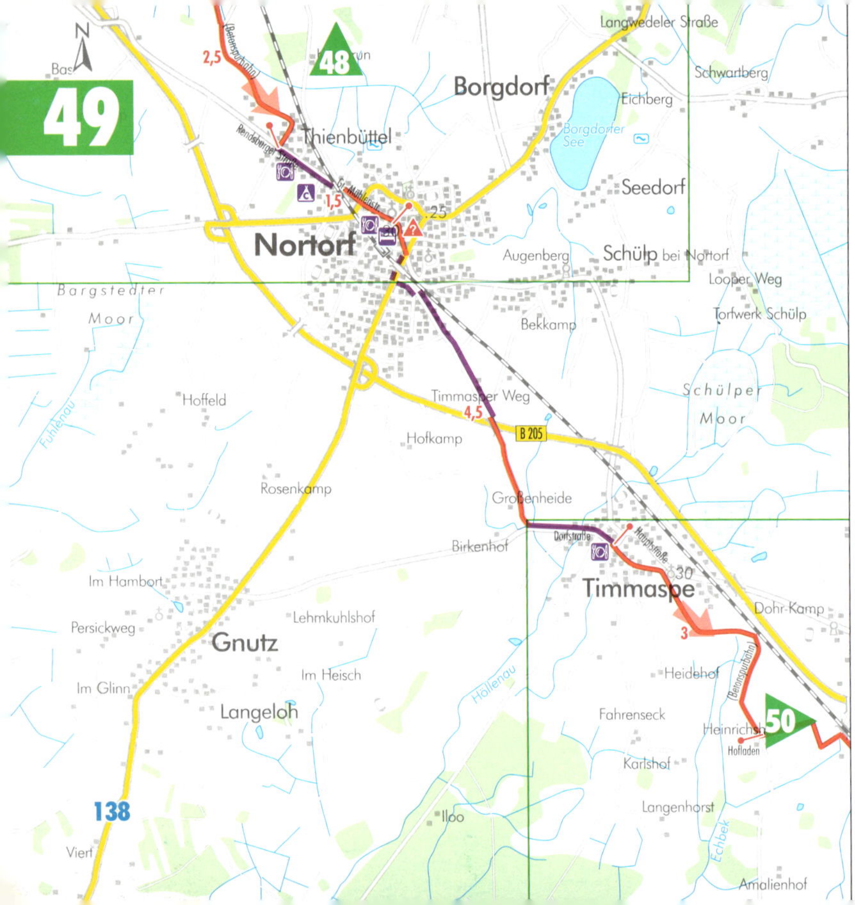

Pollhorn

Tipp: Hier trennt sich der Ochsenweg bis Uetersen kurz vor Wedel in die zwei bereits erwähnten Haupttrassen.

In Pollhorn zweigen Sie noch vor dem Teddystübchen links ab, zweispurige Betonspurbahn ~ am Abzweig im Ort **Nienkattbek** geradeaus ~ am Ehrenmal rechts ~ an der Kreisstraße rechts ~ links Richtung **Nienkatter Schweiz** ~ vor einem Bauernhof zweigt der Ochsenweg nach links in den unbefestigten Weg ab ~ beim **Rastplatz** links ~ dann rechts ~ links über die **Brücke** ~ danach gleich rechts ~ ab dem Bauernhof in den unbefestigten Weg ~ weiter auf der Asphaltstraße ~ an der T-Kreuzung rechts ~ über die Kreisstraße geradeaus in die Straße **An der Aue** nach Bokel hinein.

Skulpturenpark Nortorf

Bokel

KinderKunstpfad (2000). Mehr als 15 Kunstobjekte, die von Kindern aus Bokel angefertigt worden sind, säumen den ca. 8 km langen Radweg von Bokel nach Nortorf. Diese werden auch in Zukunft mit Arbeiten von Kindern und Jugendlichen ergänzt.

Tipp: Der Exkurs Wildes Moor stößt von links vom Mühlenweg kommend auf den Ochsenweg.

Rechts in den **Mühlenweg** an der Dreieckskreuzung rechts entlang des Kinder-Kunstpfad über Ellerdorf bis nach Nortorf.

Im Ortsteil **Thienbüttel** links in die **Rendsburger Straße** geradeaus auf der **Großen Mühlenstraße** bis zur **St. Martin-Kirche** von Nortorf die Beschilderung im Stadtgebiet von Nortorf ist nicht vollständig vorhanden.

Nortorf

PLZ: 24589; Vorwahl: 04392

- **Tourismus Nortorfer-Land, Naturpark Westensee**, Niedernstr. 6, ✆ 89620, www.tourismus-naturpark-westensee.de
- **St. Martin Kirche**
- **Nortorfer Museum**, ÖZ: So 14-17 Uhr u. n.V.
- **Skulpturenpark**, 30 ha großer Landschaftspark, auf dem seit 1987 Skulpturen ausgestellt werden, die eigens für diesen Park geschaffen wurden, als Wechselspiel zwischen Natur und Kunst.
- Badestelle am **Borgdorfer See; Freibad Bokel; Freibad Timmaspe**

Von Nortorf nach Neumünster 17,5 km

Geradeaus weiter auf der **Poststraße** nach der Brücke links im Rechtsschwenk der Straße links halten Sie überqueren die Bundesstraße an der T-Kreuzung links Sie erreichen den Ort Timmaspe.

Timmaspe

Sie fahren auf der **Dorfstraße** in der Linkskurve geradeaus in die Straße **Am Sandkamp** am folgenden Abzweig links vor dem **Friedhof** rechts beim **Heinrichshof** (Hofladen) links an der T-Kreuzung rechts links in die Kreisstraße vor der Eisen-

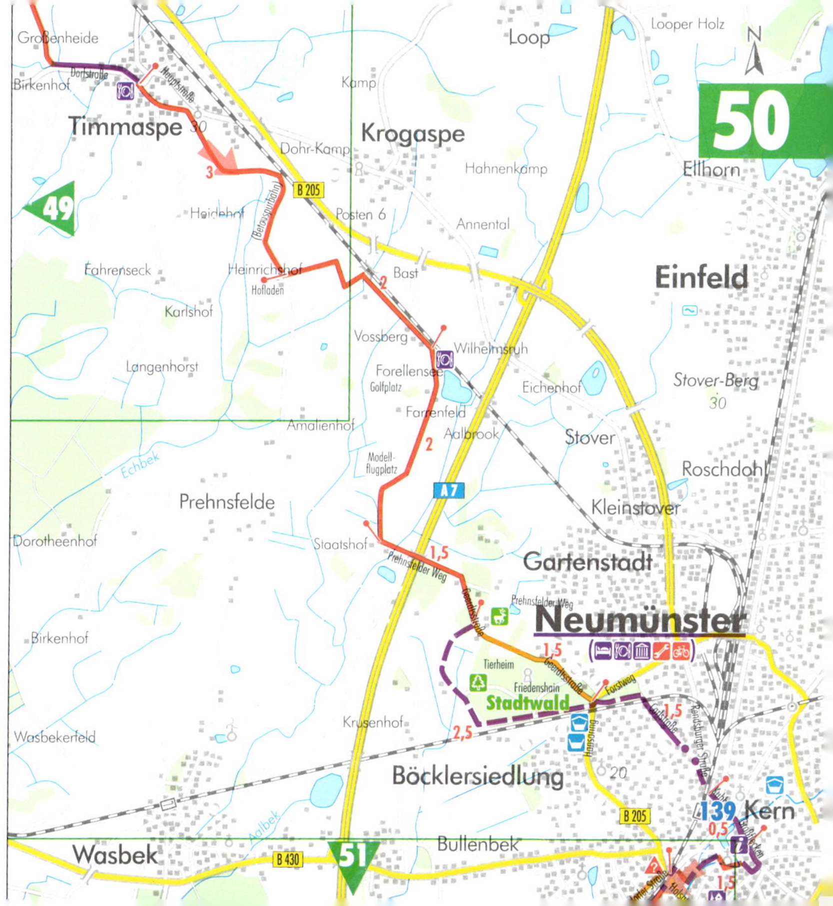

Neumünster - Großflecken

bahnbrücke rechts Richtung Forellensee ~ an der Kreuzung nach dem Modellflugplatz links in den **Prehnsfelder Weg** ~ über die A7 ins Stadtgebiet von Neumünster.

Rechts in die **Geerdtsstraße**, links von Ihnen liegt der **Tierpark Neumünster** ~ in der Linkskurve rechts in den unbefestigten Weg Richtung Bahnhof ~ parallel zu den Gleisen bis zu einer Querstraße weiter ~ hier links ~ gleich wieder rechts in den unbefestigten Rad- und Fußweg durch den **Stadtpark** ~ an der nächsten Querstraße rechts in die **Carlstraße** ~ in die Fahrradstraße, die in einen Radweg übergeht ~ durch die Unterführung hindurch, rechts befindet sich der Bahnhof von Neumünster ~ Sie fahren weiter auf dem Radweg bis ins Zentrum von Neumünster.

Neumünster

PLZ: 24534; Vorwahl: 04321

- **Tourist-Information Neumünster**, Großflecken 34a, ✆ 43280, www.neumuenster.de
- **Historische Textilmaschinen-Sammlung**, Industriehalle Klosterstraße, ✆ 9422316, ÖZ: n.V. Nachbau einer kompletten Tuchfabrik aus den 1950er Jahren.
- **St. Vicelin** (1893), katholische Kirche im neugotischen Stil mit Sandsteinrelief am Eingang.
- **Altes Rathaus** (1900) im neugotischen Stil reichlich mit Glasmalereien und bunten Stiftmosaiken verziert; gemütlicher Ratskeller.
- **Fürsthof**, Straßenzug mit gut erhaltener historischer Bausubstanz, u.a. Haus Nr. 9 (ca. 1700), das als ältestes Haus Neumünsters gilt; in Nr. 23 residierte in den 60er Jahren ein Zimmertheater mit prominenter Besetzung, u.a. Claus Peymann und Helmuth Lohner
- **ehemalige Holstenbrauerei**, Brachenfelder Straße. Gebäudekomplex, der seit 1874 kontinuierlich erweitert wurde; 1898 wurde hier das erste Flaschenbier abgefüllt.
- **Alte Post**, am Großflecken, nordische Backsteingotik von

Neumünster - Altes Rathaus

1886, heute eine beliebte Einkaufspassage.

- **Tierpark Neumünster**, Geerdtsstraße 100, ✆ 51402, ÖZ: Sommer tägl. 9-19 Uhr, Winter tägl. 9-17 Uhr, Schaufütterungen, Streichelzoo sowie eine Zooschule. Auf einem natürlichen Wald- und Heidegelände tummeln sich 165 verschiedene Tierarten.

- **Stadtwald Neumünster**, großes Gebiet im Nordon der Stadt mit vielfältigen Möglichkeiten Natur bewusst zu erleben, z.B. im Tierpark, im Kinderferiendorf oder der Akademie für Natur und Umwelt
- **Einfelder See** mit mehreren Badestellen
- **Bad am Stadtwald – Hallen- und Freibad**, Hansaring 177, ✆ 202-580, ÖZ: Mo-Fr 6-21 Uhr, Sa/So 8-21 Uhr, Sportschwimmbecken, Sprungturm, Wasserrutsche, Gegenstromanlage, Bodensprudel, Sauna 10-22 Uhr, etc.
- **Klosterbad**, Klosterstraße 24, ✆ 9475-0.
- **Peter Hansen**, Wasbeker Str. 27, ✆ 42781
- **Fahrradfachgeschäft Klaus Hübner**, Brachenfelder Str. 45, ✆ 929050
- **Cali's Fahrradladen**, Johannisstr. 11, ✆ 6900686
- **Fahrradbörse Horter**, Haart 224, ✆ 77781
- **Michael Pust Fahrradhandel**, Preußerstr. 21, ✆ 38228
- **RAD AB**, Brachenfelder Straße 45, ✆ 929050

Über Neumünster von einem „Flecken“ Erde zu sprechen, trifft es besser als bei manch anderem Ort. Denn tatsächlich wurden 1709 die Ortschaften Großflecken und Kleinflecken zu einer „Fleckengemeinde“ zusammengeschlossen. Die Ansiedlung selbst geht bis in den Anfang des 12. Jahrhunderts zurück, als der Mönch Vicelin das Augustiner Stift „Novum Monasterium“ gründete. Die Lage der Siedlung war günstig gewählt, so dass sich der Ort schnell zu einem wichtigen Marktplatz entwickelte: Ende des 15. Jahrhunderts wird eine Zollstelle erwähnt, von 1654 ist eine Marktordnung bekannt, die die Bedeutung Neumünsters als Handels- und

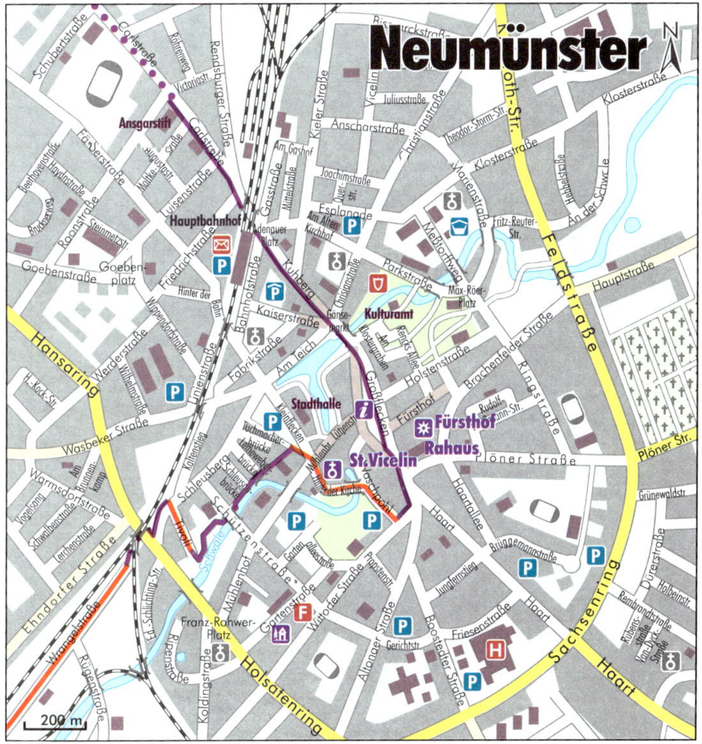

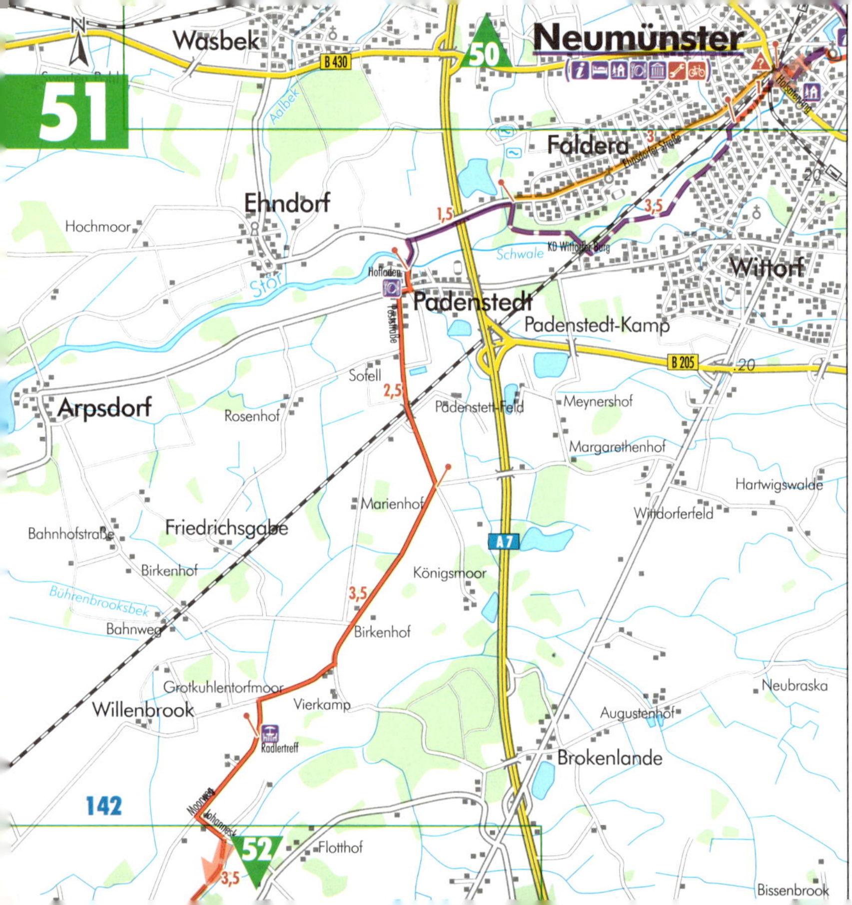

Warenumschlagsplatz, u.a. von Ochsen, belegt. Der Kuhberg in Neumünster – eine der ältesten Straßen der Stadt – bezeichnete schon damals den Weg, den Kühe, Rinder und Ochsen gingen, um auf die saftigen Weiden im Fleckensmoor getrieben zu werden.

Bis ins späte 19. Jahrhundert bewahrte sich Neumünster seinen ländlich-dörflichen Charakter. Erst die Erschließung der Stadt durch die erste Kunststraße von Kiel nach Altona sowie die Anknüpfung an das Schienennetz der Eisenbahn förderte insbesondere die Textilindustrie in der Stadt. Von dem Wohlstand, den die Textilindustrie nach Neumünster brachte, zeugen heute noch einige prächtige Villen im Stadtbild. Auch die katholische St. Vicelin Kirche stammt aus dieser Zeit: Während des großen Weberstreiks 1888 wurden von den Fabrikanten Arbeiter aus Schlesien angesiedelt, die für einen rasanten Zuwachs der katholischen Gemeinde sorgten.

Von Neumünster nach Hardebek 17 km

Sie fahren quer über den großen Platz **Großflecken** ~ am Rathaus vorbei ~ rechts in die **Wittorfer Straße** ~ sofort wieder rechts hinunter zur Schwale ~ an der **St. Vicelin-Kirche** vorbei ~ an dem Parkplatz **Kleinflecken** die linke Fahrbahn wählen ~ bei der Hausnummer 30 links durch die Toreinfahrt in den gepflasterten Rad- und Fußweg entlang der Schwale ~ über eine Holzbrücke ~ vor der nächsten Querstraße links hinunter unter einer zweiten Brücke hindurch ~

Ochsenweg bei Hardebek

rechts in die Straße **Tivoli** ~ links in die Straße **Schleusberg** ~ auf dem Radweg entgegengesetzt zur Einbahnstraße weiter ~ rechts in den **Holsatenring** ~ zwischen beiden Eisenbahnbrücken links in den Rad- und Fußweg ⚠ Beschilderung fehlt ~ weiter auf der **Wrangelstraße** ~ von der Kopfsteinpflasterstraße geradeaus in den Rad- und Fußweg, Anlieger frei ~ an der kleinen Kreuzung links ~ auf dem unbefestigten Weg entlang von Schwale und Stör ~ an der **Wittorfer Burg** vorbei ~ über die Schwale ~ links in den breiteren unbefestigten Weg ~ an der Kreisstraße links ~ nach der Autobahnbrücke links in den Ort Padenstedt.

Padenstedt

An der **Feuerwehr** rechts ~ beim Gasthof links in die **Poststraße** Richtung Brockenlande ~ an der Kreuzung nach der Eisenbahnbrücke rechts ~ an der folgenden Gabelung geradeaus ~ am nächsten Abzweig rechts ~ dann nächste Straße links in den **Moorweg** vorbei am **Radlertreff Hardebek.**

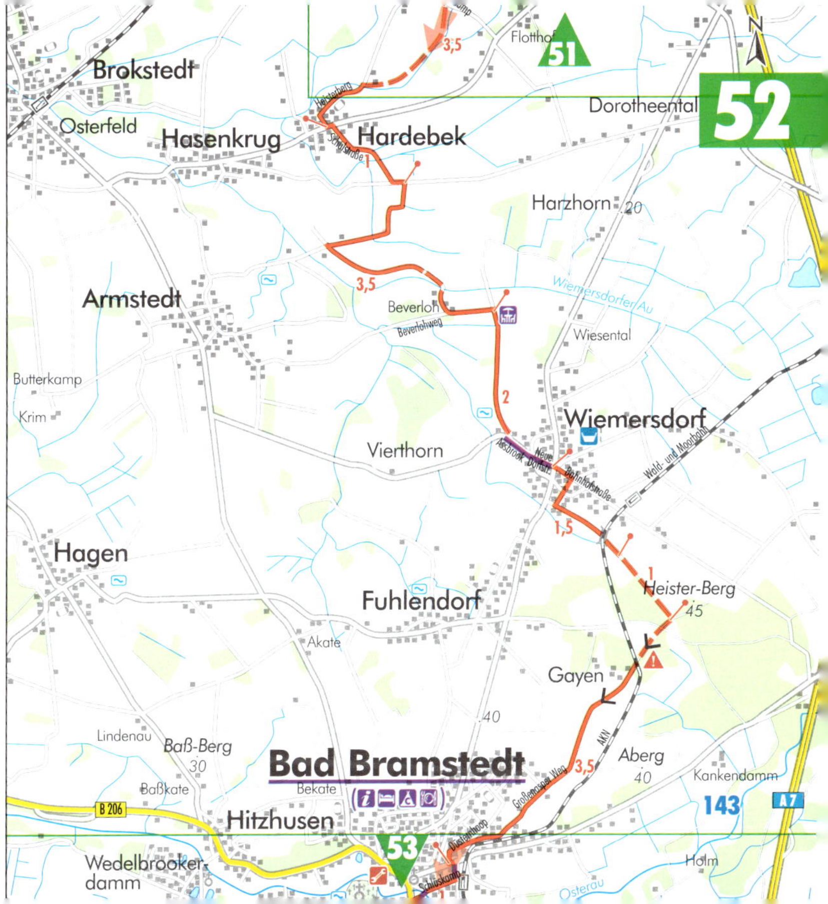

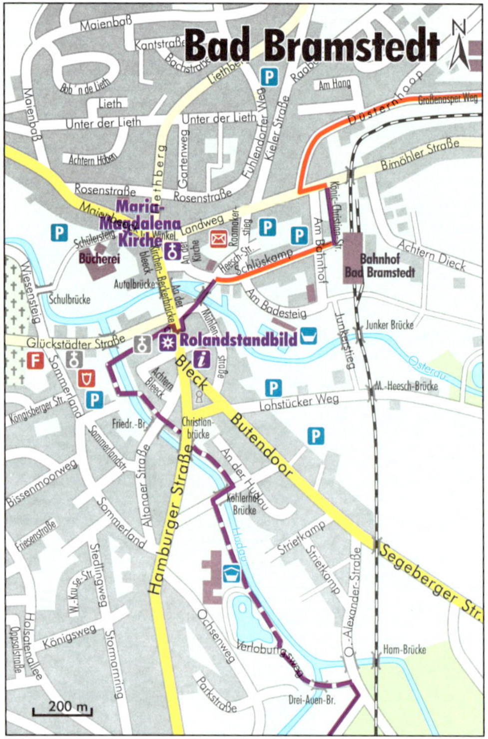

Auf Höhe des **Windparkes** links in den **Johanneskamp** ~ vor der nächsten Brücke rechts in den unbefestigten Weg parallel zur Hardebek ~ an der Querstraße links auf der Straße **Heisterberg** nach Hardebek.

Hardebek

Von Hardebek nach Bad Bramstedt 13,5 km

An der T-Kreuzung links ~ sofort rechts in die **Schulstraße** ~ nach der Linkskurve rechts Richtung Armstedt ~ an der Kreuzung vor der **Wiemersdorfer Au** links ~ durch **Beverloh** ~ an der Kläranlage vorbei ~ geradeaus in die Straße **Aasbrook** ~ Verlängerung **Neue Dorfstraße** nach Wiemersdorf hinein.

Wiemersdorf

Freibad

An der Kreuzung **Kieler Straße** geradeaus in die **Bahnhofstraße** ~ rechts in den **Mittelweg** ~ rechts und gleich wieder links in den **Neuen Weg** ~ an der T-Kreuzung links ~ immer geradeaus ~ in einen unbefestigten Weg ~ nach einem knappen Kilometer an der Kreuzung im Wald rechts ⚠ Achtung unbeschrankter Bahnübergang ~ auf dem **Großenasper Weg** in Bad Bramstedt geradeaus ~ links in die Straße **Düsternhoop** ~ links in den **Landweg** ~ rechts in die **König-Christian-Straße** ~ rechts **Schlüskamp,** Sackgasse ~ Sie überqueren die Brücke am **Mühlenwehr** ~ geradeaus bis zum Rolandstandbild.

Bad Bramstedt

PLZ: 24576; Vorwahl: 04192

- **Tourismusbüro Bad Bramstedt**, Bleeck 17-19, ✆ 50627, www.bad-bramstedt.de
- **Maria-Magdalenen-Kirche**, ÖZ: tägl. 8-16 Uhr
- **Gesundbrunnen**
- **„Schloss"**: Torhaus des alten Bramstedter Gutes (1647)
- **Rolandstandbild**, Sandsteinfigur von 1693
- **Bramstedter Waldbahn**, ✆ 04533/5614
- **Kanuverleih**, Reinhard Gantzer, Glückstädter Str. 2, Mönkloh, ✆ 3405
- **regelmäßige Heilpflanzenwanderungen** im Sommer
- **Warmwasserfreibad**, Am Badesteig 5, ✆ 1608, ÖZ: Mai-Sept. Mo-Fr 6-7.30 Uhr u. 10-20.30 Uhr, Sa/So 10-19 Uhr; Sprungbecken, Wärmehalle, Sauna, Kleinkinderbecken, Rutschen, Strömungskanal.

Wiebeke Kruse Brunnen

„Leben nach dem Luftprinzip“ ist der Slogan, mit dem die Stadt Bad Bramstedt heute Menschen in die Kurstadt lockt. Die Entdeckung von Solequellen am Ende des 19. Jahrhunderts rettete den Ort vor dem Abstieg in die Bedeutungslosigkeit, denn die Stadt hatte die zügige verkehrstechnische Anbindung an die großen Handelsrouten des Nordens verpasst und wurde in der Folge von Händlern und Transportunternehmen weitestgehend „übersehen“.

Allein die steinerne Rolandsfigur auf dem alten Marktplatz zeugt noch von der historischen Rolle Bramstedts im regen Handel zwischen Hamburg und Flensburg. Der Handel mit Ochsen kann in Bramstedt seit Mitte des 16. Jahrhunderts nachgewiesen werden. Mit wachen Augen und der gebieterischen Geste des erhobenen Schwertes wachte Roland über die Einhaltung von Gesetz und Ordnung bei den Geschäften. Herzog Friedrich III. verfügte 1652, dass die während des 30-jährigen Krieges zerstörte Rolandsfigur auf dem Wege nach

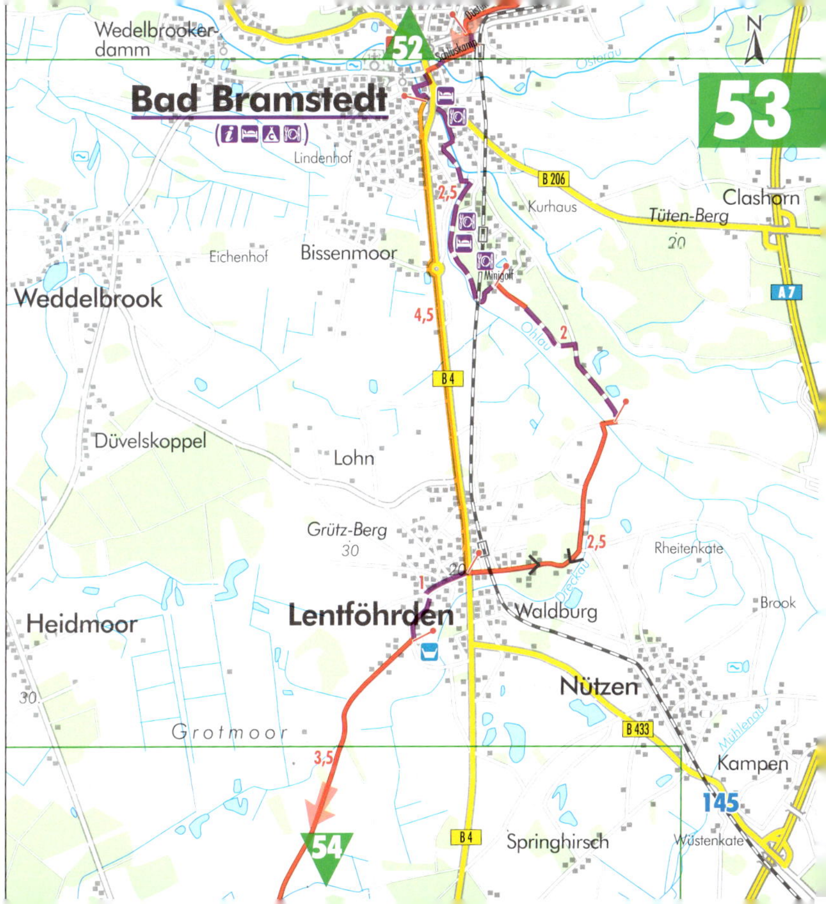

Hamburg wiedererrichtet werden sollte, damit „...Kaufleute und Ochsenhändler ihr Kontrakte schließen, und rechtliche Streitigkeiten gewärtig seien...“.

Heute besticht Bad Bramstedt weniger durch reges Markttreiben denn durch seine ruhige, natürliche Atmosphäre, die von den fünf, durch die Stadt fließenden Auen bestimmt wird. Die urigen Flusslandschaften laden förmlich zu ausgiebigen Paddel- und Angeltouren ein, die durch weitläufige Wald-, Heide- und Moorlandschaften führen – lohnende Ausflüge zum „Luftschnappen“ oder einfach zum Entspannen.

Bad Bramstedt - Schloss und Rolandstandbild

Von Bad Bramstedt nach Langeln 18,5 km

Rechts in die Straße **Bleeck** ~ sofort links in den Rad- und Fußweg parallel zur **Glückstädter Straße** ~ rechts über die Hudau ~ danach gleich links, unbefestigter Weg ~ links über die Brücke ~ hinauf zur nächsten Brücke ~ über die **Altonaer Straße** geradeaus in den unbefestigten Weg ~ unter der **Hamburger Straße** hindurch ~ über die Hudau ~ gleich links in den unbefestigten Weg ~ über die Ohlau ~ nach rechts ~ entlang der Ohlau durch das Kurgebiet bis zum Bahnübergang ~ nach den Drängelgittern links halten ~ an der T-Kreuzung rechts, Sackgasse ~ weiter auf dem unbefestigten Rad- und Fußweg ~ an der Kreisstraße rechts über die Brücke ~ links in die Straße **Eichengrund** ~ an der Dreieckskreuzung nach dem Rastplatz rechts in die Straße **Zur Waldburg** bis zum Bahnübergang in Lentföhrden ~ links in die B4 ~ gleich rechts in die **Schulstraße**.

Lentföhrden

Freibad, Schulstraße, ÖZ: tägl. 14-19 Uhr, bei schlechtem Wetter geschlossen, Eintritt frei, Spenden erbeten.

Es geht auf der **Schulstraße** am Sportplatz vorbei ~ am folgenden Abzweig rechts ~ nach 3,5 Kilometern links in den unbefestigten Weg ~ durch den Wald ~ im Ausbau **Heidkaten** rechts ~ geradeaus über die Kreisstraße in den unbefestigten Weg ~ an der Kreuzung links, Betonplattenweg, geradeaus geht es auf einem Exkurs nach Barmstedt.

Tipp: An dieser Kreuzung zweigt der Ochsenweg nach links ab, geradeaus geht es weiter auf dem Exkurs Barmstedt. ⚠ Der Exkurs war zur Zeit der Befahrung leider nicht ausgeschildert. Weiter auf dem Ochsenweg geht's ab Seite 149.

Tipp: Der Exkurs Barmstedt führt Sie in den Geburtsort des Dichters Matthäus Friedrich Chemnitz, der das Schleswig-Holstein-Lied schrieb.

Exkurs Barmstedt

Sie fahren weiter geradeaus auf dem unbefestigten Weg ~ am **Parkplatz** geradeaus, zweispurige Betonspurbahn ~ rechts in die Asphaltstraße ~ an den Häusern von **Hellwiese** vorbei ~ weiter auf der **Hellwieser Chaussee** bis nach Barmstedt ~ am Abzweig links halten ~ unter der Eisenbahnbrücke hindurch bis zur Kirche in Barmstedt.

Barmstedt

PLZ: 25355; Vorwahl: 04123

- **Stadtverwaltung Barmstedt**, Bahnhofstr. 3-5, ✆ 68123, www.barmstedt.de
- **Museum der Grafschaft Rantzau**, Rantzau 13, ✆ 4296, ÖZ: Sa 14-18 Uhr, So 10-12 Uhr u. 14-18 Uhr; Ausstellung zur Geschichte der freien Reichsgrafschaft Rantzau, Exponate der Vor- und Frühgeschichte, sowie Barmstedter Stadtgeschichte.
- **Galerie/Atelier III**, Schlossinsel Rantzau, ✆ 3026, ÖZ: Di-Do 14-18 Uhr, Sa/So 12-18 Uhr, Offenes Atelier, d.h. der Besucher kann den Künstlern beim Arbeiten über die Schulter schauen
- **Schloss Rantzau**, Rantzau 15; Herrenhaus von 1806
- **Alte Wassermühle**, Rantzau 14-16

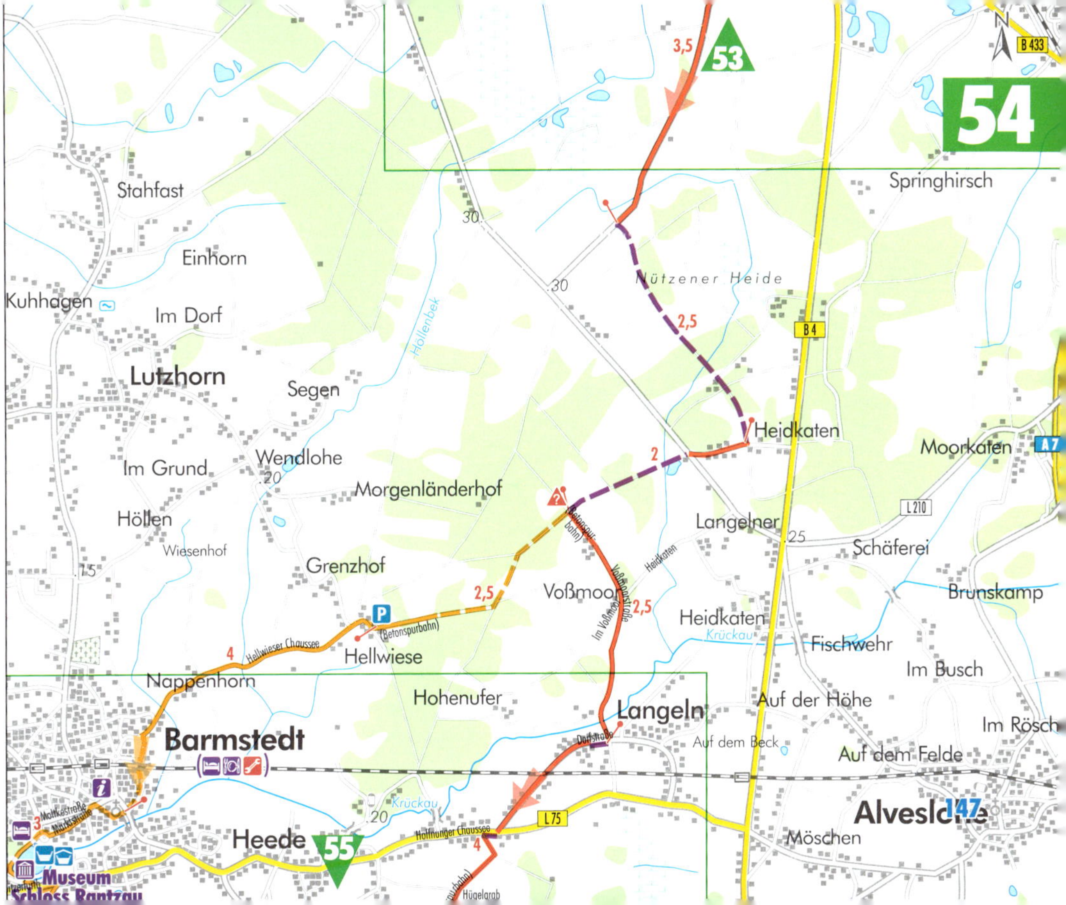

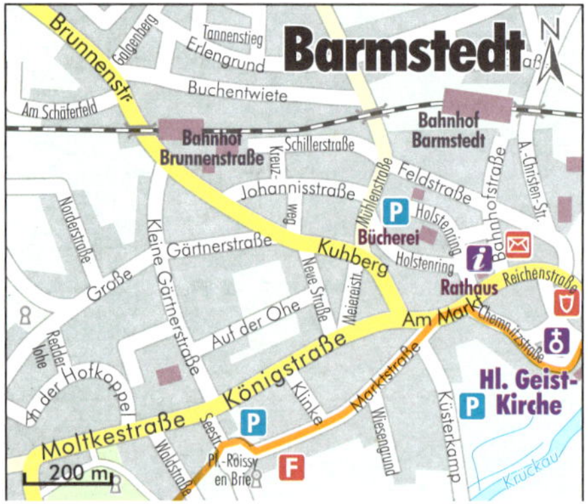

- **Schlossgefängnis Rantzau** (Gerichtsdienerhaus), Rantzau 9, ✆ 6139, ÖZ: Di-Sa 13-19 Uhr, So 10-19 Uhr; Galerie und Café
- **Remise auf der Schlossinsel**, Rantzau 11, ✆ 7813, ÖZ: Mi-So 10-17 Uhr; Keramikausstellungen
- **ehemaliges Gerichtsschreiberhaus**, Rantzau 11, ✆ 68117; Gebäude von 1824, heute Kulturhaus
- **Rhododendronpark** am Rantzauer See
- **Strandbad Rantzauer See**, ✆ 68152 ÖZ: Sommer: Mo 13-20 Uhr, Di-Fr 10-20 Uhr, Sa/So 10-19 Uhr; Rutsche, Kletterburg, Beachvolleyball
- **Hallenbad Barmstedter Badewonne**, Rantzauer See, Seestr. 12, ✆ 681-70, ÖZ: Do-Fr 8-20 Uhr, Sa/So 8-17 Uhr
- **Radsport Preuß**, Reichenstr. 18, ✆ 4800
- **Jepsen**, Am Markt 2, ✆ 683066

Barmstedt taucht um 1140 im Zusammenhang mit Rittergeschichte in historischen Dokumenten auf. Ritter mit so klangvollen Namen wie „Henricus Advucatus de Barmizstide“ sorgten bis weit in das 17. Jahrhundert für Ordnung in der Gegend rund um Barmstedt. 1650 beginnt die Zeit der Reichsgrafschaft Rantzau, deren Mittelpunkt Barmstedt war. Die eindrucksvolle Bebauung rund um den Rantzauer See allerdings ist ein Nachlass der Königlichen Dänischen Administration, die Anfang des 18. Jahrhunderts die Herrschaft und den Ausbau der Grafschaft übernahm. Die Bebauung der Schlossinsel gilt als eines der bedeutenden Kulturdenkmäler Schleswig-Holsteins, sie stammt im Wesentlichen aus der Zeit von 1806 bis 1863. Die Schlossinsel wurde 1984 der Stadt Barmstedt übereignet.

Die dänische Verwaltung brachte auch eine günstige wirtschaftliche Entwicklung Barmstedts,

Osterau

1736 erhielt die Stadt die Marktprivilegien (auch „Fleckenprivilegien“), was zu einer regen Ansiedlung handwerklicher Zünfte im Ort führte. Besonders für das Schuhmacherhandwerk erlangte Barmstedt eine gewisse Berühmtheit.

Und schließlich hat die Stadt auch einen berühmten Sohn: Der Advokat und Dichter Matthäus Friedrich Chemnitz wurde hier 10.6.1815 geboren. Nach ihm ist die Straße an der Kirche benannt. Er schrieb 1844 den Text für das Schleswig-Holstein-Lied („Schleswig-Holstein meerumschlungen"). Chemnitz starb am 15.3.1870 in Altona, wo er zuletzt von 1867 bis zu seinem Tod als Amtsrichter tätig war.

Geradeaus über die **Reichenstraße** in die **Chemnitzstraße** ~ rechts um die Kirche herum ~ dann links halten ~ bis zum Ende der Kopfsteinpflasterstraße ~ links in die Straße **Am Markt** ~ gleich links in die **Marktstraße** ~ am Kreisverkehr geradeaus in den unbefestigten Rad- und Fußweg ~ am **Rantzauer See** entlang ~ vor dem Museum und dem Schloss links halten ~ links in die Straße **Spitzerfurth** ~ rechts in den **Weg am Spitzerfurth** ~ links in die **Pinneberger Landstraße** ~ nächste Straße links, **Ziegeleiweg** ~ nach der Linkskurve rechts, zweispurige Betonspurbahn ~ an der T-Kreuzung links bis **Riehloh**.

Tipp: An der T-Kreuzung in Riehloh rechts in die Heeder Straße und Sie befinden sich wieder auf dem Ochsenweg.

Auf dem Ochsenweg fahren Sie an der Kreuzung nach links in die **Voßmoorstraße**, auf der Sie an allen Abzweigen geradeaus bis in den Ort Langeln fahren.

Langeln

Von Langeln nach Ellerhoop 11,5 km

In Langeln rechts in die **Dorfstraße** ~ an deren Ende Sie rechts in die **Hoffnunger**

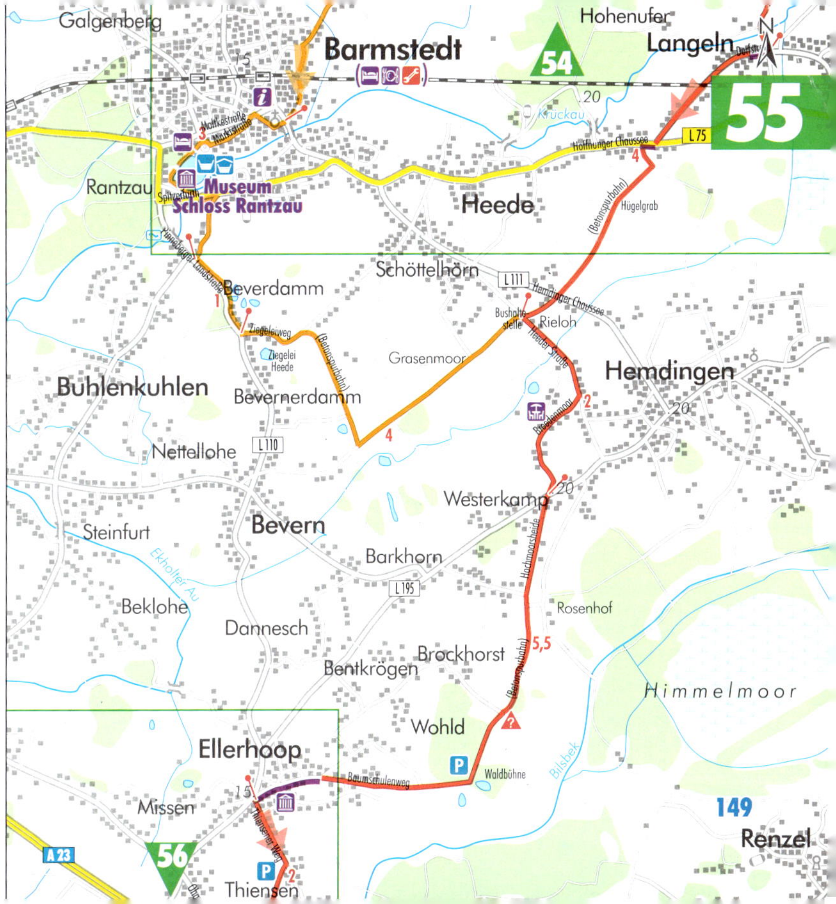

Chaussee einbiegen ~ sofort nach dem Ortsschild **Hede** links ~ am nächsten Abzweig rechts ~ geradeaus über die **Hemdinger Chaussee** an der Bushaltestelle vorbei nach Riehloh.

Tipp: An der T-Kreuzung in Riehloh stößt der Exkurs Barmstedt von rechts auf den Ochsenweg.

An der T-Kreuzung links in die **Heeder Straße** ~ auf dieser bis nach Hemdingen.

Hemdingen

An der Kreuzung in **Reebmoor** rechts in die Straße **Bredenmoor** ~ an dem Abzweig links ~ geradeaus über die Landstraße in die Straße **Hochmoorsheide** ~ immer geradeaus ~ ein Stück auf der Straße **Am Rosenhof** ~ gleich rechts, zweispurige Betonspurbahn ~ am nächsten Abzweig rechts ~ an der Gabelung rechts halten ~ an der T-Kreuzung rechts ~ gleich wieder links ~ am Parkplatz der **Waldbühne** rechts ~ schnurgeradeaus auf dem **Baumschulenweg** in den idyllischen Ort Ellerhoop ~ links in die **Kuhlenkampstraße**.

Mühlencafé Langes Tannen

Ellerhoop

PLZ: 25373; Vorwahl: 04120

Waagensammlung, Dorfstr. 11b, ✆ 579, ÖZ: n.V; private Sammlung von über 700 historische Waagen aller Art.

Ellerhoop ist eines der ältesten Dörfer am Ochsenweg. Bereits 1349 wurden drei Höfe in „Tynsen", das heutige Thiensen, erstmalig urkundlich erwähnt. Zu dieser Zeit war Ellerhoop lediglich ein sehr beliebter Viehrastplatz. Erst später wurden hier die ersten Häuser gebaut und eine Zollstelle eingerichtet. Beispielsweise zählte man hier 5.834 Tiere in einer einzigen Woche im März des Jahres 1687.

Von Ellerhoop nach Uetersen 12 km

Vor der Ortsdurchgangsstraße links in den **Thiensener Weg** ~ am nächsten Abzweig rechts Richtung Baumpark Ellerhoop ~ an der nächsten T-Kreuzung rechts, geradeaus vor Ihnen liegt das **Arboretum** in Thiensen.

Thiensen

Arboretum - Baumpark Ellerhoop, Thiensen 17, ✆ 218, ÖZ: Sommer tägl. 9-19 Uhr, Winter tägl. 9 Uhr bis Einbruch der Dunkelheit, Eintritt frei, Spende in Höhe von 4 € erbeten, Cafébetrieb im hist. Münsterhof für Parkbesucher im Sommer Sa/So 14-18 Uhr, Aussichtsturm.

Rund um den historischen Münsterhof ist seit 1956 ein einzigartiges Arboretum mit einer Sammlung typischer holsteinischer Bäume und Sträucher sowie anderen botanischen Besonderheiten, die sowohl gewerblichen wie auch schulischen Zwecken dienen.

Das Arboretum ist für Besucher zugänglich, die durch die Parkanlagen und am See schlen-

dern und die verschiedensten bekannten und unbekannten Pflanzenarten entdecken können.

An der Kreisstraße links ~ gleich wieder rechts in den **Asporhorner Weg** ~ über die A23 ~ Sie folgen der Straße nach links, die in den **Prisdorfer Weg** übergeht ~ in der Linkskurve rechts in den **Schäferweg** ~ nach der Rechtskurve links ~ an der T-Kreuzung links ~ in Tornesch in einem Rechtsschwenk über den Bahnübergang, **Denkmalstraße** ~ gleich rechts in die Straße **Kaffeetwiete** ~ an der Querstraße links ~ bis zur **Esinger Straße**, nach rechts geht es zum Bahnhof und in die Innenstadt von Tornesch.

Tornesch

PLZ: 25436; Vorwahl: 04122

- **Volkskundliche Sammlung im Möllnhof**, Bockhorn 43, ✆ 51207, ÖZ: Mai-Okt. nach telefonischer Vereinbarung. Geräte und Techniken der Landwirtschaft und alter Handwerksberufe, Schwerpunkt 19./20. Jh.
- **Eisenbahnfreunde Uetersen-Tornesch**, Bahnstraße, ✆ 41961 oder 44878, ÖZ: n.V. Lokomotiven, historische

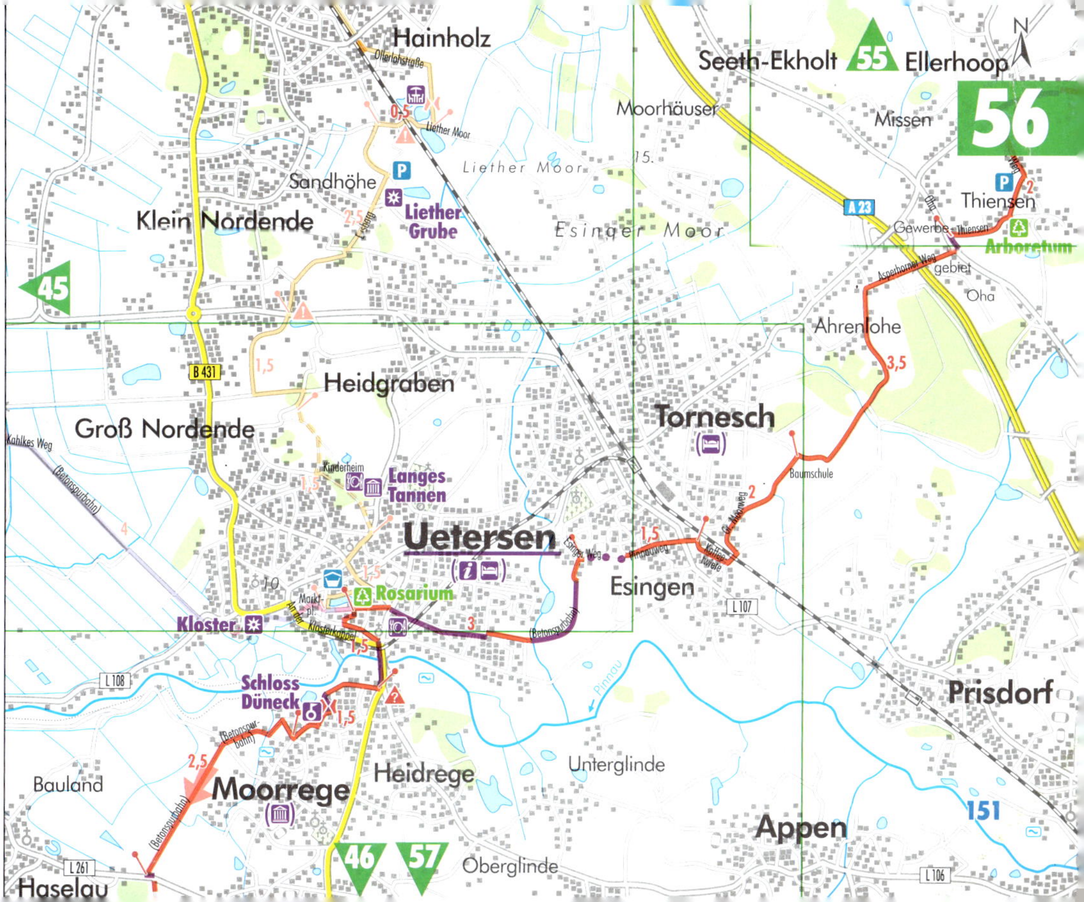

Feldbahnen, Draisinen - Eisenbahn hautnah zum angucken und anfassen.

Über die **Esinger Straße** geradeaus in die Straße **Am Schützenplatz** ~ Verlängerung **Pinnauring** ~ links in den **Esinger Weg** ~ weiter auf der Fahrradstraße, Kraftfahrzeug frei ~ am Sportplatz vorbei ~ in der Rechtskurve links über den Bürgersteig in die Straße **Kleine Twiete**, auf der Sie bis nach Uetersen hineinfahren.

Über den unbeschrankten Bahnübergang ~ an der Ampelkreuzung geradeaus in die **Heinrich-Schröder-Straße** ~ an der folgenden Kreuzung schräg links in die **Lindenstraße**, die als Sackgasse auf diese Kreuzung endet ~ geradeaus in die Straße **Am Mühlenteich** bis zur **Töpferstraße**.

Tipp: Geradeaus geht es direkt ins Zentrum von Uetersen. Aus dieser Richtung stößt nun auch die Westvariante aus Itzehoe kommend auf die Ostvariante. Nun geht es auf einer gemeinsamen Trasse des Ochsenweges weiter bis Wedel.

Heimatmuseum Wedel

Uetersen s.S. 126

Von Uetersen nach Wedel — 25,5 km

Sie biegen links in die **Töpferstraße** ab ~ am folgenden Abzweig links halten ~ links in die Straße **Großer Sand** ~ vor der nächsten Kreuzung nach rechts über den Parkplatz in den Radweg ~ an der Kreuzung geradeaus in die **Pinnauallee** ~ an der Gabelung rechts ~ sofort wieder rechts in den **Werftweg** ⚠ Beschilderung fehlt ~ in die Sackgasse ~ bei den Pfosten geradeaus ~ an der T-Kreuzung rechts ~ in Moorrege am Schloss Düneck vorbei.

Moorrege s.S. 128

Rechts in die **Kastanienallee** ~ an der T-Kreuzung links ~ an der nächsten T-Kreuzung rechts, zweispurige Betonspurbahn ~ rechts in die querende Asphaltstraße ~ sofort wieder links, zweispurige Betonspurbahn ~ an der T-Kreuzung links ~ nächste Straße links in den Ort Heist.

Heist

An der T-Kreuzung rechts ~ am nächsten Abzweig geradeaus ~ dann links ~ an der Bundesstraße rechts ~ nach 500 Metern links ~ Sie folgen der Betonspurstraße nach rechts ~ links in den **Bredhornweg** durch das Gewerbegebiet von Holm ⚠ Beschilderung fehlt ~ geradeaus in den Kreuzweg ~ Sie folgen der zweispurigen Betonspurbahn ~ links in die Asphaltstraße ~ am Parkplatz in der folgenden Rechtskurve links an der Schranke

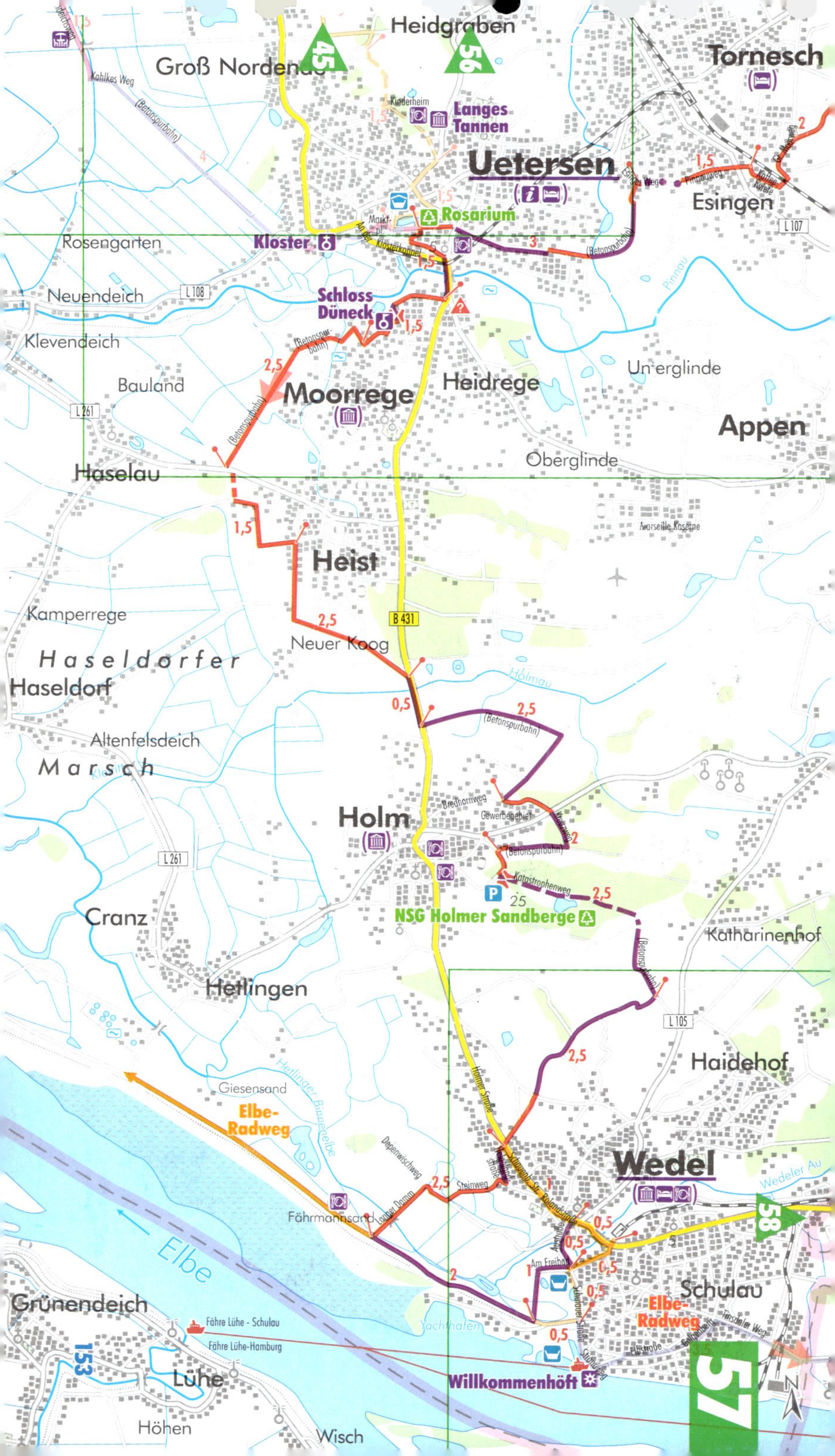
Heidgraben
Groß Nordende
Tornesch
Langes Tannen
Kinderheim
Uetersen
Esingen
Rosarium
Kloster
Rosengarten
Neuendeich
Klevendeich
Schloss Düneck
Moorrege
Heidrege
Unterglinde
Appen
Bauland
Haselau
Oberglinde
Heist
Kamperrege
Neuer Koog
Haseldorfer Marsch
Haseldorf
Altenfelsdeich
Holm
NSG Holmer Sandberge
Katharinenhof
Cranz
Hetlingen
Haidehof
Wedel
Giesensand
Elbe-Radweg
Fährmannssand
Schulau
Willkommenhöft
Elbe
Grünendeich
Fähre Lühe - Schulau
Fähre Lühe-Hamburg
Lühe
Höhen
Wisch
Pinnau
Hetlinger Binnenelbe
Yachthafen
Wedeler Au
Holmer Straße
B 431
L 105
L 107
L 108
L 261
45
56
58
57
153

Rolandstandbild Wedel

vorbei in den unbefestigten Weg, geradeaus geht es in den Ort Holm hinein.

Holm s.S. 128

Sie fahren auf dem **Katastrophenweg** durch das **NSG Holmer Sandberg**e ~ an der Kreuzung geradeaus, zweispurige Betonspurbahn ~ am nächsten Abzweig rechts in die Asphaltstraße ~ geradeaus über die Bundesstraße in die **Helgolandstraße**, links geht es auf dem Radweg entlang der Bundesstraße direkt bis zum Marktplatz in Wedel ~ in einem spitzen Winkel rechts Richtung **Fährmannssand** ~ am nächsten Abzweig links in den **Langen Damm** bis zum Elbdeich ~ hier wenden Sie sich an dem Gatter vorbei hinauf zum Elbdeich Richtung Wedel.

Tipp: Sie folgen nun dem Elbe-Radweg ca. 2 Kilometer.

Dann links in den Rad- und Fußweg ~ am **Freizeitpark Elbmarschen** vorbei ~ an der Ampel links in die **Schulauer Straße** und von dort bis zum Marktplatz von Wedel.

Wedel s.S. 130

Tipp: In Wedel haben Sie das Ziel des Heer- bzw. Ochsen-Radweges erreicht. Hinter Ihnen liegen mehrere hundert Kilometer durch die wunderschöne Natur und die interessanten Städte Jütlands und Schleswig-Holsteins. Wir hoffen, es hat Ihnen gefallen, und sind gespannt auf Ihre Eindrücke und Erfahrungen.

Tipp: Von Wedel geht es nun auf dem Elbe-Radweg bis nach Hamburg. Die Routenbeschreibung finden Sie in folgenden und letzten Abschnitt dieses ***bikeline***-Radtourenbuches

Zwischen Wedel und Hamburg besteht eine sehr gute S-Bahn-Verbindung (s. Einleitung), die Sie alternativ benutzen können, um in die Hansestadt zu kommen.

Von Wedel nach Hamburg

24 km

In diesem letzten Abschnitt ist der Elbe-Radweg zwischen Wedel und Hamburg beschrieben. Die Nähe zur Nordsee ist schon spürbar, die Luft riecht nach Salz und auf der Elbe fahren die großen Containerschiffe mit ihren Waren aus aller Welt. Immer am rechten Elbeufer entlang durchfahren Sie auf den letzten Kilometern Ihrer Radreise den Nobelvorort Blankenese, machen beim Museumshafen Oevelgönne oder bei den berühmten Landungsbrücken Halt, um sich die liebevoll restaurierten, fahrtüchtigen Schiffs-Oldtimer anzusehen und eine Schiffsrundfahrt durch den Hamburger Hafen anzutreten. Ein Besuch der Alt- und Neustadt sowie des Michels, dem Wahrzeichen der Hansestadt, runden Ihren Besuch der Stadt ab, bevor Sie die Heimreise antreten.

Sie fahren fast ausschließlich auf Radwegen, besonders idyllisch entlang der Elbe, und teils auf ruhigen Nebenstraßen. Einzig hinter dem Museumshafen Oevelgönne fahren Sie wenige hundert Meter auf einer stärker befahrenen Straße.

Von Wedel nach HH-Övelgönne 17 km

Tipp: Sie folgen nun dem ausgeschilderten Elbe-Radweg bis nach Hamburg.

Vom **Marktplatz** in **Wedel** fahren Sie auf der **Austraße** südlich Richtung Elbe ~ Verlängerung **Schulauer Straße** ~ Verlängerung **Strandweg** ~ Verlängerung **Parnaßstraße** ~ rechts in die **Elbstraße** ~ Verlängerung **Galgenberg** ~ rechts in den **Tinsdaler Weg** ~ geradeaus in die Straße **Schulauer Weg** ~ an der T-Kreuzung rechts in die Straße **Am Leuchtturm** ~ am **Elbufer** nach links in den unbefestigten Weg ~ auf den Straßen **Rissener Ufer** und **Falkensteiner Ufer** um das **Naturschutzgebiet Wittenberger Elbwiesen** herum ~ auf dem Falkensteiner Ufer nahe der Elbe durch den Hamburger Stadtteil **Blankenese** ~ vorbei an der **Landungsbrücke Blankenese** ~ weiter auf dem Strandweg ~ geradeaus auf dem Elbuferweg durch den Stadtteil **Nienstedten** bis zur **Landungsbrücke Teufelsbrück** ~ weiter auf dem Hans-Leip-Ufer ~ der Weg schwenkt nach links

Oevelgönner Fährhaus

hinauf in den Stadtteil Oevelgönne ⚠ Achtung Schiebestrecke, reiner Fußweg – Fahrradfahren verboten ~ der Weg schwenkt nach rechts hinunter zur Elbe ~ dann nach links bis zu einem Wendehammer, rechts von Ihnen liegt der Museumshafen Oevelgönne.

Oevelgönne

🏛 **Oevelgönner Museumshafen,** Infos beim Verein Museumshafen Oevelgönne e.V., Anleger Neumühlen, ✆ 397383. Das Besondere an diesem Hafen ist, dass alle Museumsschiffe fahrtüchtig sind, weshalb nicht immer alle Schiffe zu besichtigen sind. Zu sehen sind knapp 20 Schiffs-Oldtimer, darunter das Feuerwehrschiff Elbe 3, holländische Plattbodenschiffe, Dampfschlepper und viele andere mehr. Ein Teil der Schiffe gehört dem Verein Museumshafen Oevelgönne, die restlichen befinden sich im Besitz anderer Hamburger Museen wie dem Museum für Hamburger Geschichte sowie in Privatbesitz.

✲ **Oevelgönne** – langgestrecktes Lotsendorf am Elbanleger Neumühlen. In dieser Elbidylle säumen alte Häuser mit verträumten Veranden die Uferstraße.

Von HH-Övelgönne zum Hauptbahnhof HH 7 km

Sie fahren geradeaus auf der **Neumühlen Kaistraße** vorbei an dem neuen Bürogebäude aus Glas und Stahl ~ rechts in die **Große Elbstraße** ~ an den **St. Pauli Landungsbrücken** vorbei ~ rechts in die Straße **Johannisbollwerk** ~ nach dem U-Bahnhof Baumwall rechts in die Straße **Kajen** ~ nach 1,5 Kilometern rechts in die **Ost-West-Straße** ~ nächste Straße links in den **Klosterwall** ~ Verlängerung **Steintorwall** bis zum **Hauptbahnhof von Hamburg**, auf der anderen Straßenseite geht es auf der Spitalerstraße in die Fußgängerzone von Hamburg.

Hamburg

PLZ: 20015; Vorwahl: 040

ℹ **Hamburg Tourismus GmbH,** ✆ 300 51-300.

58
Eidelstedt
Schenefeld
Haidehof
L 105
Wedel
Wedeler Au
Rissen
L 104
Lurup
Osdorf
HAMBURG
Volkspark
Sülldorf
B 4
B 431
Iserbrook
A 7
57
45
Schulau
Elbe-Radweg
Tinsdaler Weg
Falkenstein
Bahrenfeld
Tinsdal
Blankenese
59
Groß Flottbek
NSG
Landungsbrücke Blankenese
Nienstedten
Hahnöfer Nebenelbe
NSG Neßsand
Othmarschen
Ottensen
Elbe
Oevelgönne
Hahnöfersand
Fähre Blankenese-Cranz
Landungsbrücke Teufelsbrück
Schiebestrecke
Museumshafen Oevelgönne
Neumühlen
K 39
Hinterbrack
Mühlberger Loch
HVV-Fähre 61
Elbtunnel
Borstel
Kohlenhusen
Königreich
Cranz
157
Jork
Waltershof
Liedenkummer
Finkenwerder

Tourist Information im Hauptbahnhof, Hauptausgang Kirchenallee, ✆ 30051-200.

Tourist Information am Hafen, St.-Pauli-Landungsbrücken, zwischen Brücke 4 und 5, ✆ 30051-203.

Große Hafenrundfahrt, St.-Pauli-Landungsbrücken, ✆ 3117070, 313130, 313959, 314644, 314280, 366681, 373168. Fährbetrieb: April-Okt. Mo-So 10-17.30 Uhr, halbstündlich, Nov.-März, Sa, So 11, 12, 12.30, 14 und 15.30 Uhr, wochentags Abfahrt n.V.

Englische Hafenrundfahrt, Brücke 1., Fährbetrieb: März-Nov. Mo-So 12 Uhr. Dauer: 1 Stunde.

Elbe-City-Jet Hamburg-Stadersand. Dauer: 45 Minuten, April-Okt., mehrmals tägl.

Historische Fleet-Fahrt, Vorsetzen (U Baumwall), ✆ 373168. Abfahrten: 29. März-2. Nov., Mo-So 11.30 u. 14.30 Uhr. Dauer: ca. 2 Stunden.

Anleger Jungfernstieg: Alster-Rundfahrten, Fleet-Fahrten, Kanal-Fahrten, Vierlande-Fahrten, Teich-Fahrten, Dämmertörn, Alster-Kreuz-Fahrt, Dampfschiff-Törn, Stimmungsfahrten mit dem Dampfschiff „St. Georg", 2-stündige nostalgische Alsterfahrt mit Musik zu div. Themen, Informationen und Buchungen ✆ 30051535.

Hamburger Kunsthalle, Glockengießerwall 1, ✆ 428542612. ÖZ: Di-So 10-18 Uhr, Do bis 21 Uhr. Kunst von der Renaissance bis zur Gegenwart.

Die Alster in Hamburg

Museum für Kunst und Gewerbe, Steintorpl. 1, ✆ 428542732. ÖZ: Di-So 10-18 Uhr, Do bis 21 Uhr. Plastik und angewandte Kunst Europas, graphische Sammlungen, Geschichte der Fotografie.

Museum für Hamburgische Geschichte, Holstenwall 24, ✆ 42841-2380. ÖZ: Di-Sa 10-17 Uhr, So 10-18 Uhr. Hamburg von der Stadtgründung bis zur Gegenwart.

Altonaer Museum/Norddeutsches Landesmuseum, Musemstr. 23, ✆ 42811-3581. ÖZ: Di-So 10-18 Uhr. Kunst- und Kulturgeschichte Norddeutschlands, Fischerei und Schifffahrt.

Museum für Völkerkunde Hamburg, Rothenbaumchaussee 64, ✆ 01805/308888. ÖZ: Di-So 10-18 Uhr, Do bis 21 Uhr. Schausammlungen aus Afrika, Amerika, Asien, Australien, Europa und der Südsee.

Krameramtsstuben, Krayenkamp 10, ✆ 37501988. ÖZ: Di-So 10-17 Uhr. Historische Witwenwohnung des Krameramtes.

Jenischhaus, Baron-Vogt-Str. 50, ✆ 828790. ÖZ: Di-So 11-18 Uhr. Beispiele großbürgerlicher Wohnkultur des 16.-19. Jhs.

Hamburger Museum für Archäologie und die Geschichte Hamburgs, Helms-Museum, Museumspl. 2, ✆ 42871-3609, ÖZ: Di-So 10-17 Uhr. Ur- und Frühgeschichte Hamburgs und der näheren Umgebung.

Freilichtmuseum Rieck-Haus, Curslacker Deich 284, ✆ 7231223, ÖZ: April-Sept., Di-So 10-17 Uhr, Okt.-März, Di-So 10-16 Uhr. Vierländer Freilichtmuseum.

Museum der Arbeit, Wiesendamm 3, ✆ 428322364. ÖZ: Mo 13-21 Uhr, Di-Sa 10-17 Uhr, So 10-18 Uhr. Hier werden Sie über die Hamburger Industrialisierungsgeschichte informiert.

Speicherstadtmuseum, St. Annenufer 2 im Block R, ✆ 321191. ÖZ: Di-So 10-17 Uhr. Die Arbeit in den Speichern und die Geschichte der Speicherstadt.

Erotic Art Museum, Bernhard-Nacht-Str. 69, ✆ 31784126, ÖZ: tägl. 12-24 Uhr, Fr, Sa bis 2 Uhr. Thema: Erotische Kunst aus sechs Jahrhunderten.

Museumsschiff – Windjammer Rickmer Rickmers, St.-Pauli-Landungsbrücken, Brücke 1, ✆ 3195959. ÖZ: Mo-So

Hamburger Fischmarkt

10.00-18 Uhr. Ehemaliger Ostindien-Fahrer. Als Museumsschiff und schwimmendes Denkmal soll die Rickmer Rickmers an die Zeiten erinnern, als der Wind die Schiffe über die Weltmeere trieb.

Musoumsschiff-Cap San Diego, Überseebrücke, ✆ 364209. ÖZ: Mo-So 10-18 Uhr. Letzter erhaltener klassischer Stückgutfrachter. Der „Weiße Schwan des Südatlantiks" wurde 1962 auf der Deutschen Werft Hamburg erbaut und fuhr im Liniendienst für die Reederei Hamburg-Süd die südamerikanische Ostküste an.

Das Feuerschiff, City Sporthafen Hamburg, Vorsetzen, ✆ 362553. ÖZ: Mo-Sa 11-1 Uhr, So 10-22.30 Uhr. Nach alter Tradition in Nietenbauweise errichtetes Schiff. Zu Besichtigen ist das reichhaltige maritime Equipment.

St. Michaelis-Kirche (1751-62), ✆ 37678100. Der Kirchturm, der „Michel", ist das Wahrzeichen der Hansestadt. St. Michaelis ist die bedeutendste Barockkirche Norddeutschlands.

St. Katharinen (1350-1420). Eine Figur der Heiligen Katharina steht auf dem 115 m hohen Turm.

St. Petri (12. Jh.), Mönckebergstraße. Nach dem Großen Brand von 1842 neu errichtet. Sehenswert ist die berühmte Arp-Schnitger-Orgel von St. Jacobi.

St. Nicolai-Kirche. Hier ist das Altarmosaik nach einem Entwurf des Künstlers Oskar Kokoschka zu bewundern.

Imperial Theater, Reeperbahn 5, ✆ 30051450

Neue Flora, Stresemannstraße/Ecke Alsenplatz, ✆ 30051350

Theater im Hamburger Hafen, Im Hamburger Hafen, gegenüber St. Pauli Landungsbrücken, ✆ 30051150. Das Theater präsentiert Musicals wie z. B. „Der König der Löwen".

Operettenhaus, Spielbudenpl. 1, ✆ 30051350. Präsentiert werden Musicals wie z. B. „Mamma Mia".

Deutsches Schauspielhaus, Kirchenallee 39/41, ✆ 30051360

Ohnsorg-Theater, Große Bleichen 23, ✆ 30051550. Volksstücke in plattdeutscher Sprache.

Schmidts TIVOLI, Spielbudenpl. 27/28, ✆ 30051400. Musik- Theater- und Varietéproduktionen, Nightclub.

Thalia-Theater, Alstertor, ✆ 30051300

Hamburg-Card, dieser Fahrschein für öffentliche Verkehrsmittel (HVV) im Großbereich Hamburg inkludiert auch den freien Eintritt oder ermäßigten Preis in vielen Hamburger Museen sowie bis zu 20 Prozent Ermäßigung in einigen Theatern. Ermäßigungen gibt es auch bei Hafen-, Stadt- und Alsterrundfahrten sowie einigen Sehenswürdigkeiten. Es gibt eine Tageskarte oder eine Dreitageskarte, Infos bei den Touristinfos.

Rathaus, ✆ 4283120-63 od. -64, Führungen: Mo-Do 10-15 Uhr, Fr-So 10-13 Uhr, halbstündlich. 1886-97 im Stil der Neo-Renaissance erbaut. Mit 647 Räumen besitzt das Rathaus sechs Zimmer mehr als der Buckingham-Palace. Sitz des Senats und der Bürgerschaft.

Börse, Adolphplatz. ÖZ: Mo-Fr 9-20 Uhr, während der Handelszeiten; Führungen für Gruppen unter ✆ 367444. Die Börse wurde 1558 gegründet und ist die älteste Börse Deutschlands.

Speicherstadt. Führungen: Di, Start: U Baumwall, Ausgang Speicherstadt, 14.30 Uhr. Mitten im Freihafen zwischen Deichtorhallen und Baumwall liegt die hundertjährige Speicherstadt. Hinter der Fassade der wilhelminischen Backsteingotik der Gründerzeit lagern edle Güter: Kaffee, Tee, Kakao, Gewürze, Tabak, Computer und das größte Orientteppichlager der Welt.

Hamburg - Hafenstraße

Panoptikum, Spielbudenpl. 3, ✆ 310317, ÖZ: Mo-Fr 11-21 Uhr, Sa 11-21 Uhr, So 10-24 Uhr. Von Mitte Jan.-Anfang Feb. geschlossen. Hier sind weit über 100 Persönlichkeiten aus Politik, Geschichte und Showgeschäft zu sehen, so zum Beispiel die Beatles, die in Hamburg ihre Karriere begannen.

Stadtrundfahrten. Top-Tour, Gala Tour Hamburg, Scene Night Tour, mit der Hummelbahn oder im roten Doppeldecker, Große Lichterfahrt mit der Hummelbahn u. a.: Abfahrtszeiten und Preise bitte bei der Tourist-Information erfragen.

Stadtrundgänge. Hamburger Stadtrundgänge zu den verschiedensten Themen werden von der Hamburg Tourismus GmbH, ✆ 30051300 sowie von Stattreisen Hamburg e. V., ✆ 4303481 durchgeführt.

Planetarium, Hindenburgstr. 1, ✆ 5149850. Auf der 21 m großen Planetariumskuppel wird der Sternenhimmel naturgetreu projiziert. Vorführungen mit monatlich wechselnden Themen: Mi u. Fr 18 Uhr, So 11, 14.30 u. 16 Uhr. Ausstellung zur Geschichte der Himmelskunde und Astronomie, Aussichtsturm: So-Fr 10-14.45 Uhr.

Bord-Party, ✆ 313687

Riverboat-Party, ✆ 3193824

Mississippi-Festival auf der Mississippi Queen, ✆ 313130

Prüsse's Bordparty, ✆ 313130

Swingin' Hafensafari, ✆ 474462

Hagenbecks Tierpark, U Hagenbecks Tierpark, ✆ 54000147, - 48, ÖZ: Mo-So ab 9 Uhr, Mai-Juni: Dschungelnächte, Juli: fernöstliche Sommernächte, August: Romantische Nächte. Mehr als 370 Tierarten in 54 Freigehegen sowie Tropenarium.

Planten un Blomen. Botanischer Garten mit einem Tropenhaus und mit dem größten Japanischen Garten Europas sowie die in Europa einmalige Wasserlichtorgel, Mai-Sept. tagsüber Wasserspiele, abends farbige Wasserlichtkonzerte.

Alsterpark. Am grünen Alsterufer von Harvestehude gelegen.

Binnen- und Außenalster. Sie entstand 1235, als ein Damm die Alster staute und die Alsterniederung überflutet wurde.

Hamburg – die mehr als 1.000 Jahre alte Hansestadt, pulsierende Metropole für 1,7 Millionen Hanseaten, Attraktion für täglich 150.000 Touristen. Vom Turm des „Michel", der Hauptkirche St. Michaelis bekommt man einen Eindruck von der Elb-Seite. Ein Blick vom „Tele-Michel", dem Fernsehturm, macht klar, dass Hamburg

auch an der Alster liegt. Hafenstadt, Industriestandort und Medienmetropole – beim NDR in Lokstedt entsteht täglich die Tagesschau.

Zwischen dem 13. und dem 16. Jahrhundert war Hamburg Mitglied des Hanseatischen Städtebundes und der Reichtum der hanseatischen Kaufleute hat die Stadt groß gemacht. Daran erinnern heute noch das sehenswerte, prunkvolle Rathaus, die Börse, die Speicherstadt, das Deichstraßen-Viertel und viele traditionelle Kontor-Häuser.

Hamburg ist aber trotz aller Traditionen auch eine junge Stadt. Das macht sich vor allem in dem 200 Jahre alten Stadtteil St. Pauli bemerkbar, das einerseits zwar als Hochburg der Prostitution abgestempelt wird, andererseits aber in den letzten Jahren deutlich an Attraktivität gewonnen hat. Wenn Sie die vielen Facetten dieses spannenden Hamburger Stadtteiles entdecken wollen, dann empfiehlt sich ein Streifzug mit den Gästeführerinnen der Tourismus-Zentrale. Denn tagsüber wirkt die 600 Meter lange Reeperbahn ruhig und gar nicht verrucht. 35.000 Menschen wohnen hier und in den Seitenstraßen des 2,5 Quadratkilometer großen Stadtteils. Das weltberühmte Leben auf der „sündigen Meile" beginnt mit Einbruch der Dunkelheit. Dann erstrahlen die Fassaden im Neonlicht, von neun Uhr abends bis vier Uhr früh stehen im Sperrbezirk die Damen vom Kiez.

Das neue St. Pauli, wo sich die jungen Leute in vielen Kneipen die Tür in die Hand geben, liegt am Spielbudenplatz, der anderen Straßenseite der Reeperbahn.

Aber ebenso wie die Reeperbahn, so ist der Hafen für jeden Hamburg-Besucher ein Muss. Und wer ihn richtig erleben will, der muss ihn zu Fuß erobern. Nach einem Bummel durch die historische Deichstraße eröffnet sich der Blick auf die schöne Fassade der alten Kontorhäuser in der Speicherstadt, wo es nach Kaffee, Kakao und Gewürzen riecht. Mit einer der vielen Hafenbarkassen lässt sich dieser Teil der Stadt aber auch bestens vom Wasser aus erkunden. Nach dem Besuch der Speicherstadt fahren die Barkassen vorbei an den sehenswerten Museumsschiffen „Cap San Diego" und „Rickmer Rickmers" in die großen Hafenbecken. Zum Greifen nahe kommen Sie an die Container-Riesen heran, die im Container-Terminal ent- und beladen werden.

Ein Erlebnis im Hafen ist auch der Alte Elbtunnel. Mit einem hölzernen Fahrstuhl geht es in die Tiefe, mit ihm können sogar Autos transportiert werden.

Im Fischmarkt an der Elbe findet buntes Treiben sonntags zwischen 6 und 9.30 Uhr statt, gefrühstückt wird in der historischen Fischauktionshalle.

Tipp: In Hamburg ist Ihre Reise auf dem Heerweg- und Ochsenweg nun aber wirklich zu Ende. Gute Heimreise!

Wir hoffen, Sie waren mit diesem ***bike-line*-Radtoruenbuch** zufrieden, und freuen uns, wenn wir Sie auch bei Ihrer nächsten Radreise begleiten können.

Bett & Bike

Bett & Bike

Alle mit dem Bett&Bike-Logo ()gekennzeichneten Betriebe sind fahrradfreundliche Gastbetriebe und Mitglieder beim ADFC-Projekt „Bett&Bike". Sie erfüllen die vom ADFC vorgeschriebenen Mindestkriterien und bieten darüber hinaus so manche Annehmlichkeit für Radfahrer. Detaillierte Informationen finden Sie in den ausführlichen Bett&Bike-Verzeichnissen – diese erhalten Sie überall, wo's *bikeline* gibt.

ADFC
Allgemeiner Deutscher Fahrrad-Club

Übernachtungsverzeichnis

Im Folgenden sind Hotels (H, Hg), Gasthöfe (Gh), Pensionen (P), Bed&Breakfast (BB) und private Unterkünfte (Pz), aber auch Jugendherbergen () und Campingplätze () sowie ()Naturcampingplätze der meisten Orte entlang des Radweges angeführt. Die Orte sind nicht in alphabetischer Reihenfolge, sondern analog zur Streckenführung aufgelistet.

Das Verzeichnis erhebt keinen Anspruch auf Vollständigkeit und stellt keine Empfehlung der einzelnen Betriebe dar.

Die römische Zahl (I–VI) nach der Telefonnummer gibt die Preisgruppe des betreffenden Betriebes an. Folgende Unterteilung liegt der Zuordnung zugrunde:

I unter € 15,–
II € 15,– bis € 23,–
III € 23,– bis € 30,–
IV € 30,– bis € 35,–
V € 35,– bis € 50,–
VI über € 50,–

Die Preisgruppen beziehen sich auf den Preis pro Person in einem Doppelzimmer mit Dusche oder Bad incl. Frühstück. Übernachtungsbetriebe mit Zimmern ohne Bad oder Dusche, aber mit Etagenbad, sind durch das Symbol ✗ nach der Preisgruppe gekennzeichnet.

Da wir das Verzeichnis stets erweitern, sind wir für Ihre Anregungen dankbar. Die einfache Eintragung erfolgt für die Betriebe natürlich kostenfrei.

Viborg

PLZ: 8800

i Viborg Turistbureau, Nytorv 9, ✆ 87253075, Infos zu BB

H Golf Hotel Viborg, Randersvej 2, ✆ 86610222, VI

H Palads Hotel, Sct. Mathias Gade 5, ✆ 86623700, VI

Gh Historiske Rindsholm Kro, Gl. Århusvej 323, ✆ 86639044

Gh Nørresøkollegiet, Asmildklostervej 13, ✆ 86671811

Danhostel Viborg Vandrerhjem, Vinkelvej 36, ✆ 86671781, III

Viborg Sø-Camping, Vinkelvej 36 B, ✆ 86671311

Hald Ege

PLZ: 8800 Viborg

i Viborg Turistbureau, Nytorv 9, 8800 Viborg, ✆ 87253075, Infos zu BB

H Niels Bugges Hotel, Egeskovvej, Hald Ege, ✆ 86638011

H Hald Hovedgaard, Ravnsbjergvej 76, Hald Ege, ✆ 86638410

Gh Niels Bugges Kro, Ravnsbjergvej 69, Hald Ege, ✆ 86638011

Naturskolen ved Hald Ege, Ravnsbjergvej 71, ✆ 86638500

Skelhøje

PLZ: 7470 Karup

i Viborg Turistbureau, Nytorv 9, 8800 Viborg, ✆ 87253075, Infos zu BB

BB Hedegårdens Gartneri, Havredalsvej 7, ✆ 86661522, II

Frederiks
PLZ: 7470 Karup
Viborg Turistbureau, Nytorv 9, 8800 Viborg, 87253075, Infos zu BB
Gh Frederiks Kro, Søndergade 2, 86661013, V

Thorning
PLZ: 8620 Kjellerup
BB Midtjysk Ridecenter, Bødkersmindevej 8, 86880703

Knudstrup
PLZ: 8620 Kjellerup
Viborg Turistbureau, Nytorv 9, 8800 Viborg, 87253075, Infos zu BB
Gh Knudstrup Kro, Skivevej 1, 86880018

Silkeborg
PLZ: 8600
Silkeborg Turistbureau, Åhavevej 2A, 86821911
H Dania, Torvet 5, 86820111
H Radisson SAS Hotel Silkeborg, Papirfabrikken 12, 88822222
H Scandic Hotel Silkeborg, Udgårdsvej 2, 86803533
H Silkeborgsøerne, Himmelbjergvej 106, Laven St. 86841201
H Impala, Vestre Ringvej 53, 86820300
H Ferskvandscentret, Vejlsøvej 51, 89212121
H Gl. Skovridergaard, Marienlundsvej 36, 87225500
BB Bruun, Lyngsøvej 18, 86811909
BB Feldbak, Rugvænget 7, 86828939
BB Kjær, Åhavevej 13, 86828447
BB Lynge, Rugvænget 8, 86828919
BB Mølbæk, Lavendelvej 38, 86827317
BB Johnsen, Frank Jægers Vej 14, 86813478
BB Nielsen&Pedersen, Vestre Allé 6, 86800630
BB Sørensen, Nørretorv 10, 2.th., 86814694
Silkeborg Vandrerhjem, Åhavevej 55, 86823642
Gudenåens Camping Silkeborg, Vejlsøvej 7, 86822201
Silkeborg Søcamping, Århusvej 51, 86822824

Vrads
PLZ: 8654 Bryrup
Bryrup Turistinformation, Østervang 1, 75756900
BB Jensen, Hulmosevej 1, 75775226
Damgård, St. Bredlundvej 14, 75757760
Vrads Købmandshandel, Store Bredlundvej 6, 75757030

Løve
PLZ: 8654 Bryrup
Bryrup Turistinformation, Østervang 1, 75756900
BB Fisker, Tyklundgaard, Tyklundvej 3, 75756869

Hampen
PLZ: 7362
Nørre Snede Turistkontor, Skolegade 1, 8766 Nørre Snede, 75770284
Hampen Sø Camping & Hytteby, Hovedgaden 31, 75775255
Palsgård Skov/Galgehøj, Palsgård Skov/Torup Sø & Palsgård Skov/Hampen Sø, 97454188

Hjøllund
Hærvejens Ro, Viborgvej 19, 86869011

Nørre Snede
PLZ: 8766
Nørre Snede Turistkontor, Skolegade 1, 75770284
H Snørre Snede Kro, Bredgade 21, 75770001, IV
Pz Storgaard, Vejlevej 75, 75771279
Pz Jeppesen, Viborgvej 18, 75771854
Pz Madsen, Frisbækvej 13, 75770340
Bh Hærvejens Bondegårdsferie, Nørhoved, 75771025
Gyvelborgs Bondegårds Camping, Friskebækvej 14, 75771663

Hammer
PLZ: 7160 Tørring

Kovtrup
Feldborg Statsskovdistrikt 97454188
Kovtrupgård Naturcenter, Kovtrupvej 17, Hammer, 75800007

Give
PLZ: 7323
Give Turistbureau, Allegade 12, 75735141
Aktiv Camp Give, Skovbakken 34, 75732650

Givskud
Danhostel Givskud Vandrerhjem, Løveparkvej 2B, 75730500, IV
Dragonhuset, Hærvejen 157, 75730709

Nørre Kollemorten
Hærvejscenter Kollemorten, Gl. Skole, 75803271

Harresø
H Harresø Kro, Hærvejen 147, 75730211, V

Gadbjerg
H Hotel Margrethe, Langgade 36, 75876333, V

Jelling
PLZ: 7300
Turistinformation, Gormsgade 23, 75871301
Vejle-egnens Touristbureau, Bandegårdspladsen 6, 7100 Vejle, 75821955
Gh Skovdal Kro, Fårupvej 23, 75871781, V
Gh Jelling Kro, Gormsgade 16, 75871006, V
Jelling Camping Mølvangvej 55, 75871653
Fårup Sø Camping, Fårupvej 58 75871344
Tøsby Kro Teltplads, Bredsten Landevej 12, 75881130

Kiddegård, ✆ 75871212

Vejle

PLZ: 7100

Vejle-egnens Touristbureau, Banegårdspladsen 6, ✆ 75021955, auch Infos zu BB

H Munkebjerg Hotel, Munkebjergvej 125, ✆ 76428500, VI

H Quality Hotel Australia, Dæmningen 6, ✆ 76406000, VI

H Torvehallerne, Kirketorvet 10-16, ✆ 79427900, VI

H Hotel Hedegaarden, Valdemar Poulsensvej 4, ✆ 75820833, VI

H Park Hotel, Orla Lehmannsgade 5, ✆ 75822466

H Park Inn Vejle, Willy Sørensens Plads 3, ✆ 76436700, VI

Gh Bredal Kro, Horsensvej 581, ✆ 75895799, VI

Danhostel Vejle Vandrerhjem, Gl. Landevej 80, ✆ 75825188, III

Vejle City Camping, Hellig Kildevej 5, ✆ 75823335

Engelsholm

PLZ: 7182

Vejle-egnens Touristbureau, Banegårdspladsen 6, 7100 Vejle, ✆ 75821955, auch Infos zu BB

Johansen, Søbakken 14, Engelsholm Mark, ✆ 75883818

Billund

PLZ: 7190

Touristinformation im Legoland – Eingang, ÖZ: siehe Legoland

H Hotel Legoland, Aastvej 10, ✆ 75331244, VI

H Hotel Propellen, Nordmarksvej 3, ✆ 75338133, VI

Gh Billund Kro, Buen 6, ✆ 75332633, VI

Sørensen, Egelund, Billundvej 5, ✆ 75331849

Bredsten

PLZ: 7182

Vejle-egnens Touristbureau, Banegårdspladsen 6, 7100 Vejle, ✆ 75821955, auch Infos zu BB

H Bredehus, Kirkegade 25, ✆ 75882288, VI

Vingsted

H Vingstedtcentret, Vingsted Skovvej 2, ✆ 75865533, VI, auch

Haraldskær

Kvak Mølle, ✆ 75727111

Vandel

PLZ: 7184

Vejle-egnens Touristbureau, Banegårdspladsen 6, 7100 Vejle, ✆ 75821955, auch Infos zu BB

H Vandel Kro, Grindstedvej 15, ✆ 75885500, V

Randbøl

PLZ: 7183

Vejle-egnens Touristbureau, Banegårdspladsen 6, 7100 Vejle, ✆ 75821955, auch Infos zu BB

H Møllemarkshus Traktørsted, Hærvejen 62, ✆ 75883404, auch

Randbøldal Camping, Dalen 9, ✆ 75883575

Bindeballe

Bindeballe Gl. Station, ✆ 75883383

Ølgård

Ølgård, Hærvejen 11, ✆ 75550700

Bække

PLZ: 6622

Turistkontoret, Vestergade 2, ✆ 75389141, (nur während der Sommermonate geöffnet)

Vejen Turistinformation, Lindegade 10.1, 6600 Vejen, ✆ 75362696

H Bække Kro, Søndergade 2, ✆ 75389003, III

BB Jensen, Ribe-Vejle Landevej 47, ✆ 75389141, II

BB Mølby, Ribe-Vejle Landevej 35, ✆ 75389495, II

Klebæk Høje, Klebækvej 9, ✆ 75389417

Asbo

Teltplads Asbovej 45, ✆ 75368015

Vejen

PLZ: 6600

Vejen Turistinformation, Lindegade 10, ✆ 75362696

H Vejen Kongreshotel, Askovvej 50, ✆ 75361700, VI

H Vejen Gæstgivergaard, Frederik d. VII's Gade 15, ✆ 75360045, V

H Skibelund Krat, Skibelund Krat 4, ✆ 75360721, VI

BB Brodal, Gestenvej 41, ✆ 75361389, V

Vejen Idrætscenter/Sportel, Petersmindesvej 1, ✆ 75360500, IV

Vejen Camping, Vorupvænget 2, ✆ 75362099

Andst Å ved Vejen, Koldingvej 34, ✆ 75588218

Kommunaler Zeltplatz, Knudevejen 17, ✆ 75362696

Askov

BB Andersen, Møllevej 3, ✆ 75364623, II

Rødding

PLZ: 6630

Midtsønderjyllands Turistbureau, Jels Møllegade 5, Jels, 6630 Rødding, ✆ 74552110

Jels

H Jels Hotel, Jels Torvet 1, ✆ 74553500, V

BB Jels Bed & Breakfast, Langagervej 1, ✆ 74552266, IV

BB hos Emma, Hennekesdamvej 7, ✆ 74552780, IV

BB Kehlet, Præstevænget 25, ✆ 75360973

Danhostel Jels Idrætscenter og Vandrerhjem, Ørstedvej 10, ✆ 74552869, II

Jels Sø Camping, Søvej 32, ✆ 74552238

Københoved

BB Nissen, Københovedskovvej 2, ✆ 74847233, IV

Stursbøl

PLZ: 6560

Café Ellergaard, Slevadvej 7, ✆ 74846500

Vojens
PLZ: 6500

Vojens Turistbureau, Stadionallé 10, 74203970, auch Infos zu BB

H Hotel Vojens, Nørregade 2, 74541331, VI

H Hotel Pauli, Vestergade 5, 74541325, VI

Gh Slukefter Kro, Tøndervej 16, Vedstedt, 74545230, VI

Gh Tørning Kro, Hammelev Bygade, Hammelev, 74507303, VI

Gh Skrydstrup Forsamlingsgård, Ribevej 76, Skrydstrup, 74541836, VI

Pz Weber, Volbrovej 4, Vojens Mark, 74541072

PZ Lindelof, Østergade 29, 74541796

Vojens Campingplads, Stadionallé 10, 74203970

Christiansdal, Pamhule Skov, 74335458

Immervad
Immervad Bro, Hærvejen 14, 74664636

Rødekro
PLZ: 6230

Aabenraa Turistbureau, H.P.Hanssens Gade 5, 6200 Aabenraa, 74623500

H Røde-Kro, Vestergade 2, 74662249, VI

BB Boysen, Hærvejen 77, 74693637, VI

Hovslund
Petersen, Ribelandevej 42, 74664517

Hovslund Stationsby
Damgaard Mølle, Foldingbrovej 6, 74664180

Øster Løgum
BB Emil Skøtt, Langbjergvej 4, Østerløgum, 74664412, II, auch

Aabenraa
PLZ: 6200

Aabenraa Turistbureau, H.P.Hanssens Gade 5, 74623500

H Europa, H. P. Hanssens Gade 10, 74622622, VI

H Bøgen, Haderslevvej 48, 74624671, V

H Royal, Nørretorv 1, 74620330, VI

H Missionshotellet, Klinkbjerg 20, 74630091, VI

H Bovrup Gæstgivergård, Bovrup Storegade 14, Bovrup, 74680206

H Jægergården/Økonomihotel, Varnæsvej 329, Hostrupskov, 74613622

H Hotel Knapp, Stennevej 79, 74620092

BB Bjarke Hansen, Skovhuset, Varnæsvej 541, 74626954

BB Kai Paulsen, Østergade 46, 74685617

BB Søren K. Jensen, Krybily, Brokbjergvej 6, 74685817

BB Herdis Lange, Flensborg Landevej 15, Søgård, 74687780

BB Søren K. Jensen, Krybily, Brokbjergvej 6, 74685817

BB Charlotte Niemann, Vestergade 1, Varnæs, 74688126

Danhostel Aabenraa Vandrerhjem, Sønderskovvej 100, 74622699, III

Fjordlyst Camping, Sønderskovvej 100, 74622699

Kliplev
H Kliplev Forsamlingsgård, Storegade 24, 74687900

Gejlå
Bommerlund Plantage, Aabenraa Statsskovdistrikt, 74623182

Padborg
PLZ: 6330

Kruså Turistbureau, Flensborgvej 11, 6340 Kruså, 74672171, auch Infos zu BB

Danhostel Padborg Vandrerhjem, Lyren 6, 74670003, II

Frøslev
H Frøslev Kro, Vestergade 3, 74673204, IV

Frøslev Plantage, Aabenraa Statsskovdistrikt, 74623182

Bov
H Bov Kro, Hærvejen 25, 74671332, V

Padborg–Flensburg–Oeversee:

Kruså
PLZ: 6340

Kruså Turistbureau, Flensborgvej 11, 74672171, auch Infos zu BB

H Hotel Krusågaard, Flensborgvej 13, 74675600, V

Krusaa Camping, Aabenraavej 7, 74671206

Kollund
H Fakkelgaarden, Fjordvejen 44, 74678300, VI

H Sønderhav, Fjordvejen 69, 74678891

FDM Camping Kollund, Fjordvejen 29, 74678515

Frigaard Camping, Kummelefort 14, 74678830

Flensburg
PLZ: 24937; Vorwahl: 0461

Tourist-Info Flensburg, Rathausstr. 1-5, 9090920

H Mercure Flensburg, Norderhofenden 6-9, 84110, VI

H Central-Hotel, Neumarkt 1, 86000, VI

H am Rathaus, Rote Str. 32-34, 17333-35, VI

H am Wasserturm, Blasberg 13, 3150600, VI

H Berlin, Schleswiger Str. 10, 144340, VI

H Etap, Süderhofenden 14, 4808920, V

H Flensburger Hof, Süderhofenden 38, 141990, VI

H Fruerlund, Glücksburger Str. 174, 150800, VI

H Handwerkerhaus, Augustastr. 2, 144800, VI

H St. Johannis, Augustastr. 8, 23592, VI

H Xenia, Süderfischerstr. 2, 160620, VI

H Prodomo Hotel, Wilhelmstr. 1, 86080, VI

Hg Landhaus Eric, Glücksburger Str. 177, ✆ 64895,VI
Gh Dittmers Gasthof, Neumarkt 2, ✆ 909120, VI
P Ziesemer, Wilhemstr. 2, ✆ 25164, VI
Pz Baumann, Glücksburger Str. 172, ✆ 62026, II
Pz Gästehaus Skandia, Lecker Chaussee 127, ✆ 13232, II
Pz Gästehaus Petersen, Husumer Str. 5, ✆ 5051732, VI
Pz Flensburger Apartement Agentur, Kappelner Str. 3, 24943, ✆ 27619, II
JH Flensburg, Fichtestr. 16, ✆ 37742

Jarplund-Weding

PLZ: 24941; Vorwahl: 0461
Tourist-Info Flensburg, Rathausstr. 1-5, 24937 Flensburg, ✆ 9090920
Hg Hotel Süd, Europastraße 3 Nr. 96, ✆ 979278, V
Pz Budach, Wanraiweg 50, ✆ 04630/818, II

Munkwolstrup

PLZ: 24988; Vorwahl: 04602
Gebietsgemeinschaft „Grünes Binnenland e.V.", Stapelholmer Weg 13, 24963 Tarp, ✆ 04638/ 898404
Pz Thaysen, Dorfstr. 39, ✆ 1366, II

Oeversee

PLZ: 24988; Vorwahl: 04630
Gebietsgemeinschaft „Grünes Binnenland e.V.", Stapelholmer Weg 13, 24963 Tarp, ✆ 04638/ 898404
H Historischer Krug, Am Grazer Platz, ✆ 9400, VI
G Gasthaus Frörup, Stapelholmer Weg 43, ✆ 89450, VI

Tarp

PLZ: 24963; Vorwahl: 04638
Gebietsgemeinschaft „Grünes Binnenland e.V.", Stapelholmer Weg 13, ✆ 898404
Gh Landgasthaus Tarp, Bahnhofstr. 1, ✆ 992, V
Gh Ristorante Italie, Dorfstr. 3, ✆ 8958-0, V
Pz Manthei, Birkenweg 6, ✆ 648, II
Pz Thomsen, Achter de Möhl 8, ✆ 609, II
Pz Nordlicht, Hermann-Löns-Str. 4, ✆ 544, II

Sieverstedt

PLZ: 24885; Vorwahl: 04638
Gebietsgemeinschaft „Grünes Binnenland e.V.", Stapelholmer Weg 13, 24963 Tarp, ✆ 04638/ 898404

Stenderup

Pz Reinhold, Lehmland 8, ✆ 04603/446, II

Süderschmedeby

Pz Andresen, Norderstr. 7, ✆ 666, II

Süderholz

Campingplatz Süderholz, Süderholz 11, ✆ 528.

Westerstenderup

Pz Jürgensen, Westerstenderup 2, ✆ 04603/317

Havetoft

PLZ: 24873; Vorwahl: 04603
Gebietsgemeinschaft „Grünes Binnenland e.V.", Stapelholmer Weg 13, 24963 Tarp, ✆ 04638/ 898404

Hostrup

P Seminarpension Birkenhof, Am Birkenhof 3, ✆ 964060, IV

Idstedt

PLZ: 24879; Vorwahl: 04625
Gebietsgemeinschaft Grünes Binnenland e.V.", Stapelholmer Weg 13, 24963 Tarp, ✆ 04638/ 898404
Pz Brodersen, Dorfstr. 28, ✆ 408, II
Pz Buchweitz, Dorfstr. 28, ✆ 695, II
Pz Petersen, Röhmke 5, ✆ 181158, II

Brekling

PLZ: 24881; Vorwahl: 04621
Gebietsgemeinschaft „Grünes Binnenland e.V.", Stapelholmer Weg 13, 24963 Tarp, ✆ 04638/ 898404
P Haus Waldlust, ✆ 52214, III

Idstedt–Schleswig–Dannewerk:

Schleswig

PLZ: 24837; Vorwahl: 04621
Touristinformation Schleswig, Plessenstr. 7, ✆ 981617 od. 01805/880007
H Alter Kreisbahnhof, Königsstr. 9, ✆ 30200,
H Ringhotel Strandhalle, Strandweg 2, ✆ 9090, V-VI
H Schleiblick, Hafengang 4, ✆ 23468, IV
H Domhotel, Domziegelhof 6, ✆ 977767, III
H Deutscher Hof, Domziegelhof 14, ✆ 25836, III
H Hohenzollern, Moltkestr. 41, ✆ 9060, IV-V
H Olschewski's, Hafenstr. 40, ✆ 25577, V
H „Gottorfer Hof", Gottorfstr. 7, ✆ 93990, IV-V
H Zollhaus, Lollfuß 110, ✆ 290340, V
H Ringhotel Waldschlösschen, Kolonnenweg 152, ✆ 3830, VI
P Zum Weißen Schwan, Gottorfstr. 1, ✆ 977399, III
Gh Zum Stadtfeld, Stadtfeld 2a, ✆ 23947, II $b
BB am Dom, Töpferstr. 9, ✆ 485992, V
JH Schleswig, Spielkoppel 1, ✆ 23893

Idstedt–Schuby–Dannewerk:

Lürschau

PLZ: 24850; Vorwahl: 04621
Gebietsgemeinschaft „Grünes Binnenland e.V.", Stapelholmer Weg 13, 24963 Tarp, ✆ 04638/ 898404
H Ruhekrug, Alte B 76, ✆ 96100, IV

Schuby

PLZ: 24850; Vorwahl: 04625
Gebietsgemeinschaft „Grünes Binnenland e.V.", Stapelholmer Weg 13, 24963 Tarp, ✆ 04638/ 898404

Pz Helga Mees, Am Ochsenweg 18, ✆ 4766, II

Jagel

PLZ: 24878; Vorwahl: 04624

Gebietsgemeinschaft „Grünes Binnenland e.V.", Stapelholmer Weg 13, 24963 Tarp, ✆ 04638/898404

H zum Norden, An der B 77, ✆ 80787, III

Kropp

PLZ: 24848; Vorwahl: 04624

Gebietsgemeinschaft „Grünes Binnenland e.V.", Stapelholmer Weg 13, 24963 Tarp, ✆ 04638/898404

H Kroppersbusch, An der B 77, ✆ 802929, V

H Winkingerhof, Tetenhusener Chaussee 1, ✆ 700, V

Fockbeck

PLZ: 24787; Vorwahl: 04331

Tourist-Information Nord-Ostsee-Kanal, Altstädter Markt 1, ✆ 21120

H Schützenhaus, Rendsburger Str. 34, ✆ 61230, VI

Rendsburg

PLZ: 24768; Vorwahl: 04331

Tourist-Information Nord-Ostsee-Kanal, Altstädter Markt 1, ✆ 21120

H Conventgarten, Hindenburgstr. 38-42, ✆ 59050, VI

H Pelli Hof, Materialhofstr. 1, ✆ 5212, VI

H Hansen, Bismarckstr. 29, ✆ 59000, VI

H Tüxen, Lancaster Str. 44, ✆ 27099, VI

H Deutsche Eiche, Herrenstr. 12, ✆ 58020, VI

H Grüner Kranz, Hollesenstr. 33, ✆ 72366, V-VI

Hg Schumanns Hotel garni, Baronstr. 3, ✆ 23232, VI

Gh DEULA, Am Kamp 13, ✆ 847910, V

P Tagungszentrum Martinshaus, Kanalufer 48, ✆ 593300, IV

Büdelsdorf

H Heidehof, Hollerstr. 130, 24782, ✆ 3430

Rendsburg–Itzehoe–Wedel:

Westerrönfeld

PLZ: 24784; Vorwahl: 04331

Tourist-Information Nord-Ostsee-Kanal, Altstädter Markt 1, ✆ 21120

H Schützenheim, Itzehoer Chaussee 2, ✆ 89041, VI

Jevenstedt

PLZ: 24808; Vorwahl: 04337

Tourist-Information Nord-Ostsee-Kanal, Altstädter Markt 1, ✆ 21120

Gh Möhl's Gasthof, Dorfstr. 12, ✆ 331, VI

Spannan

PLZ: 24808; Vorwahl: 04875

Gh Historisches Landhaus Spannan, Spannan 12, ✆ 301, VI

Niernborstel

PLZ: 24819; Vorwahl: 04874

Pz Haus am Wald, Stücker Weg 9, ✆ 900949, auch ,

Peissen

PLZ: 25551; Vorwahl: 04876

An Woterbarg, Obere Dorfstr. 7, ✆ 374

Hohenlockstedt

PLZ: 25551; Vorwahl: 04826

Touristik Süd-West-Holstein, Viktoriastr. 14, ✆ 69472, 25524 Itzehoe

H Zum Kamin, Kieler Str. 62, ✆ 375080, IV

Schlotfeld

Hh Hof Ahmling, Dorfstr. 42, ✆ 5088, I

Oelixdorf

PLZ: 25524; Vorwahl: 04821

Gh Historischer Gasthof „Unter den Linden", Oberstr. 36, ✆ 93518, III

Itzehoe

PLZ: 25524; Vorwahl: 04821

Touristik Süd-West-Holstein, Viktoriastr. 14, ✆ 69472

H Adler, Lindenstr. 72, ✆ 13420, V

H Jever-Krog, Dithmarscher Platz 8, ✆ 3611, V

H Klosterbrunnen, Am Klosterbrunnen, ✆ 67420, V

H Mercure Klosterforst, Hanseatenplatz 2, ✆ 15200, V-VI

H Schwarz, Breitenburger Str. 10-16, ✆ 2987, IV-V

H Zum Nesselblatt, Sandberg 56, ✆ 3154, IV-V

JH Itzehoe, Juliengardeweg 13, 62270

Breitenburg

PLZ: 25524; Vorwahl: 04828

Touristik Süd-West-Holstein, Viktoriastr. 14, 25524 Itzehoe, ✆ 69472

H Breitenburger Fähre, ✆ 6200, II-III

Tornesch

PLZ: 25436; Vorwahl: 04122

Hg Hotel Esinger Hof, Denkmalstr. 7, ✆ 95270, VI

Elmshorn

PLZ: 25364; Vorwahl: 04127

H Ringhotel Bokel-Mühle, Neel-Greve-Str. 2, ✆ 94200, IV

Uetersen

PLZ: 25436; Vorwahl: 92180

H Parkhotel Rosarium, Berliner Str. 10, ✆ 92180, VI

Wedel

PLZ: 22880; Vorwahl: 04103

H Diamant, Schulstr. 2-4, V-VI

H Freihof am Roland, Am Marktplatz 6-8, V-VI

H Kreuzer, Rissener Str. 195, V-VI

H Wedel, Pinneberger Str. 69, V-VI

Rendsburg–Neumünster–Wedel:

Westerrönfeld

PLZ: 24784; Vorwahl: 04331

Tourist-Information Nord-Ostsee-Kanal, Altstädter Markt 1, ✆ 21120

H Schützenheim, Itzehoer Chaussee 2, ✆ 89041, VI

Jevenstedt

PLZ: 24808; Vorwahl: 04337

ℹ Tourist-Information Nord-Ostsee Kanal, Altstädter Markt 1, ✆ 21120

Gh Möhl's Gasthof, Dorfstr. 12, ✆ 331, VI

Nortorf

PLZ: 24589; Vorwahl: 04392

H Kirchspiels, Große Mühlenstr. 9, ✆ 20280

H Alter Landkrug, Große Mühlenstr. 13, ✆ 4414, V

Gh Ritzebüttel, Rendsburger Str. 11, ✆ 84800

P Möllhagen, Schülp, Möllhagen 5, ✆ 91760

Aukrug

PLZ: 24613; Vorwahl: 04873

P Greve, Dorfstr. 16, ✆ 281

Gh Hansens, Zum Glasberg 2, ✆ 216

Gh Hardershof, Tonsheider Weg 1, ✆ 691

Hennstedt

PLZ: 25581; Vorwahl: 04877

H Landhotel Seelust, Seelust 6, ✆ 677

Neumünster

PLZ: 24534; Vorwahl: 04321

ℹ Touristinformation Neumünster, Großflecken 34a, ✆ 43280

H Best Western Prisma, Max-Johannsen-Brücke 1, ✆ 9040, VI

H Hotelchen am Teich, Am Teich 3-5, ✆ 4904-0, VI

H Parkhotel, Parkstr. 29, ✆ 9406, V-VI

H Firzlaffs, Rendburger Str. 183, ✆ 9078-0, ab V

BB „Kiek in", Gartenstr. 32, ✆ 419960

JH Neumünster, Gartenstr. 32, ✆ 43669

Campingclub Schwale Neumünster e.V., Roonstraße 111, ✆ 61121

Padenstedt

PLZ: 24634

Familien-Campingplatz Forellensee Padenstedt, Humboldredder 5, ✆ 8 26 97

Bad Bramstedt

PLZ: 24576; Vorwahl: 04192

ℹ Tourismusbüro Bad Bramstedt, Bleeck 17-19, ✆ 50627

H Bruse, Bleeck 7, ✆ 1438, III

H Golden Tulip Gutsmann, Birkenweg 14, ✆ 5080, V

H Mercure Bad Bramstedt Köhlerhof, Am Köhlerhof 4, ✆ 5050, V

H Tanneneck, Birkenweg 28, ✆ 50000

H Freese, Maienbeeck 23, ✆ 1542, III

P Horns, Strietkamp 31, ✆ 9766, II

P Kurquelle, Strietkamp 23, ✆ 9741, III

Kur- und Campingplatz Roland, Kieler Str. 52, ✆ 6723, I

Lentföhrden

PLZ: 24632; Vorwahl: 04192

Pz Ferienhof Möller, Schmalfelder Str. 25, ✆ 6319

Barmstedt

PLZ: 25355; Vorwahl: 04123

Hg am Rantzauer See, Waldstr. 9, ✆ 90560, VI

Uetersen

PLZ: 25436; Vorwahl: 04122

ℹ Stadtverwaltung Uetersen, Wassermühlenstr. 7, ✆ 714-216

H Parkhotel Rosarium, Berliner Str. 10, ✆ 92180, VI

Wedel

PLZ: 22880; Vorwahl: 04103

H Diamant, Schulstr. 2-4, V-VI

H Freihof am Roland, Am Marktplatz 6-8, V-VI

H Kreuzer, Rissener Str. 195, V-VI

H Wedel, Pinneberger Str. 69, V-VI

Hamburg

PLZ: 20015; Vorwahl: 040

ℹ Hamburg Tourismus GmbH, Hotline ✆ 300 51-300

ℹ Tourist Information im Hauptbahnhof, Hauptausgang Kirchenallee, ✆ 300 51-200

ℹ Tourist Information am Hafen, St.-Pauli-Landungsbrücken, Zwischen Brücke 4 und 5, ✆ 30051-203

Innenstadt

H Aachener Hof, St. Georg Str. 10, 20099, III-VI

H Alameda Hof, Colonnaden 45, 20099, V-VI

H Alpha, Koppel 6, 20099, III-IV

H Alster-Hof, Esplanade 12, 20354, VI

H Alte Wache, Adenauerallee 12, 20097 HH, VI

H Alt-Nürnberg, Steintorweg 15, 20099 HH, III-V

H Annenhof, Lange Reihe 23, II

H Aussen Alster, Schmilinskystr. 11, 20099 HH, VI

H Baseler Hof, Esplanade 11, 20354 HH, III-V

H Bee Fang, Kirchenallee 26, 20099, IV-V

H Travel Charme Hotel Bellevue, An der Alster 14, 20099, VI

H Benecke, Lange Reihe 54-56, 20099, III

IH Bremer Hof, Bremer Reihe 21-23, 20099, III-V

H Brenner Hof Garden, Brennerstr. 70-72, 20099, III-V

H City House, Pulverteich 25, 20099, ✆ 2803850, V-V

H Condor, Steintorweg 17, 20099, V-VI

H Continental, Kirchenallee 37, 20099, V-VI

H Eden, Ellmenreichstr. 20, 20099, III-VI

H Europäischer Hof, Kirchenallee 45, 20099, VI

H Fürst Bismarck, Kirchenallee 49, 20099, V-VI

H Graf Moltke, Steindamm 1, 20099, IV-VI

H Frauenhotel Hanseatin, Dragonerstell 11, 20355, V-VI

H ibis Hamburg Alster, Holzdamm 4-12 u. 16, 20099, ✆ 248290 V-V

H junges Hotel, Kurt-Schumacher-Allee 14, 20097, ✆ 28054825, III-IV

H Kempinski Hotel Atlantic Hamburg, An der Alster 72-79, 20099, VI

H Kieler Hof, Bremer Reihe 15, 20099, III

H Köhler, St. Georgstr. 6, 20099, III-IV

H Kronprinz, Kirchenallee 46, 20099, V-VI
H Lilienhof, Ernst-Merck-Str. 4, 20099, III-V
H Maritim Hotel Reichshof, Kirchenallee 34-36, 20099, VI
H Hamburg Marriott Hotel, ABC-Str. 52, 20354, VI
H Mercedes, Steindamm 51, 20099, III-V
H Metro Merkur, Bremer Reihe 12-14, 20099, V-VI
H Nord, Bremer Reihe 22, 20099, II-III
H Norddeutscher Hof, Kirchenallee 24, 20099, V-VI
H Novotel Hamburg City Süd, Amsinckstr. 53, 20097, V-VI
H Novum Hamburg, Steindamm 29, 20099, III-V
H Oase, Steindamm 79, 20099, III-VI
H Oper, Drehbahn 15-23, 20354, VI
H Phönix, Kirchenallee 56, 20099, III-V
H Popp, Kirchenallee 53, 20099, IV-VI
H Prem, An der Alster 9, 20099, VI
H Radisson SAS Hotel Hamburg, Marseiller Str. 2, 20355, VI
H Renaissance Hamburg, Große Bleichen, 20354, VI
H St. Georg, Kirchenallee 23, 20099, III-V
H Best Western St. Raphael, Adenauerallee 41, 20097, ✆ 24820-0, V-VI
H Savoy, Steindamm 54-56, 20099, IV-V
H Selig, Bremer Reihe 23, 20099, III-IV
H Senator, Lange Reihe 18-20, 20099, ✆ 241203, V-V
H Terminus, Steindamm 5, 20099, III-IV
H Universum, Hansaplatz 3, 20099, IV-V
H Vier Jahreszeiten, Neuer Jungfernstieg 9-14, 20354, VI
H Village, Steindamm 4, 20099, III-VI
H Wedina, Gurlittstr. 23, 20099, III-VI
H Zentrum, Bremer Reihe 23, 20099, III-IV
Hg Kochler, Bremer Reihe 19, 20099, III-IV
P Baur, Steindamm 23, 20099, II-IV
P Huhn, Bremer Reihe 17, 20099, II-III
P Petersen, Lange Reihe 50, 20099, III-IV
P Schmidt, Holzdamm 14, 20099, IV-V
P Wendland, Bremer Reihe 17, 20099, II-III

Südlich der Alster

H Das Feuerschiff, City Spothafen, 20459, V-VI
H Hafen Hamburg, Seewartenstr. 9, 20459, V-VI
H Madison Hamburg, Schaarsteinweg 4, 20459, VI
H Neptuno, Hafentor 3, 20459, V-VI
H Residenz Hafen Hamburg, Seewartenstr. 7, 20459, VI
H Seemannsheim Krayenkamp, Krayenkamp 5, 20459, II-IV
JH Auf dem Stintfang, Alfred-Wegener-Weg 5, 20459, ✆ 313488

Westlich der Alster

H Abtei, Abteistr. 14, 20149, VI
H Am Holstenwall, Holstenwall 19, 20355, VI
H Am Rothenbaum, Rothenbaumchaussee 107, 20148, V-VI
H Amsterdam, Moorweidenstr. 34, 20146, V-VI
H Astron Suite Hotel Hambutg, Feldstr. 53-58, 20357, VI
H Auto-Hotel Am Hafen, Spielbudenplatz 11, 20359, III-V
H Auto-Parkhotel Hamburg, Lincolnstr. 8, 20359, IV-V
H Beim Funk, Rothenbaumchaussee 138, 20149, IV-VI
H Bellmoor, Moorweidenstr. 34, 20146, IV-VI
H Boritzka, Schäferkampsallee 67, 20357, III-VI
H Commodore, Budapester Str. 20, 20359, IV-VI
H Elite, Binderstr. 24, 20146, III-V
H Elysee , Rothenbaumchaussee 10. 20148, VI
H Figaro, Neuer Kamp 21, 20359, III
H Fresena, Moorweidenstr. 34, 20146, V-VI
H Garden Hotels Pöseldorf, Magdalenenstr. 60, 20148, VI
H Imperial, Millerntorplatz 3-5, 20359, IV-VI
H Intercontinental Hamburg, Fontenay 10, 20354, VI
H Norge, Schäferkampsallee 49, 20357, VI
H Pacific, Neuer Pferdemarkt 30-31, 20359, III-IV
H Pfeifer, Hallerstr. 2, 20146, III-VI
H Preuß, Moorweidenstr. 34, 20146, III-VI
H St. Annen, Annenstr. 5, 20359, IV-VI
H Smolka, Isestr. 98, 20149, VI
H Vorbach, Johnsallee 63-67, 20146, V-VI
H Wagner, Moorweidenstr. 34, 20146, IV-VI
H Wernecke, Hartungstr. 7a, 20146, III-IV

Östlich der Alster

H Ambassador, Heidenkampsweg 34, 20097, V-VI
H Belmont, Schwanenwik 30, 22087, IV-V
H Berlin, Borgfelder Str. 1-9, 20537, VI
H Boulevard Hotel Hamburg, Hofweg 73, 22085, V-VI
H Hanseatic, Sierichstr. 150, 22299, VI
H Holiday Crowne Plaza, Graumannsweg 10, 22087, VI
H Miramar, Armgartstr. 20, 22087, V-VI
H Nippon Hotel Hamburg, Hofweg 75, 22085, VI
H Alster-Ruh, Am Langenzug 6, 22085, VI
H Rema-Hotel Meridian, Holsteinischer Kamp 59, 22081, VI
H Schwanenwik, Schwanenwik 30, 22087, III-VI
Hg York , Hofweg 19, 22085 V-VI

Hamburg-West

H Blankenese, Schenefelder Landstr. 164, 22589, IV-VI
H Cabo, Holstenstr. 119, 22767, V-VI
H Central, Präsident-Krahn-Str. 15, 22765, IV-VI
H Commerz, Lobuschstr. 26, 22765, IV-VI
H Helgoland Hamburg, Kieler Str. 173-177, 22525, VI
H Holiday Inn Hamburg, Kieler Str. 333, 22525, V-VI
H ibis Hamburg Altona, Königstr. 2, 22767, VI
H InterCityHotel Hamburg, Paul-Nevermann-Platz 17, 22765, V-VI
H Lafayette, Holstenstr. 3, 22767, IV-VI
H Landhaus Flottbek, Barom-Voght-Str. 179, 22607, VI

H Louis C. Jacob, Elbchaussee 401-403, 22609, VI
M Motel Hamburg, Hoheluftchaussee 117-119, 20253, V-VI
H Novotel Hamburg-West, Albert-Einstein-Ring 2, 22761, VI
Hg Petersen, Godeffroystr. 40, 22587, V-VI
H Best Western Raphael Hotel Altona, Präsident-Krahn-Str. 13, 22765, V-VI
H Rema-Hotel Domicil, Stresemannstr. 62, 22769, VI
H Rex, Kieler Str. 385, 22525, III-V
H Schmidt, Reventlowstr. 60-62, 22605, V-VI
H Stadt Altona, Louise-Schröder-Str. 29. 22767, V-VI
H Stephan, Schmarjestr. 31, 22767, V-VI

Hamburg Nord

H Airport Hamburg, Flughafenstr. 47, 22415, VI
H Best Western Alsterkrug, Alsterkrugchaussee 277, 22297, VI
H Am Stadtpark, Flüggestr. 6, 22303, IV-VI
H Condi, Brillkamp 8-10, 22339, IV-VI
H Dorint Hamburg Airport, Langenhorner Chaussee 183, 22415, VI
H Engel, Niendorfer Str. 55-59, 22529, VI
Hg Entrée Residence, Borsteler Chaussee 168, 22453, V-VI
H Hadenfeldt, Friedhofsweg 15, 22337, V-VI
Hg In de Döns , Am Hasenberge 29. 22335, V-VI
H Jasmin, Heinrich-Traun-Str. 46, 22339, V
Hg Kock's, Langenhorner Chaussee 79, 22415, V-VI
H Landhaus Ohlstedt, Alte Dorfstr. 5, 22397, IV-VI
H Mellingburger Schleuse, Mellingburgredder 1, 22395, VI
H Novotel Hamburg-Nord, Oldesloer Str. 166, 22457, V-VI
H Poppenbütteler Hof, Poppenbütteler Weg 236, 22399, V-VI
H Queens Hotel Hamburg, Mexikoring 1, 22297, VI
H Rosengarten, Poppenbüttler Landstr. 10b, 22391, V-VI
H Schümann, Langenhorner Chaussee 159, 22415, IV-VI
H Tomfort, Langenhorner Chaussee 579, 22419, III-V
H Marriott Hotel Treudelberg, Lemsahler Landstr. 45, 22397, VI
H Wiki, Lauensteinstr. 15, 22307, V-VI
H Zum Wattenkorn, Tangstedter Landstr. 230, 22417, III-V
H Ökotel, Holsteiner Chaussee 347, ✆ 5597300, IV-V

Hamburg Ost

H Alt-Lohbrügger Hof, LeuschnerStr. 76. 21031, V-VI
H Am Deich, Allermöher Werftstegel 3, 21037, V
H Boberger Höhe, Lohbrügger Landstr. 168, 21031, IV-VI
H Böttcherhof, Wöhlerstr. 2, 22113, V-VI
H Elbbrücken, Billhorner Mühlenweg 28, 20539, V
H Forum Hotel Hamburg, Billwerder Neuer Deich 14, 20539, VI
H Hamburg International, Hammer Landstr. 200, 20537, IV-VI
H Hameister, Rahlstedter Str. 189, 22143, III
H Heckkaten, Kampchaussee 114, 21033, III-VI
H ibis Hotel Hamburg-Wandsbek, Wandsbeker Zollstr. 25-29, 22041, IV-VI
H Kröger, Ahrensburger Str. 107-109, 22045, VI
H Meiendorfer Park, Meiendorfer Str. 101, 22145, IV-V
H Panorama Billstedt, Billstedter Haupstr. 44, 22111, VI
H Sachsentor, Bergedorfer Schlossstr. 10, 21029, V-VI
H Tiefenthal, Wandsbeker Marktstr. 109, 22041, III-V
H Vierlanden Tor, Curslacker Deich 375, 21039, III-V
H Zum Studio, Sonnenweg 27, 22045, V-VI
JH Horner Rennbahn, Rennbahnstr. 100, 22111, ✆ 6511671

Hamburg-Süd

H Altenwerder Hof, Kleinfeld 16, 21149, V-VI
Hg Am Elbufer, Focksweg, 40a, 21129, VI
H Berghotel Sennhütte, Wulmsberg 12, 21149, V
H Ryan Carat, Sieldeich 5-7, 20539, IV-VI
H Le Méridien, Stillhorner Weg 40, 21109, V-VI
H Hagemann, Vogelhüttendeich 87, 21107, III-V
H Lindtner Hamburg, Heimfeldter Str. 123, 21075, VI
H Maassen, Vogelhüttendeich 73, 21107, III-V
H Majestätische Aussicht, Ehestorfer Weg 215, 21075, IV-V
H Panorama Harburg, Harburger Ring 8-10, 21073, VI
Hg Scheideholzer Hof, Bauernweide 11, 21149, V-VI
P Haus Süderdeich, Süderdeich 166, 21129, I-II

Ortsindex

Einträge in *grüner Schrift* beziehen sich aufs Übernachtungsverzeichnis.